对接世界技能大赛技术标准创新系列教材

技工院校一体化课程教学改革汽车维修专业教材

汽车电气简单故障检修（二）教师用书

人力资源社会保障部教材办公室　组织编写

中国劳动社会保障出版社

简介

本套教材为对接世赛标准深化一体化专业课程改革汽车维修专业教材，学习内容对接世赛汽车技术、车身修理、汽车喷漆项目，学习目标融入世赛要求，考核标准对接世赛技能标准，考核评价方法参照世赛评分方案，并设置了世赛知识栏目。

本书为《汽车电气简单故障检修（二）》的配套教师用书，在《汽车电气简单故障检修（二）》的基础上增加了参考答案，并给出了学习任务设计方案和教学活动策划表，内容丰富、实用，有助于教师更好地开展一体化教学。

图书在版编目（CIP）数据

汽车电气简单故障检修（二）教师用书 / 人力资源社会保障部教材办公室组织编写 . -- 北京：中国劳动社会保障出版社，2022

对接世界技能大赛技术标准创新系列教材　技工院校一体化课程教学改革汽车维修专业教材

ISBN 978-7-5167-5356-9

Ⅰ. ①汽…　Ⅱ. ①人…　Ⅲ. ①汽车 – 电气设备 – 检修 – 技工学校 – 教学参考资料　Ⅳ. ①U472.41

中国版本图书馆 CIP 数据核字（2022）第 125718 号

中国劳动社会保障出版社出版发行

（北京市惠新东街 1 号　邮政编码：100029）

*

北京市白帆印务有限公司印刷装订　　新华书店经销

880 毫米 ×1230 毫米　16 开本　13.75 印张　321 千字

2022 年 8 月第 1 版　　2022 年 8 月第 1 次印刷

定价：39.00 元

读者服务部电话：（010）64929211/84209101/64921644

营销中心电话：（010）64962347

出版社网址：http: //www.class.com.cn

http: //jg.class.com.cn

对接世界技能大赛技术标准创新系列教材

编审委员会

主　任：刘　康

副主任：张　斌　王晓君　刘新昌　冯　政

委　员：王　飞　翟　涛　杨　奕　张　伟　赵庆鹏

姜华平　杜庚星　王鸿飞

汽车维修专业课程改革工作小组

课 改 校：杭州技师学院　重庆五一技师学院

云南交通技师学院　山东工程技师学院　广东省机械技师学院

广州市工贸技师学院　山西交通技师学院　大连交通技师学院

广州市交通技师学院　江苏省盐城技师学院

技术指导：郭七一

编　　辑：马　琳　盛秀芳

本书编审人员

主　编：董　城

参　编：冯凯骏　姜海朋　陈　康

序

世界技能大赛由世界技能组织每两年举办一届，是迄今全球地位最高、规模最大、影响力最广的职业技能竞赛，被誉为“世界技能奥林匹克”。我国于2010年加入世界技能组织，先后参加了五届世界技能大赛，累计取得36金、29银、20铜和58个优胜奖的优异成绩。2019年9月，习近平总书记对我国选手在第45届世界技能大赛上取得佳绩作出重要指示，并强调，劳动者素质对一个国家、一个民族发展至关重要。技术工人队伍是支撑中国制造、中国创造的重要基础，对推动经济高质量发展具有重要作用。要健全技能人才培养、使用、评价、激励制度，大力发展技工教育，大规模开展职业技能培训，加快培养大批高素质劳动者和技术技能人才。要在全社会弘扬精益求精的工匠精神，激励广大青年走技能成才、技能报国之路。

为充分借鉴世界技能大赛先进理念、技术标准和评价体系，突出“高、精、尖、缺”导向，促进技工教育与世界先进标准接轨，完善我国技能人才培养模式，全面提升技能人才培养质量，人力资源社会保障部于2019年4月启动了世界技能大赛成果转化工作。根据成果转化工作方案，成立了由世界技能大赛中国集训基地、一体化课改学校，以及竞赛项目中国技术指导专家、企业专家、出版集团资深编辑组成的对接世界技能大赛技术标准深化专业课程改革工作小组，按照创新开发新专业、升级改造传统专业、深化一体化专业课程改革三种对接转化原则，以专业培养目标对接职业描述、专业课程对接世界技能标准、课程考核与评价对接评分方案等多种操作模式和路径，同时融入健康与安全、绿色与环保及可持续发展理念，开发与世界技能大赛项目对接的专业人才培养方案、教材及配套教学资源。首批对接 19 个世界技能大赛项目共 12 个专业的成果将于 2020—2021 年陆续出版，主要用于技工院校日常专业教学工作中，充分发挥世界技能大赛成果转化对技工院校技能人才的引领示范作用。在总结经验及调研的基础上选择新的对接项目，陆续启动第二批等世界技能大赛成果转化工作。

希望全国技工院校将对接世界技能大赛技术标准创新系列教材，作为深化专业课程建设、创新人才培养模式、提高人才培养质量的重要抓手，进一步推动教学改革，坚持高端引领，促进内涵发展，提升办学质量，为加快培养高水平的技能人才作出新的更大贡献！

2020年11月

汽车维修专业一体化教学参考书目录（中级阶段）

序号	书名
1	汽车文化（第二版）
2	机械识图（第四版）
3	机械基础（第四版）
4	电工与电子技术基础（第四版）
5	汽车材料（第四版）
6	钳工技能训练（第四版）
7	汽车维修企业管理（第二版）
8	汽车发动机构造与维修（第二版）
9	汽车底盘构造与维修（第二版）
10	汽车电气设备构造与维修（第二版）
11	汽车维护与故障诊断（第三版）
12	汽车构造（第三版）
13	汽车维护
14	汽车空调
15	汽车电气设备（第二版）
16	汽车维修技术手册

汽车电气简单故障检修对应的学习任务

<table>
<tr><th>教材名称</th><th>对应的学习任务</th></tr>
<tr><td rowspan="5">汽车电气简单故障检修（一）</td><td>学习任务一　汽车充电指示灯亮故障检修</td></tr>
<tr><td>学习任务二　汽车起动机不工作故障检修</td></tr>
<tr><td>学习任务三　汽车前照灯不亮故障检修</td></tr>
<tr><td>学习任务四　汽车转向灯不亮故障检修</td></tr>
<tr><td>学习任务五　汽车仪表照明灯不亮故障检修</td></tr>
<tr><td rowspan="4">汽车电气简单故障检修（二）</td><td>学习任务六　汽车辅助约束系统（SRS）故障警告灯亮故障检修</td></tr>
<tr><td>学习任务七　汽车刮水器不工作故障检修</td></tr>
<tr><td>学习任务八　汽车电动车窗不升降故障检修</td></tr>
<tr><td>学习任务九　汽车中控门锁失效故障检修</td></tr>
</table>

目　　录

学习任务六　汽车辅助约束系统（SRS）故障警告灯亮故障检修 …… （1）

学习活动 1　汽车辅助约束系统的认知 …… （4）

学习活动 2　安全气囊的检查与更换 …… （10）

学习活动 3　安全带的检查与更换 …… （16）

学习活动 4　汽车辅助约束系统控制电路简单故障检修 …… （25）

学习活动 5　工作总结与评价 …… （37）

学习任务七　汽车刮水器不工作故障检修 …… （43）

学习活动 1　刮水器系统的认知 …… （46）

学习活动 2　刮水器开关的检查与更换 …… （53）

学习活动 3　刮水器电动机及连杆机构的检查与更换 …… （59）

学习活动 4　刮水器控制电路简单故障检修 …… （72）

学习活动 5　工作总结与评价 …… （85）

学习任务八　汽车电动车窗不升降故障检修 …… （89）

学习活动 1　电动车窗升降系统的认知 …… （92）

学习活动 2　电动车窗升降器开关的检查与更换 …… （99）

学习活动 3　电动车窗升降器的检查与更换 …… （105）

学习活动 4　电动车窗升降系统控制电路简单故障检修 …… （116）

学习活动 5　工作总结与评价 …… （130）

学习任务九　汽车中控门锁失效故障检修 …… （135）

学习活动 1　汽车中控门锁系统的认知 …… （138）

学习活动 2　汽车中控门锁控制器的检查与更换 …… （144）

学习活动 3　汽车中控门锁电动机的检查与更换 …… （152）

学习活动 4　汽车中控门锁系统控制电路简单故障检修 …… （163）

学习活动 5　工作总结与评价 …… （176）

附录 …… （181）

附录 1　汽车辅助约束系统（SRS）故障警告灯亮故障检修学习任务设计方案 …… （181）

附录 2　汽车辅助约束系统（SRS）故障警告灯亮故障检修教学活动策划表 …… （184）

附录 3　汽车刮水器不工作故障检修学习任务设计方案 …………………………………………（189）
附录 4　汽车刮水器不工作故障检修教学活动策划表 …………………………………………（191）
附录 5　汽车电动车窗不升降故障检修学习任务设计方案 ……………………………………（196）
附录 6　汽车电动车窗不升降故障检修教学活动策划表 ………………………………………（198）
附录 7　汽车中控门锁失效故障检修学习任务设计方案 ………………………………………（203）
附录 8　汽车中控门锁失效故障检修教学活动策划表 …………………………………………（205）

学习任务六　汽车辅助约束系统（SRS）故障警告灯亮故障检修

学习目标

1. 能描述汽车辅助约束系统的组成及各部件的安装位置。
2. 能描述汽车辅助约束系统各部件的作用。
3. 能进行汽车辅助约束系统的基本检查。
4. 能描述安全气囊的作用和类型。
5. 能描述安全气囊系统的组成和安装位置。
6. 能描述安全气囊系统各组成部件的作用。
7. 能进行安全气囊的拆卸、检查与更换。
8. 能描述安全带的作用和安装位置。
9. 能描述安全带的组成、类型和工作原理。
10. 能进行安全带的拆卸、检查和更换。
11. 能描述汽车辅助约束系统控制电路的作用和组成。
12. 能进行汽车辅助约束系统控制电路的识读。
13. 能进行汽车辅助约束系统相关信息的收集。
14. 能分析并确定汽车辅助约束系统控制电路常见故障的原因，制定检修方案。
15. 能进行汽车辅助约束系统控制电路简单故障检修。
16. 能对维修场地设备进行日常维护保养，按6S管理规定要求清理现场。
17. 能对相关资料进行检索，完成检修工单和工作页的填写。
18. 能展示工作成果，进行任务评价，总结工作经验，优化检修方案。
19. 能在作业过程中严格执行企业操作规范、安全生产制度、环保管理制度，严格遵守从业人员的职业道德，具有吃苦耐劳、爱岗敬业的工作态度和职业责任感。

注：本书电路图参考《2016款威朗汽车维修手册》，具体电路元器件使用方法可查阅该手册。

建议学时

20 学时。

工作情境描述

一辆别克威朗汽车处于正常行驶状态下，客户发现汽车辅助约束系统故障警告灯点亮。经班组长检查，初步判断为汽车辅助约束系统故障。汽车修理工需要根据维修手册相关要求，在规定时间内，参照维修资料完成汽车辅助约束系统的检查与零部件的更换工作，自检合格后交付班组长验收。

工作流程与活动

1．汽车辅助约束系统的认知（4 学时）

2．安全气囊的检查与更换（4 学时）

3．安全带的检查与更换（4 学时）

4．汽车辅助约束系统控制电路简单故障检修（6 学时）

5．工作总结与评价（2 学时）

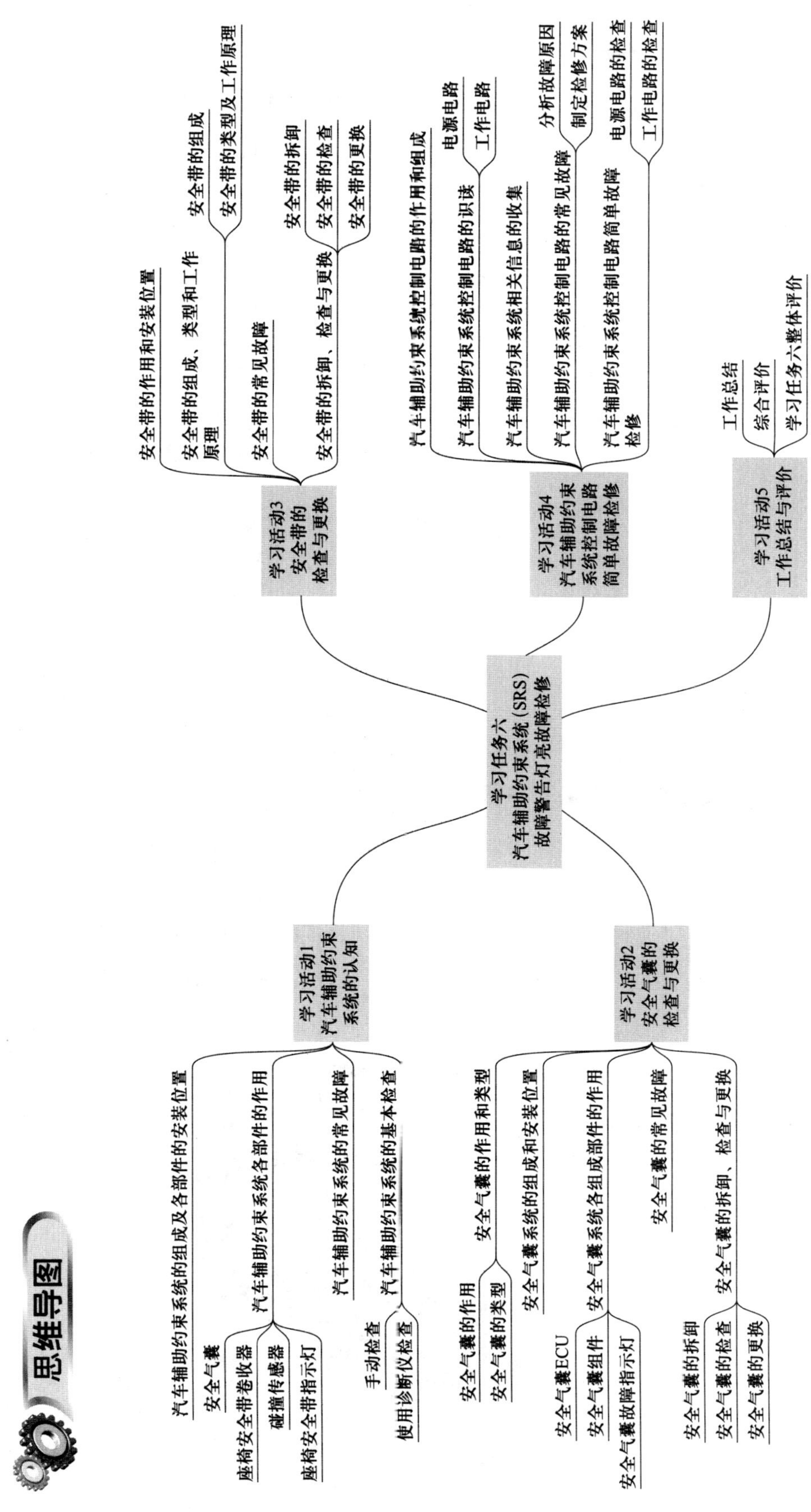

思维导图
学习任务六
汽车辅助约束系统（SRS）
故障警告灯亮故障检修
学习活动1
汽车辅助约束系统的认知
汽车辅助约束系统的组成及各部件的安装位置
汽车辅助约束系统各部件的作用
汽车辅助约束系统
安全气囊
座椅安全带卷收器
碰撞传感器
座椅安全带指示灯
汽车辅助约束系统的常见故障
汽车辅助约束系统的基本检查
手动检查
使用诊断仪检查
学习活动2
安全气囊的检查与更换
安全气囊的作用和类型
安全气囊的作用
安全气囊的类型
安全气囊系统的组成和安装位置
安全气囊系统各组成部件的作用
安全气囊ECU
安全气囊组件
安全气囊故障指示灯
安全气囊的常见故障
安全气囊的拆卸、检查与更换
安全气囊的拆卸
安全气囊的检查
安全气囊的更换
学习活动3
安全带的检查与更换
安全带的作用和安装位置
安全带的组成、类型和工作原理
安全带的组成
安全带的类型及工作原理
安全带的常见故障
安全带的拆卸、检查与更换
安全带的拆卸
安全带的检查
安全带的更换
学习活动4
汽车辅助约束系统控制电路简单故障检修
汽车辅助约束系统控制电路的作用和组成
汽车辅助约束系统控制电路的识读
电源电路
工作电路
汽车辅助约束系统相关信息的收集
汽车辅助约束系统控制电路的常见故障
分析故障原因
制定检修方案
汽车辅助约束系统控制电路简单故障检修
电源电路的检查
工作电路的检查
学习活动5
工作总结与评价
工作总结
综合评价
学习任务六整体评价

学习活动 1　汽车辅助约束系统的认知

学习目标

1. 能描述汽车辅助约束系统的组成及各部件的安装位置。
2. 能描述汽车辅助约束系统各部件的作用。
3. 能分析并确定汽车辅助约束系统常见故障的原因。
4. 能进行汽车辅助约束系统的基本检查。

建议学时：4 学时。

学习过程

一、汽车辅助约束系统的组成及各部件的安装位置

汽车辅助约束系统提供了安全带系统之外的附加保护，其由 诊断模块 、座椅安全带卷收器、 充气模块 和 碰撞传感器 等组成。

如图 6–1–1 所示，汽车辅助约束系统是当车辆发生一定程度的正面或侧面碰撞事故时，引爆驾驶室和副驾驶室正面安全气囊及座椅安全带卷收器或侧面安全气囊和窗帘式安全气囊，降低乘员受伤危险性和受伤程度的安全辅助装置。

查阅资料，在图 6–1–1 中填写汽车辅助约束系统相关部件的名称。

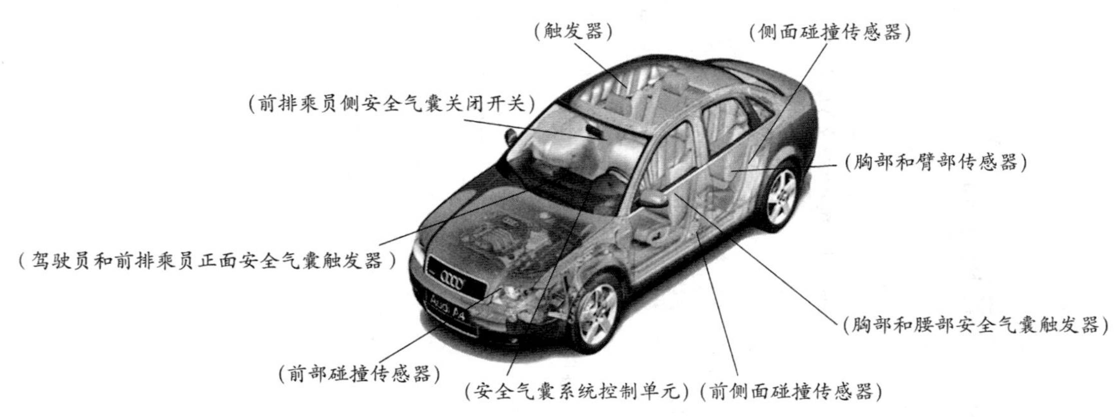

图 6–1–1　汽车辅助约束系统的组成

二、汽车辅助约束系统各部件的作用

1．安全气囊

当汽车遭到正面或侧面严重冲撞时，安全气囊能迅速膨胀，在驾驶员、乘员与车内部件之间迅速形成一个缓冲，利用安全气囊排气节流的＿阻尼作用＿来吸收人体惯性力产生的动能，从而减轻人体遭受伤害的程度。安全气囊与座椅安全带配合使用，可以为乘员提供＿有效＿的防撞保护，降低汽车乘员及驾驶员的伤亡率，是保护乘员及驾驶员生命的重要装置。

2．座椅安全带卷收器

座椅安全带卷收器能有效减小＿安全带＿的伸缩长度。座椅安全带卷收器通常包括＿外壳＿和卷收张紧器两部分，它们分别安装在安全带带扣总成上和集成在安全带卷收器内部。卷收张紧器通常包括＿点火装置＿、＿供电电路＿和能够感应碰撞事件并发出展开指令的传感系统。

3．碰撞传感器

（1）碰撞传感器的安装位置

如图 6-1-2 所示，碰撞传感器通常安装在车辆＿前部＿和侧面，其作用是采集车辆＿碰撞强度信号＿并将其发送给＿电子控制单元（ECU）＿。

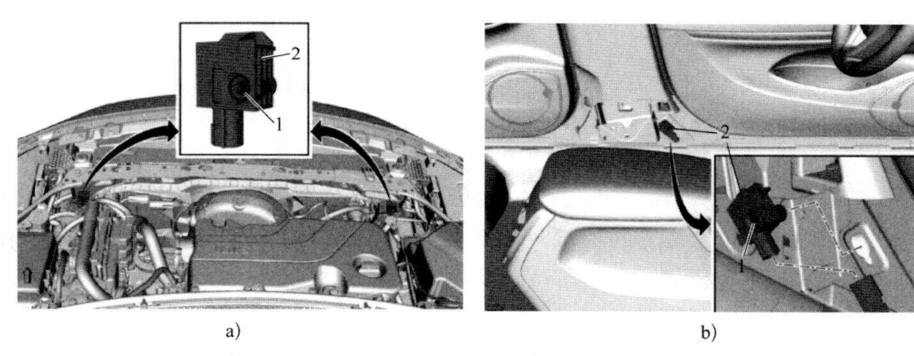

图 6-1-2　碰撞传感器的安装位置

a）前部碰撞传感器　b）侧面碰撞传感器

1—固定螺栓　2—碰撞传感器

（2）碰撞传感器的作用

碰撞传感器是安全气囊系统和座椅安全带卷收器必不可少的传感器，其工作状态取决于汽车碰撞时的＿减速度＿大小。因此，碰撞传感器实际上是一种＿减速度传感器＿，其作用是将碰撞信号发送给 ECU，以便 ECU 确定是否引爆＿安全气囊点火器＿和＿安全带收紧点火器＿。碰撞传感器可辅助确定＿碰撞＿的严重程度。汽车辅助约束系统传感和诊断模块利用来自碰撞传感器的输入，帮助确定碰撞的严重程度，进一步支持安全气囊的展开。如果汽车辅助约束系统传感和诊断模块确定展开的理由充足，则汽车辅助约束系统传感和诊断模块将会使电流流过展开回路，以展开＿安全气囊或安全带预张紧器＿。

（3）碰撞传感器的分类

根据结构不同，碰撞传感器可分为偏心锤式碰撞传感器、＿滚球式碰撞传感器＿、滚轴式碰撞传感器、水银开关式碰撞传感器、有压阻效应式碰撞传感器和压电效应式碰撞传感器等。

（4）碰撞传感器的工作原理

下面以压电效应式碰撞传感器为例来介绍碰撞传感器的工作原理：当汽车遭到碰撞时，碰撞传感器内的压电晶体在碰撞产生的压力作用下，输出电压会发生变化。汽车辅助约束系统电子控制单元根据电压信号强弱便可判断碰撞的强度。如果输出电压信号超过设定值，汽车辅助约束系统电子控制单元会立即向点火器发出点火指令而引爆点火剂，使气体发生器向安全气囊充气，并弹出安全气囊，达到保护驾驶员和乘员的目的。

4．座椅安全带指示灯

座椅安全带指示灯用来显示安全带是否处于安全扣紧状态，当该指示灯点亮时，说明安全带未扣或未扣紧，车辆会有相应的提示音。当安全带被及时扣紧后，该指示灯熄灭。

三、汽车辅助约束系统的常见故障

汽车辅助约束系统的常见故障有：安全气囊故障指示灯常亮或闪烁、安全带指示灯常亮。可能的故障原因有：线路故障或者插头接触不良、安全气囊本体或传感器故障、安全带本体或传感器故障、安全气囊 ECU 故障等。

四、汽车辅助约束系统的基本检查

根据汽车辅助约束系统的常见故障及可能的故障原因，进行汽车辅助约束系统的基本检查。

1．手动检查

（1）接通点火开关，查看仪表板，检查安全带指示灯是否正常点亮，之后插入安全带插头，查看仪表板上的安全带指示灯是否熄灭。同时检查安全气囊故障指示灯，大约 5 s 后熄灭，说明系统工作正常，如图 6–1–3 所示。

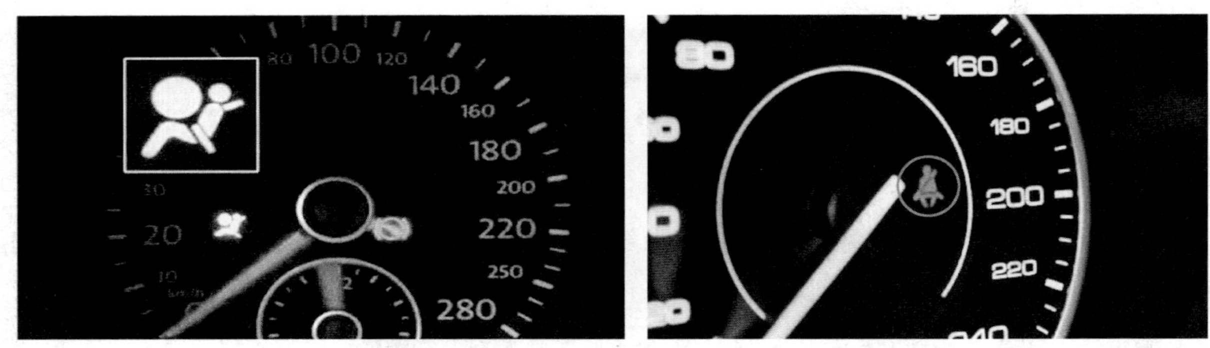

图 6–1–3　仪表板上的安全气囊故障指示灯和安全带指示灯

注意：若安全带指示灯常亮，应检修安全带，直至仪表板上的安全带指示灯显示正常。

（2）根据上述检查情况，将表 6–1–1 中的内容填写完整。

2．使用诊断仪检查

（1）使用 KT720 故障诊断仪连接汽车诊断接口，接通点火开关，准备读取故障码，如图 6–1–4 所示。

表 6-1-1　　安全带及安全气囊的检查情况

检查内容	指示灯点亮情况	判定结果	备注
接通点火开关	（根据实际情况填写）	填写“正常”或“故障”	
插入安全带插头			

图 6-1-4　KT720 故障诊断仪及应用软件

（2）在选择对应车型后，选择“ 充气头枕传感和诊断模块 ”，如图 6-1-5 所示。

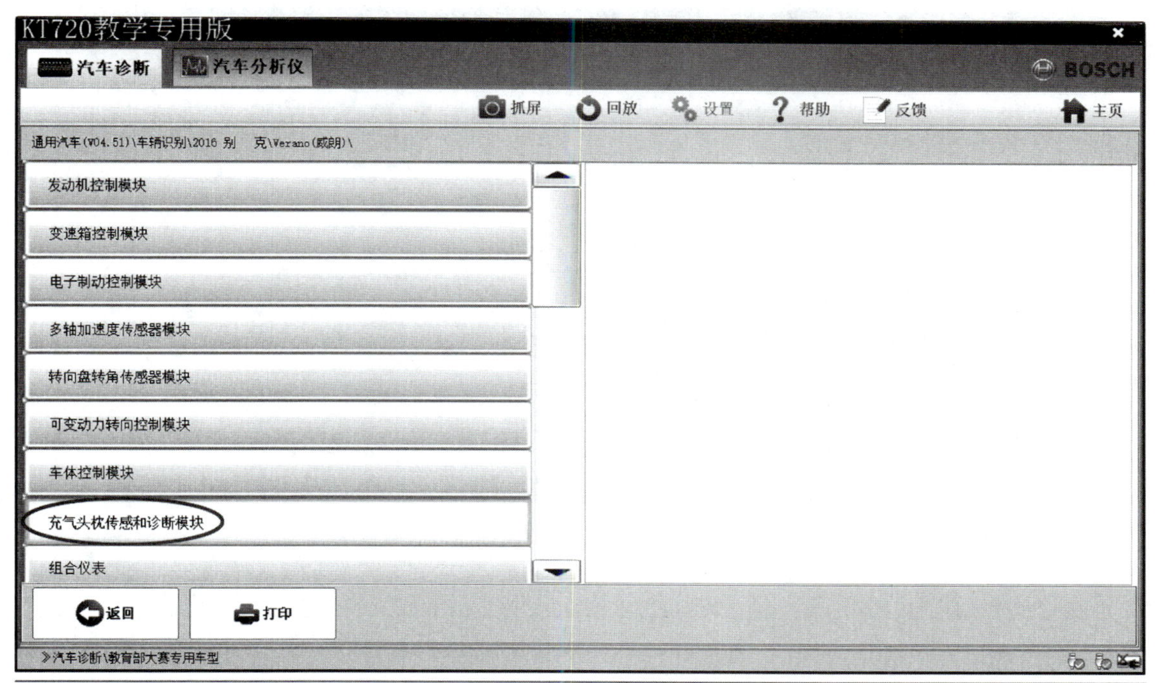

图 6-1-5　选择“充气头枕传感和诊断模块”

（3）进入 充气头枕传感和诊断模块 ，选择“ 读取故障码 ”，如图 6-1-6 所示，查看汽车辅助约束系统是否工作正常。如果汽车辅助约束系统工作正常，无任何故障码；如果汽车辅助约束系统工作不正常，会出现相应的故障码。可以根据故障诊断仪的提示进行故障排除。

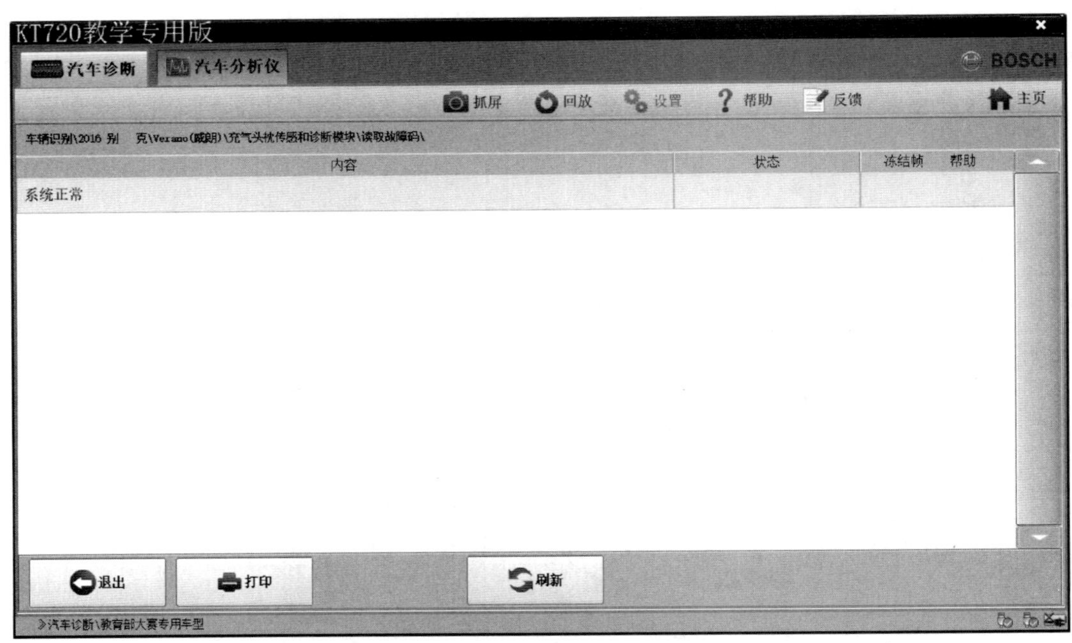

图 6–1–6　显示“系统正常”

（4）选择“读取数据流”，查看各项数据流，如图 6–1–7 所示，对照维修手册判断故障并进行处理。

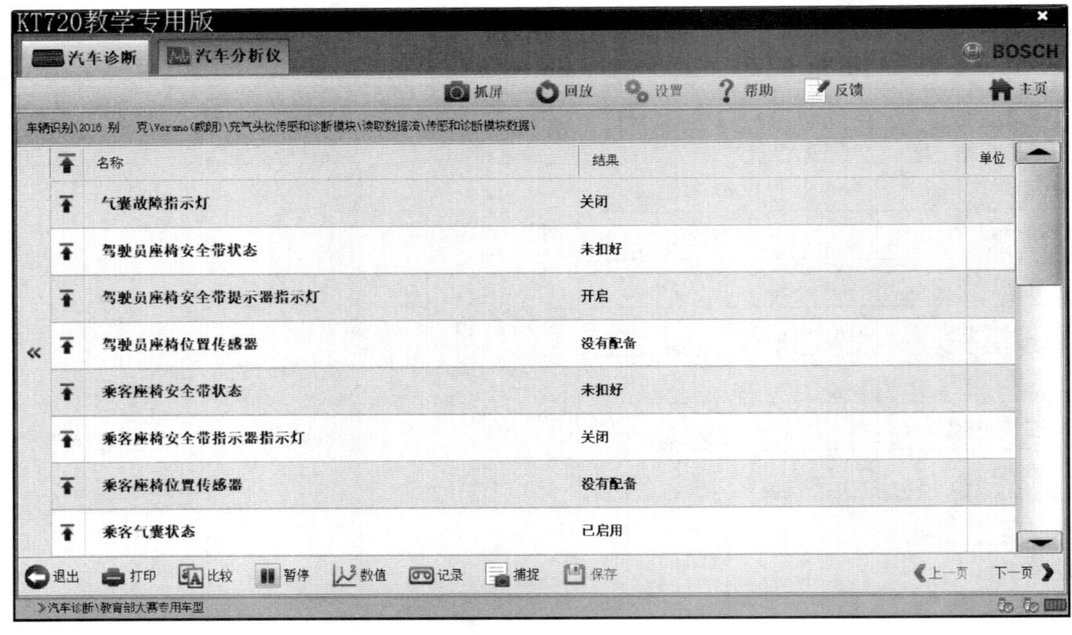

图 6–1–7　查看数据流

五、学习活动评价

学习活动评价见表 6–1–2。

表 6-1-2　　学习活动评价表

班级		姓名		学号		日期	年　月　日
序号	评分要点				配分	得分	总评
1	能正确识读和填写工作页，明确学习活动要求				10		A □（86 ~ 100 分） B □（76 ~ 85 分） C □（60 ~ 75 分） D □（60 分以下）
2	能查阅资料，写出汽车辅助约束系统的组成及各部件的安装位置				10		
3	能查阅资料，写出汽车辅助约束系统各部件的作用				10		
4	能查阅资料，分析并确定汽车辅助约束系统常见故障的原因				10		
5	能按规范流程完成汽车辅助约束系统的基本检查				30		
6	能遵守劳动纪律，以积极的态度接受工作任务				10		
7	能积极参与小组讨论，发挥团队合作精神				10		
8	能及时完成教师布置的任务				10		
总　分					100		
小结建议							

学习活动 2　安全气囊的检查与更换

学习目标

1. 能描述安全气囊的作用和类型。
2. 能描述安全气囊系统的组成和安装位置。
3. 能描述安全气囊系统各组成部件的作用。
4. 能分析并确定安全气囊常见故障的原因。
5. 能进行安全气囊的拆卸、检查与更换。

建议学时：4 学时。

学习过程

一、安全气囊的作用和类型

1．安全气囊的作用

安全气囊是座椅安全带的辅助装置，只有在使用安全带的条件下才能充分发挥保护驾驶员和乘员的作用。据有关资料统计，安全带对驾驶员与乘员的保护程度占 70% ，安全气囊的保护程度占 20% 。

2．安全气囊的类型

根据传感器的类型不同，安全气囊可分为 机电结合式安全气囊 、 电子式安全气囊 、 水银开关式安全气囊 三种；根据碰撞类型不同，安全气囊可分为 正面碰撞防护安全气囊 、 侧面碰撞防护安全气囊 、 底部碰撞防护安全气囊 和 顶部碰撞防护安全气囊 四种。

二、安全气囊系统的组成和安装位置

不同类型的汽车，其安全气囊的结构、数量、安装位置各有不同，但其基本组成大致相同，主要由 碰撞传感器 、 电子控制单元 和 气囊组件 三部分组成，还包括 气体发生器 和 点火器 等。

图 6–2–1 所示为安全气囊系统的组成和安装位置，查阅资料，在图 6–2–1 下方的横线上填写各组成部件的名称。

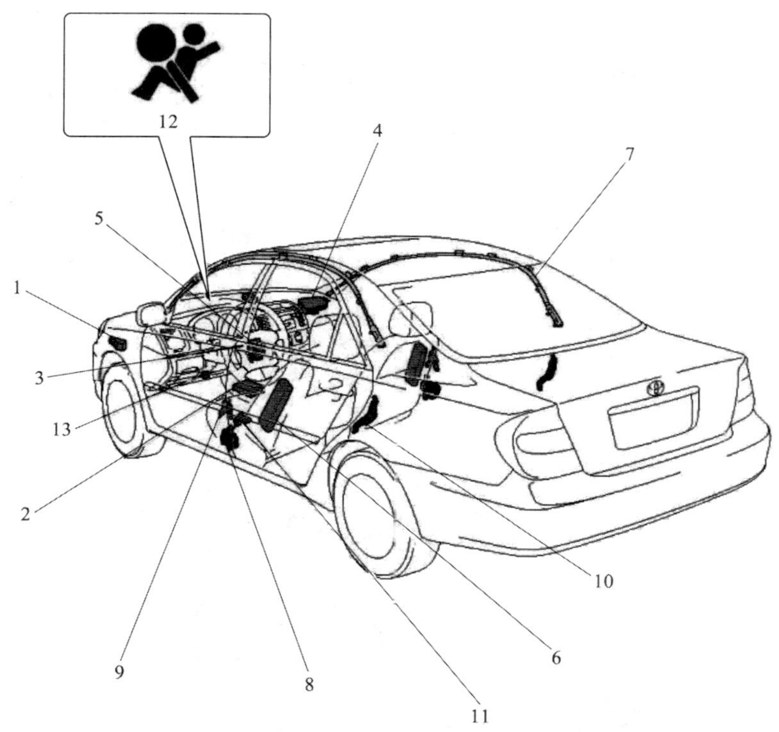

图 6–2–1　安全气囊系统的组成和安装位置

1—左前安全气囊传感器　2—中央安全气囊传感器　3—驾驶员安全气囊　4—前乘员安全气囊　5—螺旋电缆　6—侧面安全气囊　7—帘式安全气囊　8—座椅安全带预张紧器　9—侧面安全气囊传感器　10—帘式安全气囊传感器　11—座椅位置传感器　12—SRS 警告灯　13—诊断接口

三、安全气囊系统各组成部件的作用

1．安全气囊 ECU

安全气囊 ECU 是安全气囊系统的核心部件，其内部示意图如图 6–2–2 所示，主要由系统芯片、联合传感器、内部加速度传感器、控制器局域网（CAN）和微处理器等组成，其作用是接收碰撞传感器及其他各传感器输入的信号，判断是否点火引爆安全气囊，并对系统故障进行自诊断。

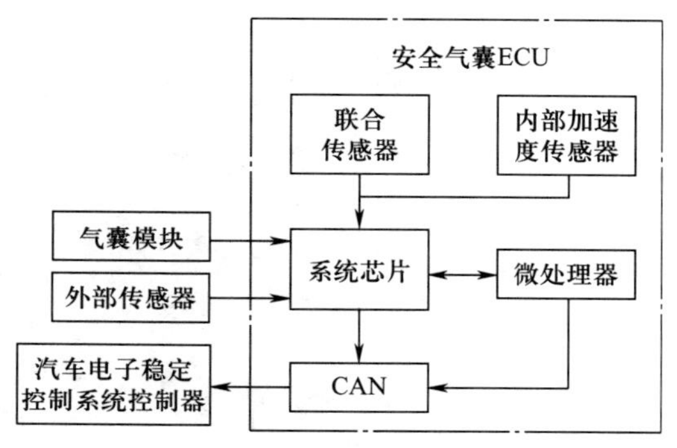

图 6–2–2　安全气囊 ECU 内部示意图

2．安全气囊组件

安全气囊组件主要由碰撞传感器、安全气囊、充气系统、氮气等组成，如图 6–2–3 所示。其中，安全气囊的充气系统能根据信号指示产生点火动作，点燃固态燃料并产生气体向安全气囊充气，使安全气囊迅速膨胀。

3．安全气囊故障指示灯

安全气囊故障指示灯用于指示安全气囊的工作状态。在接通点火开关时，汽车诊断单元对安全气囊系统进行自检。若 5 s 内安全气囊故障指示灯熄灭，表示安全气囊系统工作正常；若安全气囊故障指示灯常亮或闪烁，表示安全气囊系统有故障。

四、安全气囊的常见故障

安全气囊的常见故障有：安全气囊故障指示灯常亮或闪烁。可能的故障原因有：线路故障或插头接触不良、安全气囊本体或传感器故障、安全气囊 ECU 故障等。

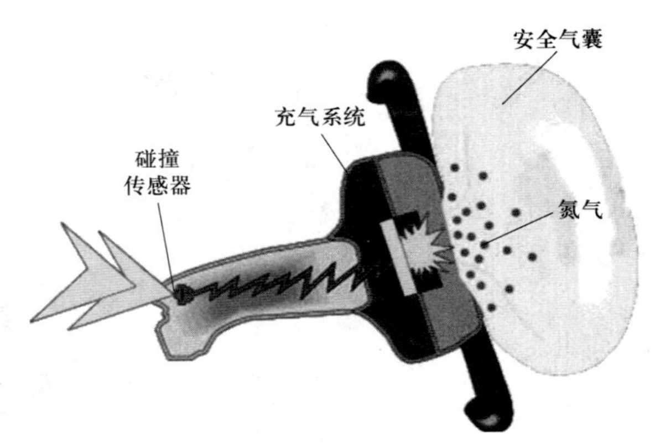

图 6-2-3　气囊组件

五、安全气囊的拆卸、检查与更换

1．安全气囊的拆卸

（1）打开转向盘转向柱锁止开关，外拉、下放至最低位置并锁紧，如图 6-2-4 所示。

图 6-2-4　打开转向柱锁止开关

（2）断开点火开关和蓄电池，等待 2 min 后转动转向盘，向左、向右各转动 90° 角，用撬板分别沿缝隙撬动支盖两边（注意：不要划伤支盖表面），拆卸转向柱上支盖，如图 6-2-5 所示。

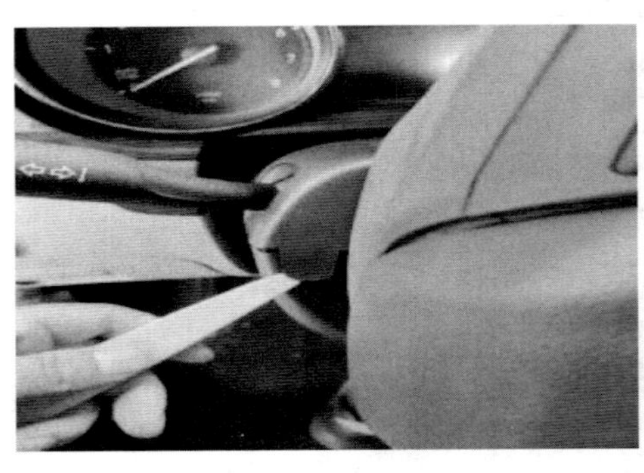

a)

b)

图 6-2-5　拆卸转向柱上支盖

a）撬动上支盖　b）取下上支盖

（3）使用套筒工具（7 号）拆卸固定下支盖的 3 个螺栓，拆卸转向柱下支盖，如图 6-2-6 所示。

（4）转动转向盘，使用一字旋具向下推 3 个弹簧紧固件，打开副锁并断开电气连接器，将充气装置从转向盘上分离，分离出安全气囊，如图 6-2-7 所示。

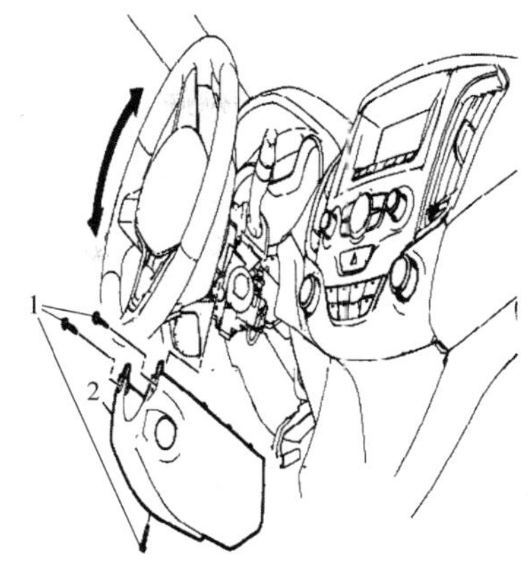

图 6-2-6　拆卸转向柱下支盖

1—螺栓　2—下支盖

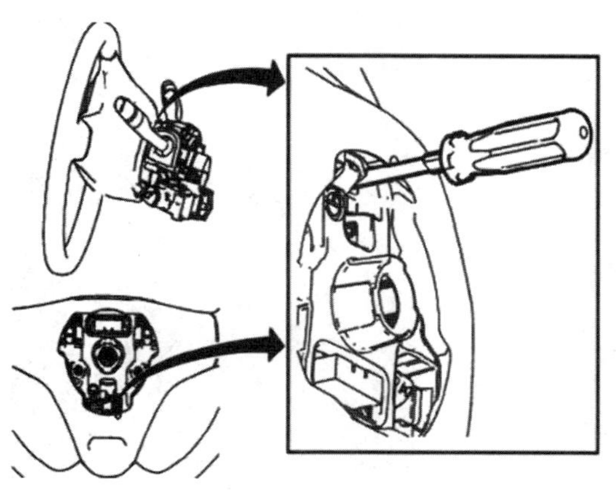

图 6-2-7　分离出安全气囊

（5）取下安全气囊，至此安全气囊拆卸完毕。

2．安全气囊的检查

（1）检查安全气囊的表面，安全气囊外观应<u>无破损、无裂纹、无脏污、触点无变形、插接器无刻痕</u>，如图 6-2-8 所示。

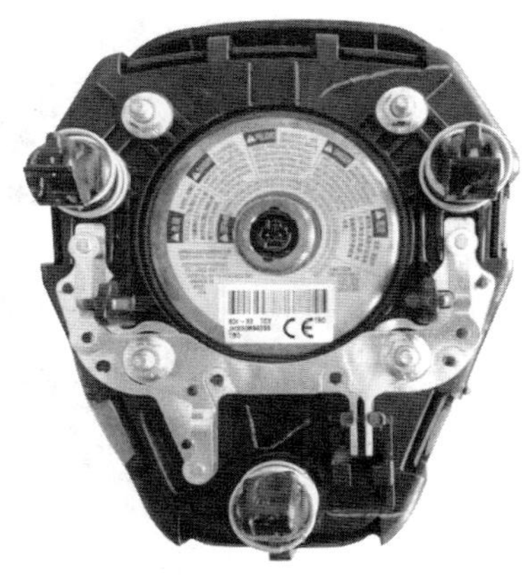

图 6-2-8　检查安全气囊

（2）注意事项：当用手去拿未展开的充气装置模块时，切勿通过拉拽导线或连接器去拿充气装置模块，要确保背向＿安全气囊开口＿。当存放未展开的充气装置模块时，确保安全气囊开口背向＿充气装置模块＿的支撑面，并确保安全气囊周围留有足够的空间，供安全气囊意外展开。

3．安全气囊的更换

（1）安装安全气囊时，先连接＿电气连接器并闭合副锁＿，将3个弹簧紧固件调整至正确位置，如图6–2–9所示。

（2）使安全气囊的3个卡销与转向盘弹簧紧固件安装孔对准，先将＿安全气囊上面2个卡销摁入安装孔＿，再＿向下摁安全气囊，使下面的1个卡销摁入安装孔＿，确保安全气囊完全安装到位，如图6–2–10所示。

图6–2–9　安全气囊安装槽

图6–2–10　将安全气囊安装到位

（3）安装＿转向柱下支盖＿，应注意＿固定好转向柱下支盖后再安装转向柱上支盖＿，如图6–2–11所示。

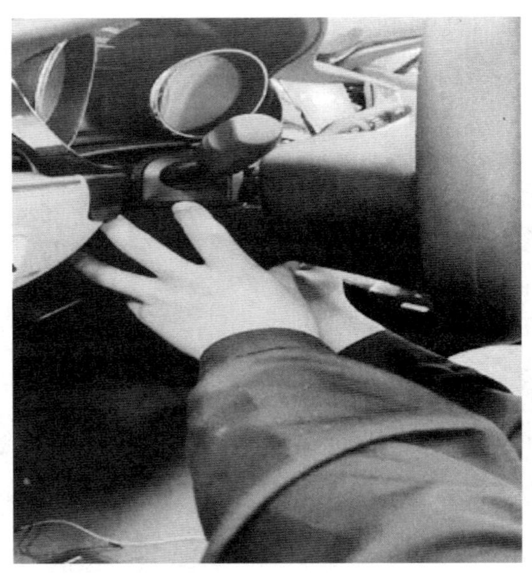

图6–2–11　安装＿转向柱下支盖＿

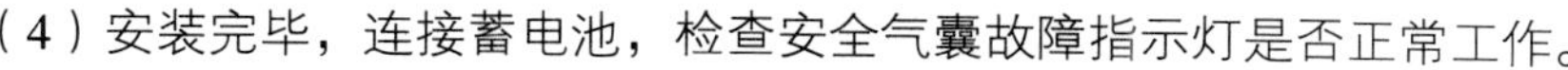

（4）安装完毕，连接蓄电池，检查安全气囊故障指示灯是否正常工作。

六、学习活动评价

学习活动评价见表 6-2-1。

表 6-2-1 学习活动评价表

<table>
<tr><td>班级</td><td></td><td>姓名</td><td></td><td>学号</td><td></td><td>日期</td><td>年 月 日</td></tr>
<tr><td>序号</td><td colspan="5">评价要点</td><td>配分</td><td>得分</td><td>总评</td></tr>
<tr><td>1</td><td colspan="5">能正确识读和填写工作页，明确学习活动要求</td><td>10</td><td></td><td rowspan="10">A □（86 ~ 100 分）
B □（76 ~ 85 分）
C □（60 ~ 75 分）
D □（60 分以下）</td></tr>
<tr><td>2</td><td colspan="5">能查阅资料，写出安全气囊的作用和类型</td><td>10</td><td></td></tr>
<tr><td>3</td><td colspan="5">能查阅资料，写出安全气囊系统的组成和安装位置</td><td>10</td><td></td></tr>
<tr><td>4</td><td colspan="5">能查阅资料，写出安全气囊系统各组成部件的作用</td><td>10</td><td></td></tr>
<tr><td>5</td><td colspan="5">能查阅资料，写出安全气囊常见故障的原因</td><td>10</td><td></td></tr>
<tr><td>6</td><td colspan="5">能按规范流程完成安全气囊的拆卸、检查与更换</td><td>20</td><td></td></tr>
<tr><td>7</td><td colspan="5">能遵守劳动纪律，以积极的态度接受工作任务</td><td>10</td><td></td></tr>
<tr><td>8</td><td colspan="5">能积极参与小组讨论，发挥团队合作精神</td><td>10</td><td></td></tr>
<tr><td>9</td><td colspan="5">能及时完成教师布置的任务</td><td>10</td><td></td></tr>
<tr><td colspan="6">总 分</td><td>100</td><td></td></tr>
<tr><td>小结
建议</td><td colspan="8"></td></tr>
</table>

学习活动 3　安全带的检查与更换

学习目标

1. 能描述安全带的作用和安装位置。
2. 能描述安全带的组成、类型和工作原理。
3. 能分析并确定安全带常见故障的原因。
4. 能进行安全带的拆卸、检查与更换。

建议学时：4 学时。

学习过程

一、安全带的作用和安装位置

安全带是汽车上用来<u>在车辆发生碰撞事故或突然停止时固定车内乘员</u>，保护<u>乘员免受二次冲撞造成的伤害</u>的一项安全配置。在装配有安全气囊的汽车内，被安全带固定的乘员能够<u>以正确的姿势与爆开的安全气囊接触</u>，避免二次伤害。在车辆高速旋转或翻滚时，安全带还能<u>保证乘员不被甩出车外而造成严重伤害</u>。

除了轻微的碰撞情况不用考虑更换安全带之外，凡汽车安全气囊因碰撞导致弹出爆破或安全带在使用过程中曾受过一次强拉伸的应更换所有的<u>安全带</u>、<u>保护装置</u>和<u>金属件</u>。无论安全带的损坏是否可以直接观察到，都可能在车祸中无法发挥应有的作用而导致严重的人身伤害。

安全带一般安装在汽车座椅边缘的固定点处。

二、安全带的组成、类型和工作原理

1．安全带的组成

如图 6–3–1 所示，安全带主要由<u>锁扣</u>、<u>腰带</u>、肩带、<u>安全带卷收器</u>及固定附属件等组成。电控安全带系统还包括预紧器、拉力限制器、传感器和 ECU 等部件。

2．安全带的类型及工作原理

安全带可分为紧急锁止式安全带和预紧式安全带两大类。

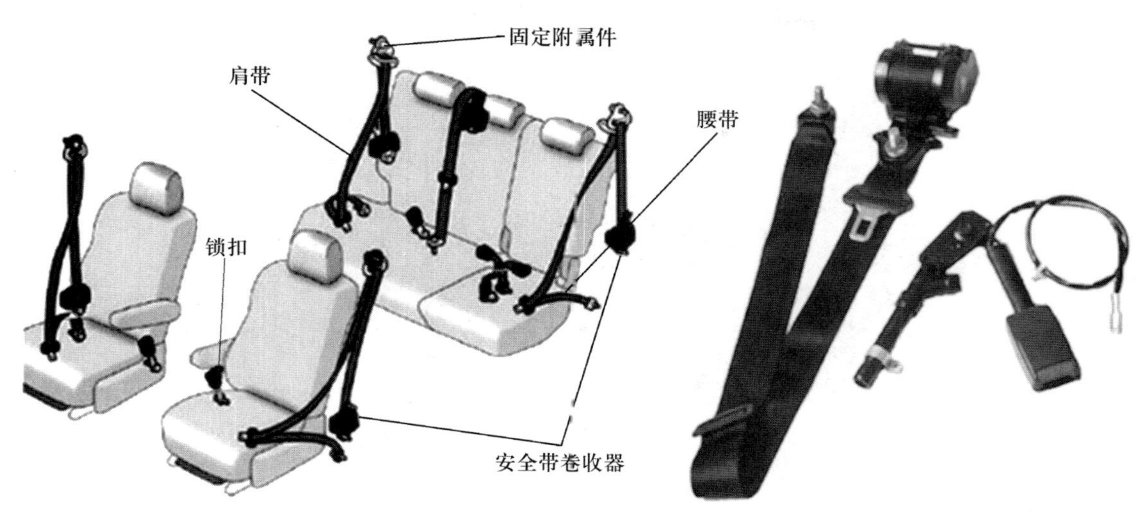

图 6-3-1　安全带的组成

（1）紧急锁止式安全带主要由__惯性卷筒__、__卷筒轴__、__棘爪棘轮机构__和__离合器__组成。当汽车正常行驶时，座椅安全带卷收器借助__平衡弹簧__的作用，既能随乘员身体的移动而自由伸缩，又不会使织带松弛。当车辆发生碰撞事故、紧急制动或行驶状态急剧变化时，安全带卷收器内的__敏感元件__将驱动锁止机构锁住卷轴，使织带固定在某一位置上，起到保护作用。

（2）预紧式安全带的特点是在汽车发生碰撞事故的一瞬间，当乘员尚未向前移动时，安全带卷收器会自动将安全带往回拉一段距离，以消除__安全带与身体__之间的间隙，减少乘员的位移。然后锁止织带，防止乘员身体前倾，能有效保护乘员的安全。预紧式安全带中的安全带卷收器与普通安全带中的安全带卷收器不同，它还包括__控制装置__和__预拉紧装置__。

三、安全带的常见故障

安全带的常见故障有：安全带指示灯异常、安全带不能及时卷收等。可能的故障原因有：__安全带未扣紧、织带脏污变形造成回收性能下降、线路故障或者插头接触不良等__。

四、安全带的拆卸、检查与更换

根据安全带的常见故障及可能的故障原因，进行安全带的拆卸、检查与更换。

1．安全带的拆卸

（1）断开点火开关和蓄电池，等待至少 2 min 后，分离前排座椅安全带，拆卸中柱装饰板，如图 6-3-2 所示，具体步骤见表 6-3-1。

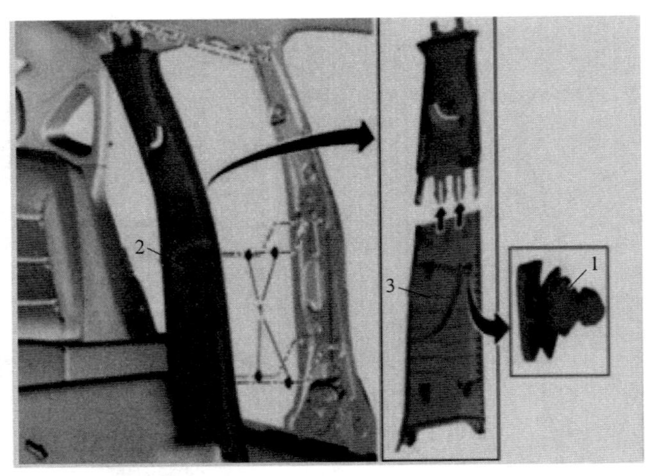

图 6-3-2　拆卸中柱装饰板示意图

1—装饰板卡夹　2—装饰板总成　3—中柱下装饰板

表 6-3-1　　中柱装饰板的拆卸步骤

图示	拆卸步骤
	拆卸后排座椅
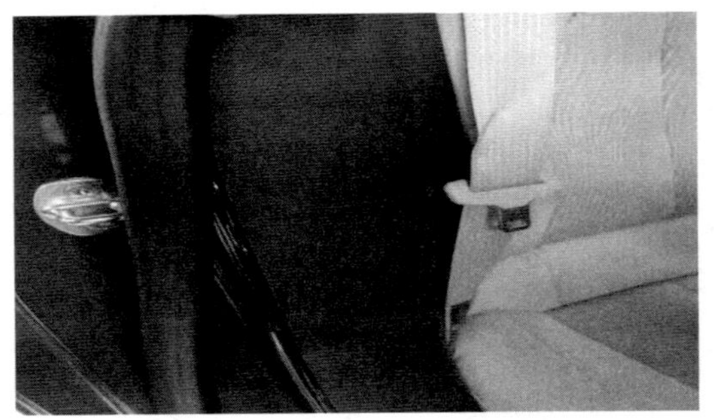	拆卸后门密封条，注意：严禁野蛮操作，以免损坏装饰条

续表

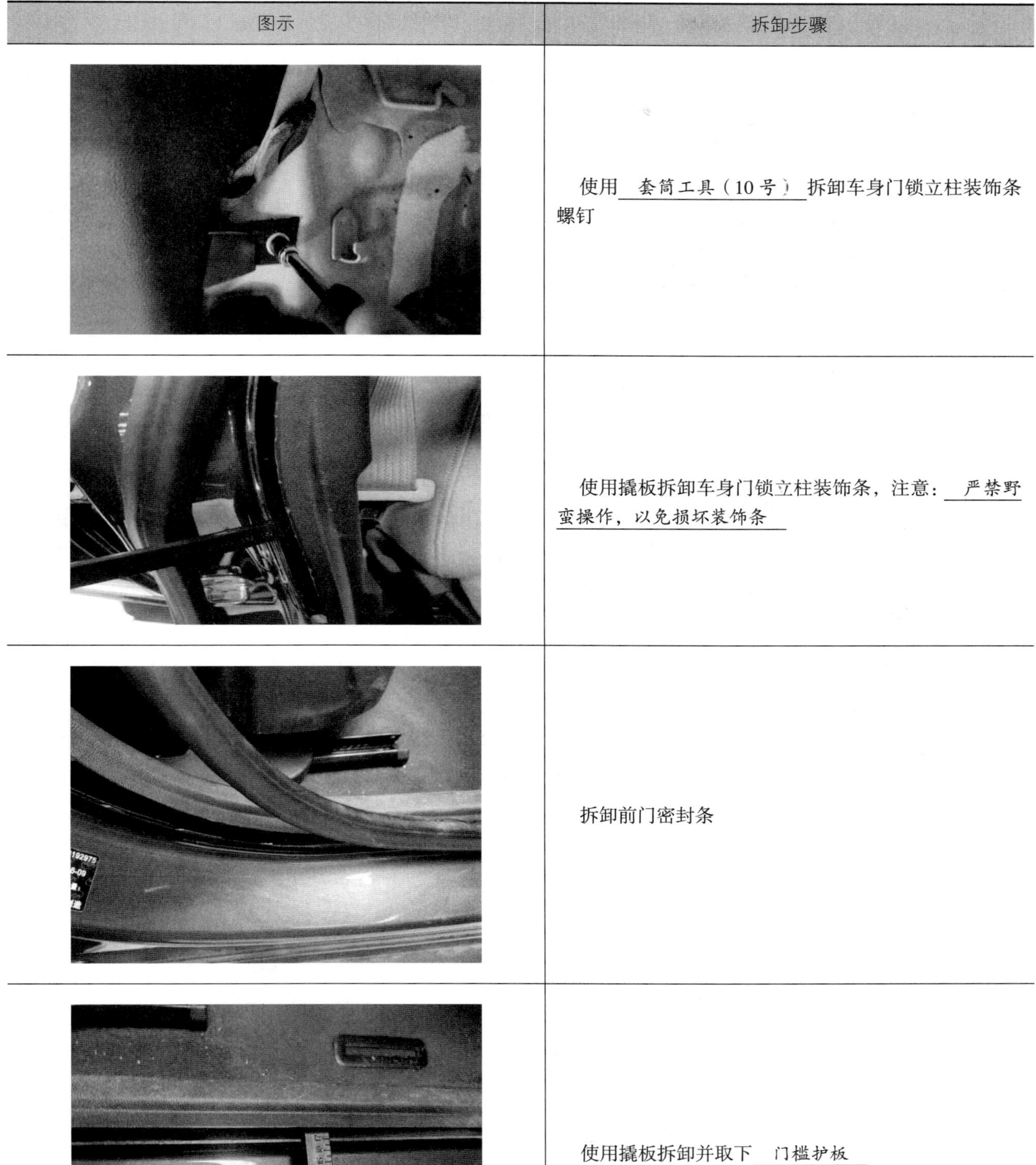

图示	拆卸步骤
	使用 套筒工具（10号） 拆卸车身门锁立柱装饰条螺钉
	使用撬板拆卸车身门锁立柱装饰条，注意： 严禁野蛮操作，以免损坏装饰条
	拆卸前门密封条
	使用撬板拆卸并取下 门槛护板

续表

图示	拆卸步骤
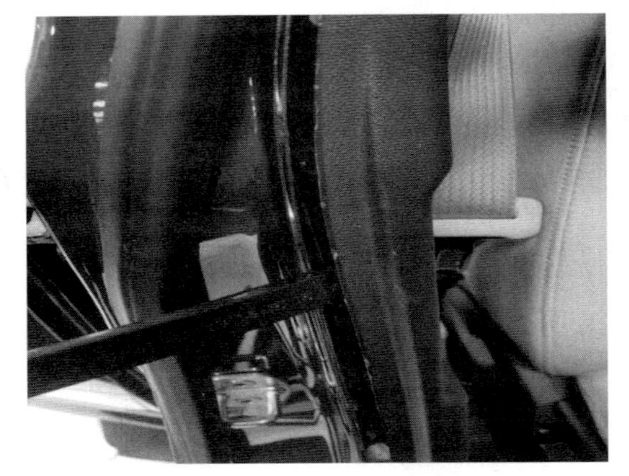	使用撬板拆卸<u>中柱装饰板</u>，注意两侧应均匀撬动，避免损坏中柱装饰板
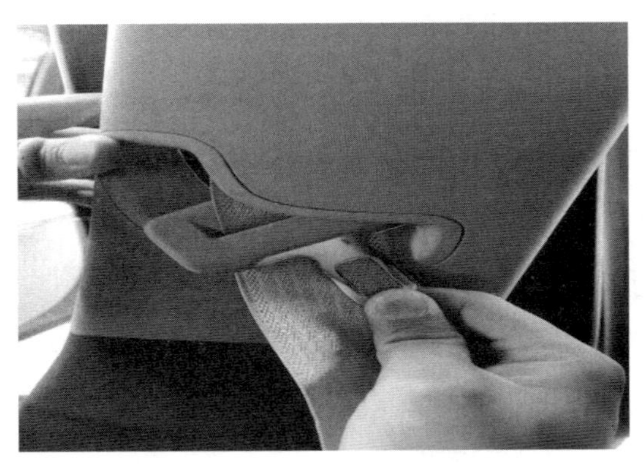	分离中柱装饰板

（2）拆卸安全带，如图 6-3-3 所示，具体步骤见表 6-3-2。

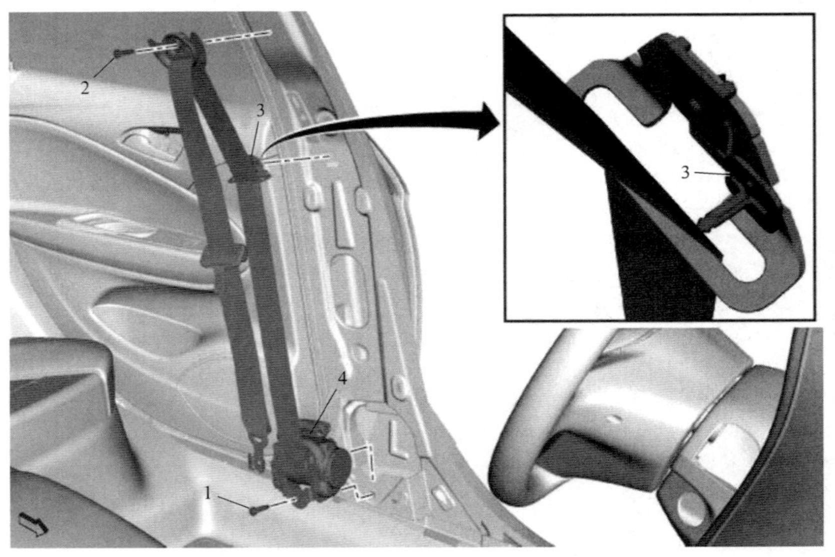

图 6-3-3　拆卸安全带示意图

1、2—固定螺栓　3—固定卡销　4—安全带总成

表 6-3-2　　安全带的拆卸步骤

<table>
<tr><th>图示</th><th>拆卸步骤</th></tr>
<tr><td>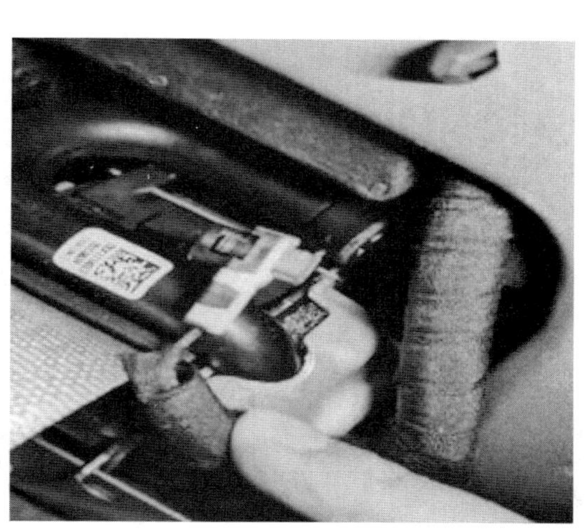</td><td>分离安全带卷收器连接器，注意：<u>严禁野蛮操作，以免损坏连接器</u></td></tr>
<tr><td>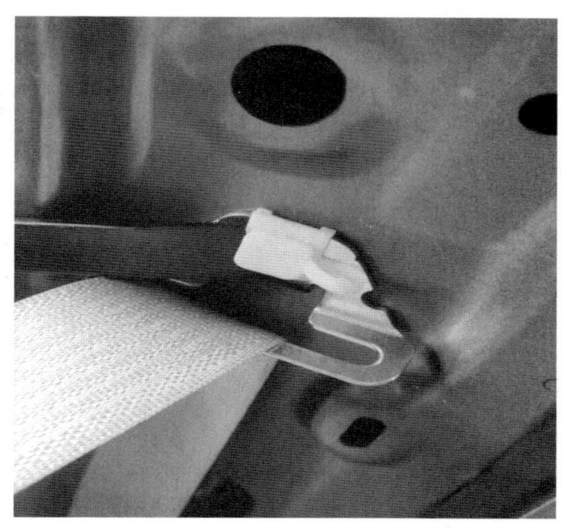</td><td rowspan="2">使用撬板分离<u>安全带导向扣</u></td></tr>
<tr><td>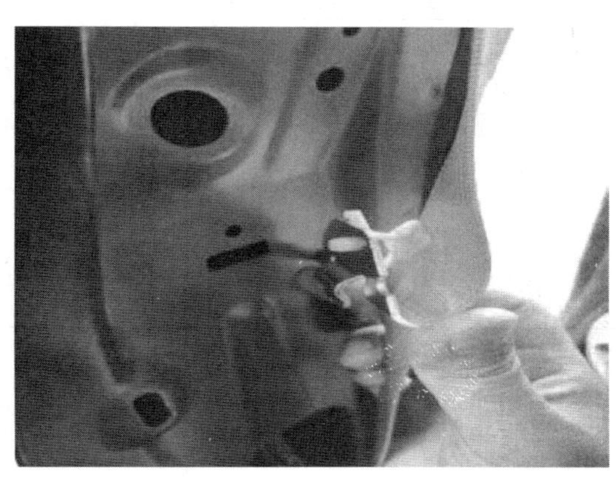</td></tr>
</table>

续表

<table>
<tr><th>图示</th><th>拆卸步骤</th></tr>
<tr><td></td><td rowspan="2">使用 花键工具（T50） 拆卸卷收器侧安全带固定螺栓</td></tr>
<tr><td>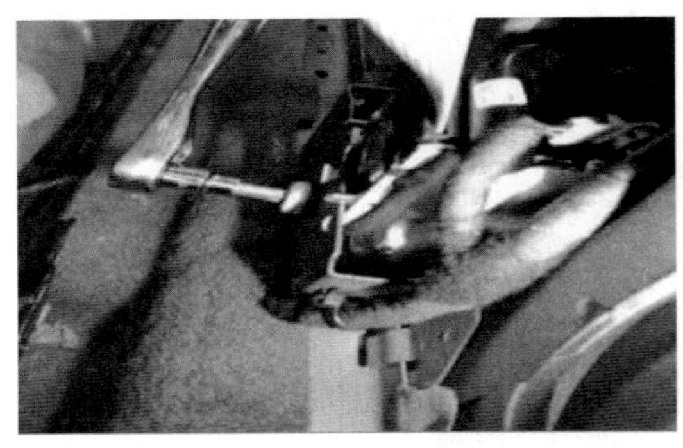</td></tr>
<tr><td></td><td>使用 花键工具（T50） 拆卸安全带卷收器固定螺栓并取下安全带卷收器，至此，安全带拆卸完毕</td></tr>
</table>

2．安全带的检查

（1）检查安全带外观，应 无磨损、无腐蚀、无断裂等 ，如图 6-3-4 所示。

（2）检查安全带卷收器外观，应 无磨损、无锈蚀、无变形、无损坏 ，如图 6-3-5 所示。

图 6-3-4　检查安全带外观

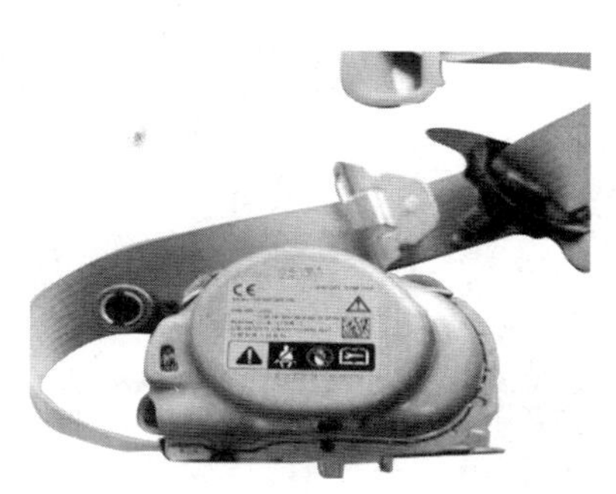

图 6-3-5　检查安全带卷收器外观

3．安全带的更换

（1）安装<u>　安全带卷收器　</u>，注意安装位置，应将<u>　定位销安装到位　</u>，如图 6-3-6 所示。

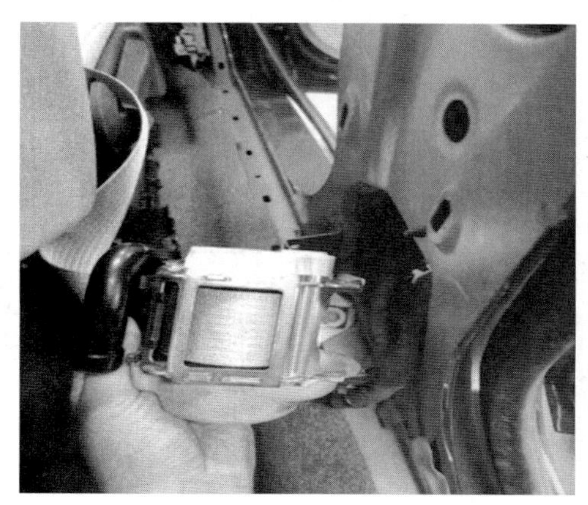

图 6-3-6　安装<u>　安全带卷收器　</u>

（2）按照图 6-3-2 所示安装<u>　中柱装饰板　</u>。

（3）安装<u>　门槛护板　</u>，如图 6-3-7 所示，之后安装侧门门槛装饰条。

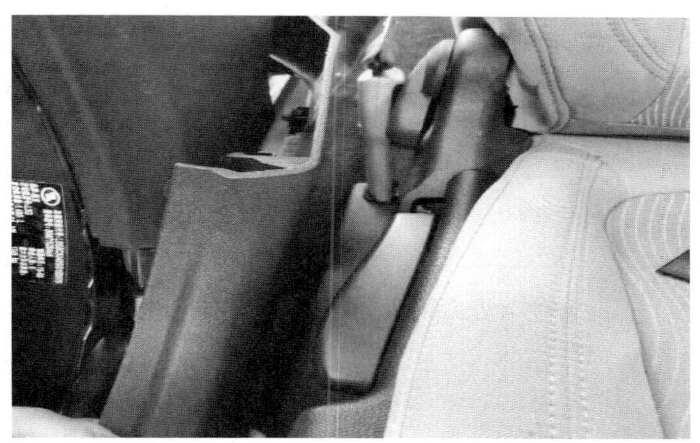

图 6-3-7　安装<u>　门槛护板　</u>

（4）安装安全带<u>锁扣盖</u>，如图 6–3–8 所示。

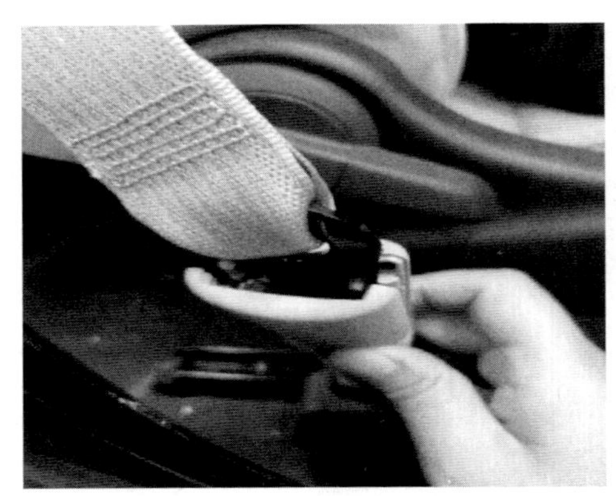

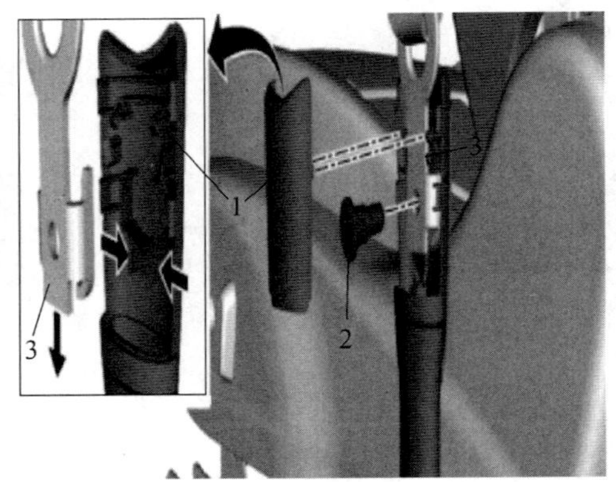

图 6–3–8　安装安全带<u>锁扣盖</u>

1—座椅安全带锁扣盖　2—座椅安全带锁扣紧固件　3—座椅安全带锁扣锁闩

（5）安装完毕，通过检查确保各安全带能正常使用。

五、学习活动评价

学习活动评价见表 6–3–3。

表 6–3–3　学习活动评价表

班级		姓名		学号		日期	年　月　日
序号	评价要点				配分	得分	总评
1	能正确识读和填写工作页，明确学习活动要求				10		A □（86 ~ 100 分） B □（76 ~ 85 分） C □（60 ~ 75 分） D □（60 分以下）
2	能查阅资料，写出安全带的作用和安装位置				15		
3	能查阅资料，写出安全带的组成、类型和工作原理				15		
4	能查阅资料，写出安全带常见故障的原因				10		
5	能按规范流程完成安全带的拆卸、检查与更换				20		
6	能遵守劳动纪律，以积极的态度接受工作任务				10		
7	能积极参与小组讨论，发挥团队合作精神				10		
8	能及时完成教师布置的任务				10		
总　分					100		
小结 建议							

学习活动 4　汽车辅助约束系统控制电路简单故障检修

学习目标

1. 能描述汽车辅助约束系统控制电路的作用和组成。
2. 能进行汽车辅助约束系统控制电路的识读。
3. 能进行汽车辅助约束系统相关信息的收集。
4. 能分析并确定汽车辅助约束系统常见故障的原因，制定检修方案。
5. 能进行汽车辅助约束系统控制电路简单故障检修。

建议学时：6 学时。

学习过程

一、汽车辅助约束系统控制电路的作用和组成

当车辆遭受__冲击力足够大__的正面或__侧面__碰撞时，汽车辅助约束系统传感和诊断模块将使电流流过__展开回路__，以展开安全气囊。

汽车辅助约束系统控制电路主要由转向盘安全气囊、乘员侧仪表板安全气囊、驾驶员座椅安全带卷收器、__前碰撞传感器（左侧）__、__座椅安全带锚定预紧器__、__前碰撞传感器（右侧）__、__充气式约束系统传感和诊断模块__、__座椅安全带卷收器预张紧器__等组成。

二、汽车辅助约束系统控制电路的识读

通过图 6–4–1 和图 6–4–2 所示的汽车辅助约束系统控制电路，可以分析得出以下结论。

1．电源电路

汽车辅助约束系统电源电路的电流流向为：电源 B＋→__F20DA__→K36 的 X1 端子 9→K36→K36 的 X1 端子 19→G303 搭铁点，形成回路。

2．工作电路

汽车辅助约束系统工作电路的电流流向为：前碰撞传感器左侧（右侧）→__K36__→__转向盘安全气囊线圈__→转向盘（乘员侧仪表板）、安全气囊、驾驶员（乘员）座椅安全带锚定预紧器、驾驶员（乘员）座椅安全带卷收器，使安全气囊、座椅安全带锚定预紧器、座椅安全带卷收器工作。

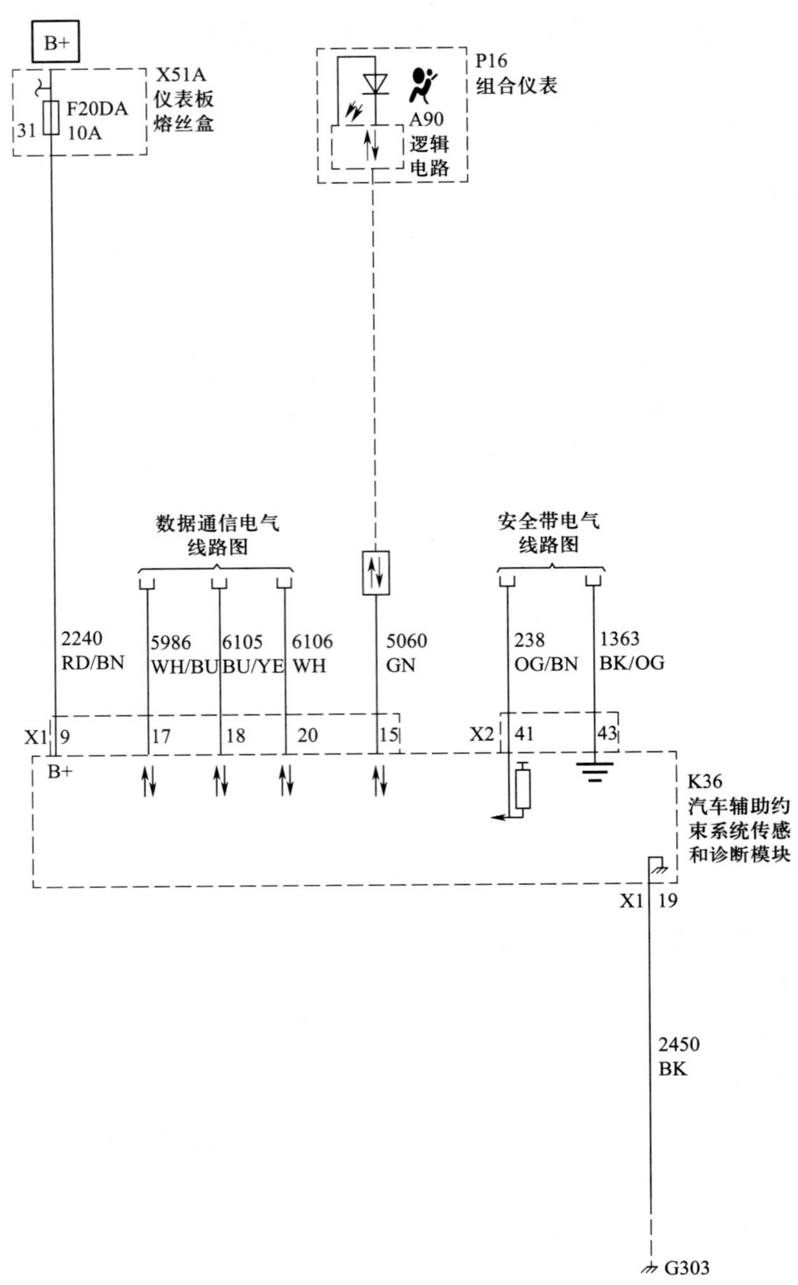

图 6-4-1　汽车辅助约束系统传感和诊断模块 K36 控制电路

三、汽车辅助约束系统相关信息的收集

根据图 6-4-3，查阅相关资料，将表 6-4-1 和表 6-4-2 所示别克威朗汽车辅助约束系统传感和诊断模块 K36 的 X1 端子及 X2 端子信息补充完整。

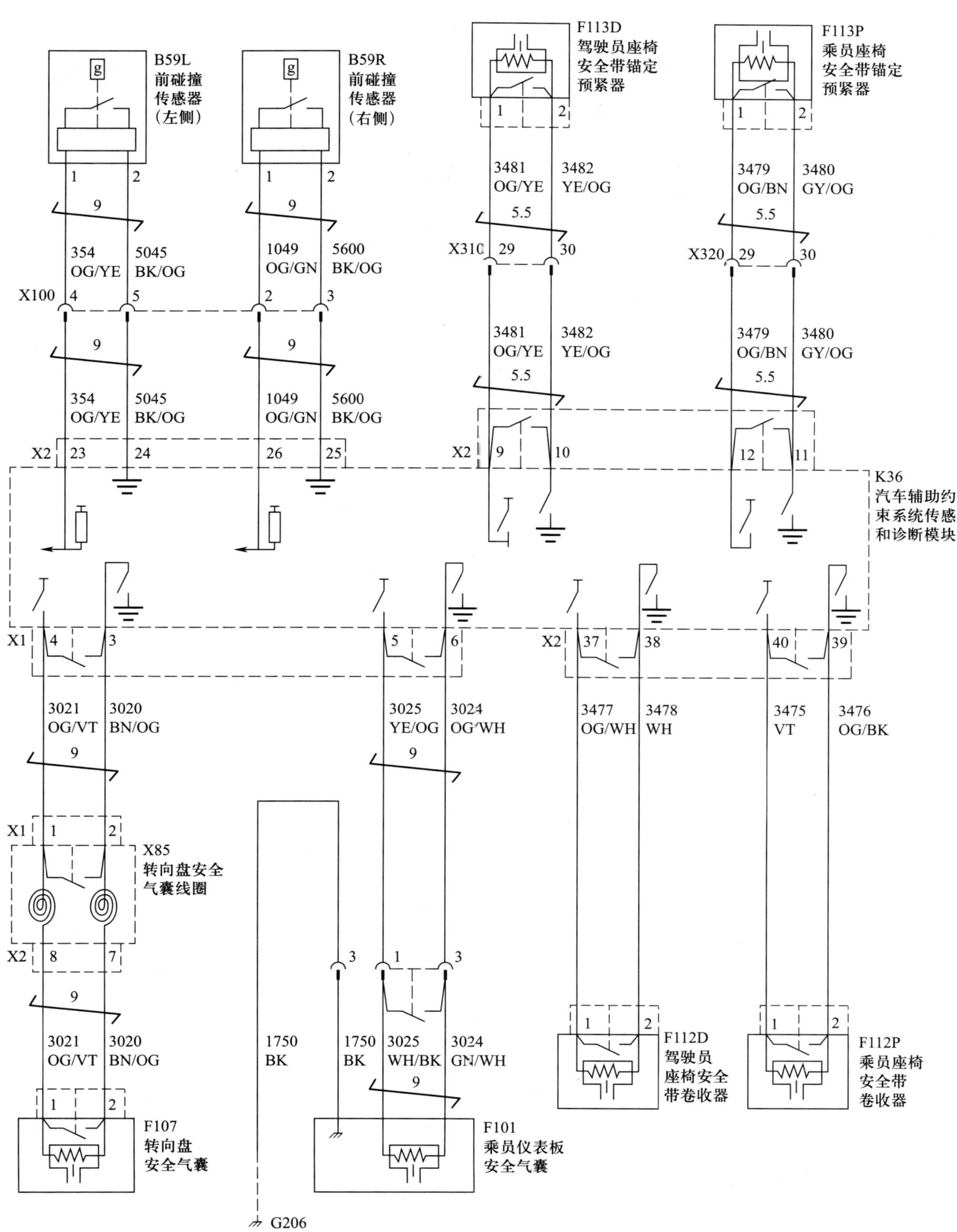

图 6-4-2　汽车辅助约束系统控制电路

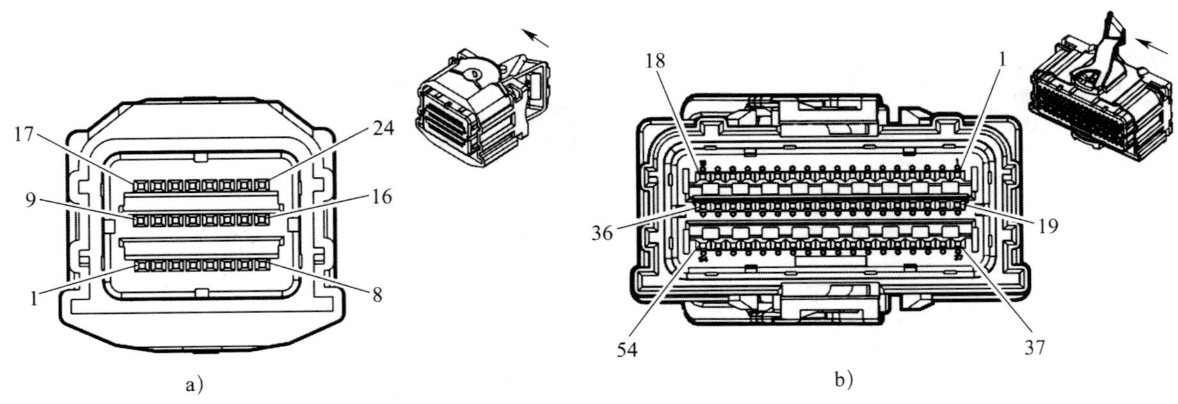

图 6-4-3　汽车辅助约束系统传感和诊断模块 K36 连接器

a）X1 端子　b）X2 端子

表 6-4-1　K36 的 X1 端子信息

X1 端子号	截面积 /mm²	颜色	功能
3	0.35	BN/OG（棕色 / 橙色）	转向盘模块 1 级低电平控制
4	0.35	OG/VT（橙色 / 紫罗兰色）	转向盘模块 1 级高电平控制
5	0.35	YE/OG（黄色 / 橙色）	乘员仪表板模块 1 级高电平控制
6	0.35	OG/WH（橙色 / 白色）	乘员仪表板模块 1 级低电平控制
9	0.5	RD/BN（红色 / 棕色）	蓄电池正极电压
19	0.5	BK（黑色）	搭铁

表 6-4-2　K36 的 X2 端子信息

X2 端子号	截面积 /mm²	颜色	功能
19	0.5	OG/GN（橙色 / 绿色）	前碰撞传感器（左侧）模块信号
20	0.5	BK/OG（黑色 / 橙色）	前碰撞传感器（左侧）模块低电平参考电压
21	0.5	BK/OG（黑色 / 橙色）	前碰撞传感器（右侧）模块低电平参考电压
22	0.5	BN/OG（棕色 / 橙色）	前碰撞传感器（右侧）模块信号
39	0.35	OG/BK（橙色 / 黑色）	乘员座椅安全带卷收器低电平控制
40	0.35	VT（紫罗兰色）	乘员座椅安全带卷收器高电平控制

四、汽车辅助约束系统控制电路的常见故障

1．分析故障原因

查阅资料，在表 6-4-3 中写出汽车辅助约束系统控制电路常见故障可能的故障原因。

表 6-4-3　汽车辅助约束系统控制电路常见故障原因分析

故障现象	可能的故障原因
仪表板故障指示灯常亮或闪烁	线路故障或者插头接触不良
	安全气囊或传感器故障
	安全带或传感器故障
	安全气囊 ECU 故障

2．制定检修方案

根据任务要求，制定故障检修方案。

（1）根据具体工作内容，明确小组成员分工，填写在表 6-4-4 中。

表 6-4-4　小组成员分工

姓名	分工
	根据实际情况填写

（2）根据要求列出检修所需主要工具及材料清单，填写在表 6-4-5 中。

表 6-4-5　检修所需主要工具及材料清单

序号	工具及材料名称	单位	数量	备注
	根据实际情况填写			

（3）根据小组分工情况及客户要求，制定具体的检修工序，填写在表 6-4-6 中。

表 6-4-6　检修工序安排

序号	检修工序内容	备注
	根据实际情况填写	

五、汽车辅助约束系统控制电路简单故障检修

1．电源电路的检查

（1）K36 电源电路的检查

1）断开点火开关和蓄电池，等待至少 2 min 后拆卸 前地板控制台加长板 ，取下 K36 ，如图 6–4–4 所示。

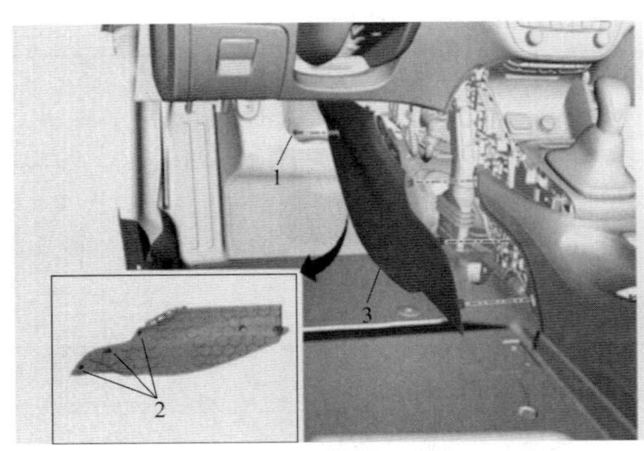

图 6–4–4　拆卸 前地板控制台加长板

1—固定螺栓　2—固定卡销　3—前地板控制台加长板

2）使用万用表电压挡测量 K36 的 X1 端子 9 对地电压，应为 12 V，如图 6–4–5 所示。

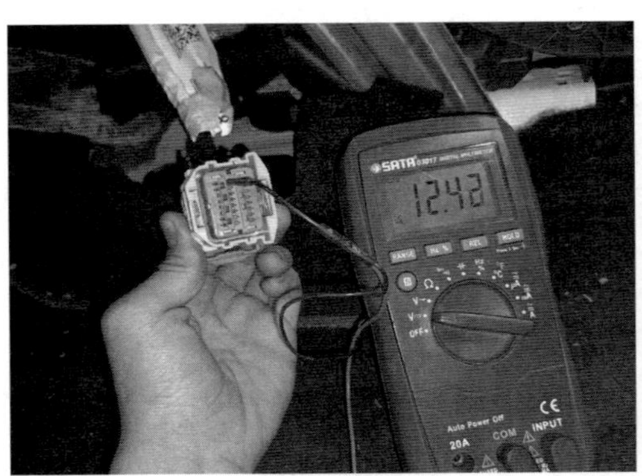

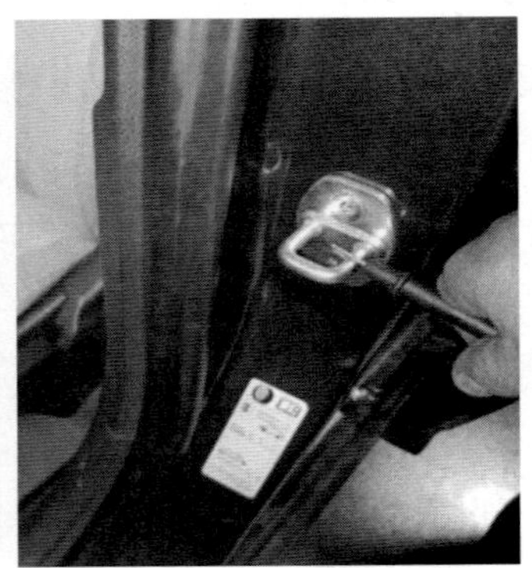

图 6–4–5　测量 K36 电源电路的电压

如果测得该电压为 0，说明 K36 电源电路出现故障，需拆下 前地板控制台 进一步检查，如图 6–4–6 所示。

①拔下 F20DA 熔丝，目测检查熔丝 是否熔断 ，并使用万用表电阻挡检查熔丝 电阻 ，判断熔丝是否正常，如图 6–4–7 所示。

②如果 F20DA 熔丝断路，应予以 更换 ，同时需确认熔丝损坏是否是由 熔丝下端线路短路或过载 造成的。因此，还需使用万用表电阻挡检查 F20DA 输出端至 K36 的 X1 端子 9 之间的对地电阻（检查前应确认点火开关关闭），如图 6–4–8 所示。如果使用万用表测得电阻为 0，说明 F20DA 输出端至 K36 端子 9 之间对地短路 ；如果使用万用表测得电阻为无穷大，说明 F20DA 熔丝损坏 。

图 6-4-6　拆下<u>前地板控制台</u>

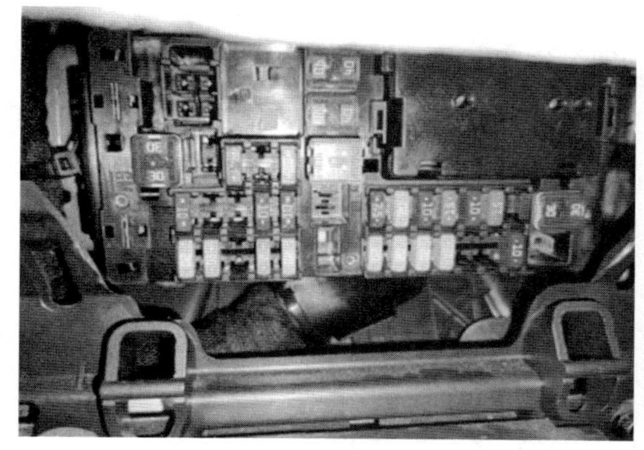

图 6-4-7　检查熔丝通断情况

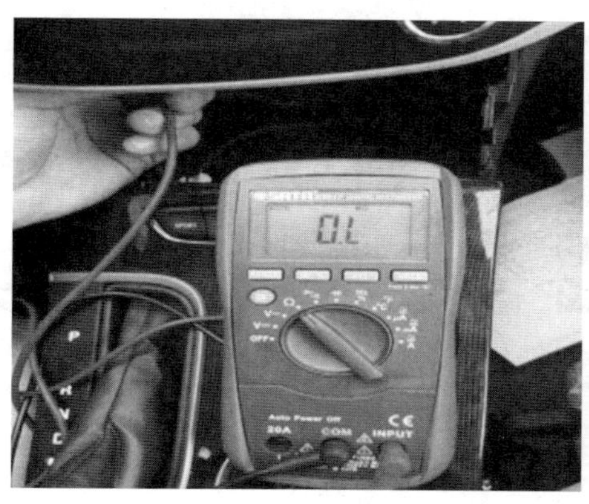

图 6-4-8　检查 F20DA 熔丝的供电电路

③若在上述检查中发现 F20DA 熔丝未损坏，则使用万用表电压挡测量 F20DA 熔丝的电压，如果测得电压为<u>0</u>，说明上游供电端出现故障，应立即排除该故障；如果测得电压约为<u>12</u>V，说明 F20DA 熔丝上游供电正常，如图 6-4-9 所示，需使用万用表电阻挡检查<u>F20DA 输出端至 K36 端子 9 之间线路是否断路（检查前应确认点火开关关闭）</u>。如果测得电阻为<u>线阻</u>，说明<u>电路</u>正常；如果测得电阻为无穷大，则需排除<u>线路断路</u>故障。注意：线阻是汽车电路在正常导通状态下呈现的电阻值，根据导线的规格不同，通常为 0～1 Ω，具体可参见对应车型维修手册。

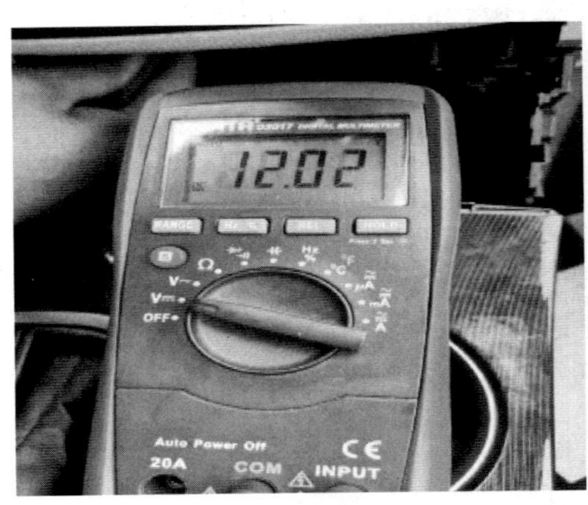

图 6-4-9　检查 F20DA 熔丝的搭铁电路

（2）搭铁电路的检查

使用万用表电阻挡检查 K36 的 X1 端子 19 对地电阻，如果测得的电阻为 线阻 ，说明搭铁电路正常，如图 6-4-10 所示；如果测得的电阻过大或为无穷大，则说明 搭铁线路故障 。

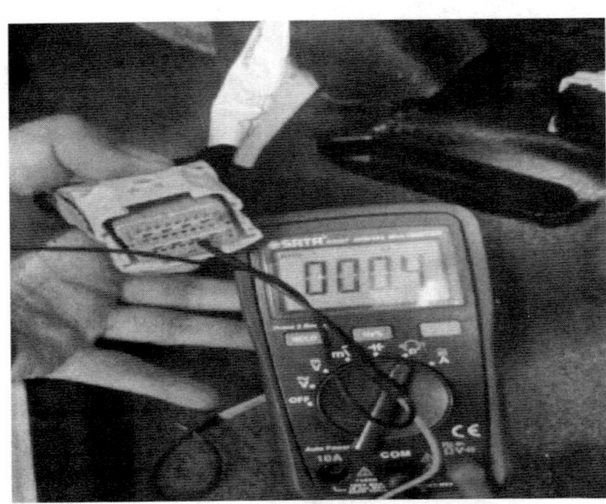

图 6-4-10　检查 K36 的搭铁电路

2．工作电路的检查

若碰撞传感器及其电路、安全气囊及其电路、安全带卷收器及其电路存在故障，会导致安全气囊故障指示灯点亮，致使工作电路无法正常工作。

下面分别以前碰撞传感器（左侧）B59L、转向盘安全气囊 F107、乘员座椅安全带卷收器 F112P 为例，进行工作电路的检查。

（1）前碰撞传感器（左侧）B59L 电路的检查

1）断开点火开关和蓄电池负极，在 2 min 后断开 K36 的 X2 和 B59L 插头，用万用表电阻挡检查 K36 的 X2 端子 23 与 B59L 的端子 1 之间的电阻，应为 线阻 ，如图 6-4-11 所示。如果测得的电阻为 线阻 ，说明电路可以正常导通；如果测得的电阻为无穷大，说明有 线路断路 故障，应排除故障。

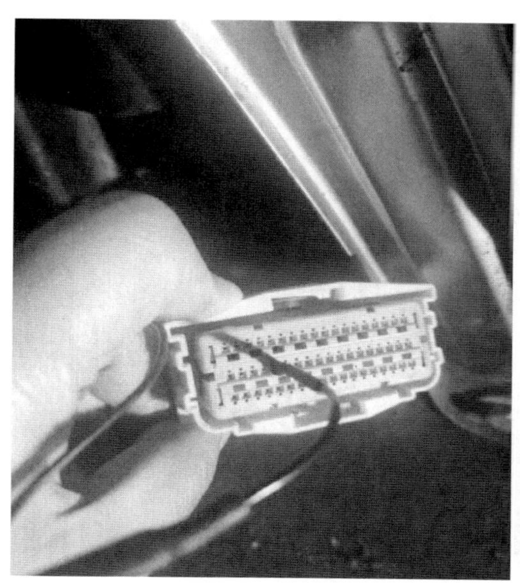

图 6-4-11　测量 K36 的 X2 端子 23 与 B59L 的端子 1 之间的电阻

2）用万用表电阻挡测量 K36 的 X2 端子 24 与 B59L 的端子 2 之间的电阻，应为 线阻 ，如图 6-4-12 所示。如果测得的电阻为 线阻 ，说明电路可以正常导通；如果测得的电阻为无穷大，说明有 线路断路 故障，应排除故障。

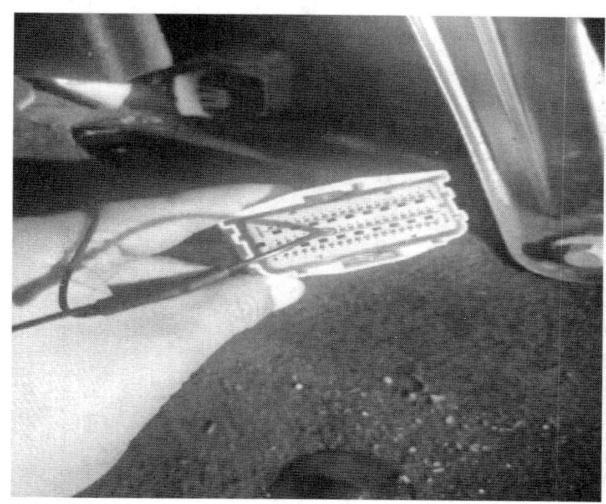
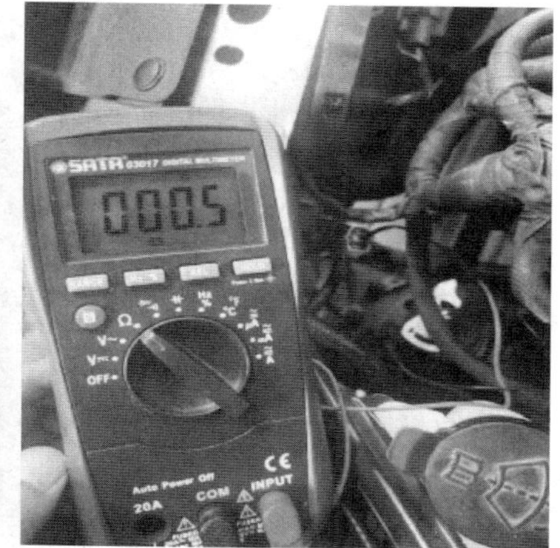

图 6-4-12　测量 K36 的 X2 端子 24 与 B59L 的端子 2 之间的电阻

（2）转向盘安全气囊 F107 电路的检查

检测转向盘安全气囊 F107 电路时，建议断开转向盘安全气囊检测电路，不检测安全气囊，以免发生意外。

1）断开点火开关和蓄电池负极，在 2 min 后断开 K36 的 X1 和 F107 插头，用万用表电阻挡测量 K36 的 X1 端子 4 与 F107 的端子 1 之间的电阻，应为 线阻 ，如图 6-4-13 所示。如果测得电阻为 线阻 ，说明电路可以正常导通；如果测得电阻为无穷大，说明有 线路断路 故障，需排除故障。

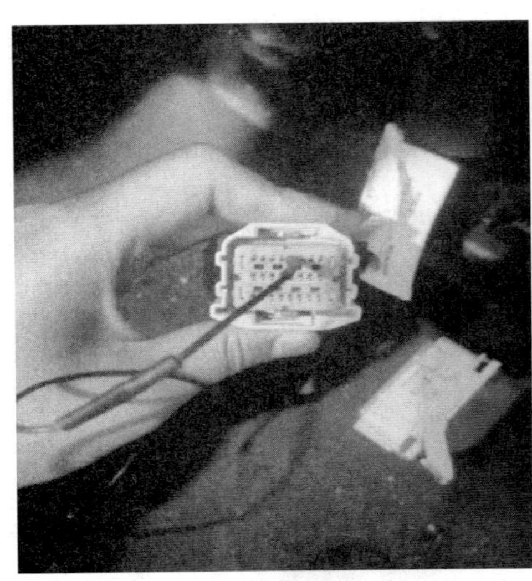

图 6-4-13　测量 K36 的 X1 端子 4 与 F107 的端子 1 之间的电阻

2）用万用表电阻挡检查 K36 的 X1 端子 3 与 F107 的端子 2 之间的电阻，应为＿线阻＿，如图 6-4-14 所示。如果测得电阻为＿线阻＿，说明电路可以正常导通；如果测得电阻为无穷大，说明有＿线路断路＿故障，需排除故障。

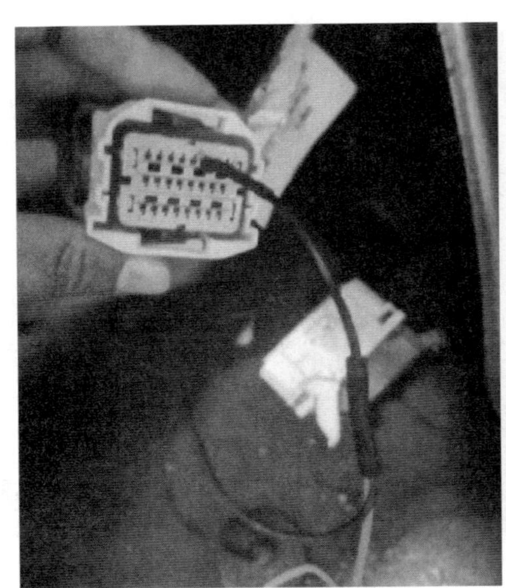

图 6-4-14　检查 K36 的 X1 端子 3 与 F107 的端子 2 之间的电阻

（3）乘员座椅安全带卷收器 F112P 电路的检查

检测乘员座椅安全带卷收器 F112P 电路时，建议断开 F112P 检测电路，不检测 F112P，以免发生意外。

1）断开蓄电池，在 2 min 后断开 K36 的 X2 和 F112P 插头，用万用表电阻挡测量 K36 的 X2 端子 40 与 F112P 的端子 1 之间的电阻，应为＿线阻＿，如图 6-4-15 所示。如果测得电阻为＿线阻＿，说明电路可以正常导通；如果测得电阻为无穷大，说明有＿线路断路＿故障，需排除故障。

图 6-4-15　测量 K36 的 X2 端子 40 与 F112P 的端子 1 之间的电阻

2）用万用表电阻挡检查 K36 的 X2 端子 39 与 F112P 的端子 2 之间的电阻，应为__线阻__，如图 6-4-16 所示。如果测得电阻为__线阻__，说明电路可以正常导通；如果测得电阻为无穷大，说明有__线路断路__故障，需排除故障。

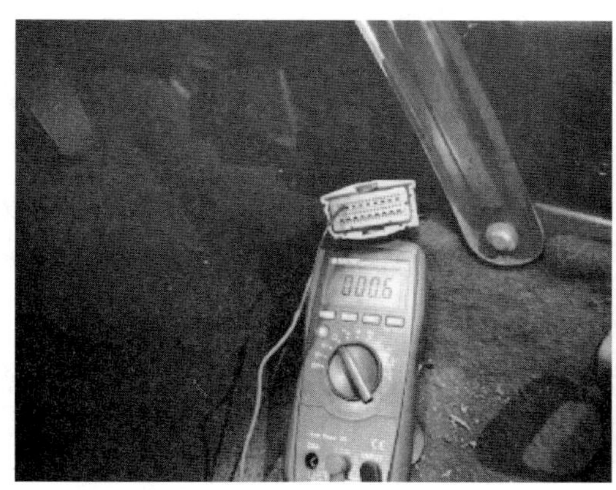

图 6-4-16　检查 K36 的 X2 端子 39 与 F112P 的端子 2 之间的电阻

六、学习活动评价

学习活动评价见表 6-4-7。

表 6-4-7　学习活动评价表

班级		姓名		学号		日期	年　月　日
序号	评价要点				配分	得分	总评
1	能正确识读和填写工作页，明确学习活动要求				10		A□（86 ~ 100 分） B□（76 ~ 85 分） C□（60 ~ 75 分） D□（60 分以下）
2	能查阅资料，写出汽车辅助约束系统控制电路的作用和组成				10		
3	能查阅资料，进行汽车辅助约束系统控制电路的识读				10		
4	能查阅资料，进行汽车辅助约束系统相关信息的收集				10		

续表

序号	评价要点	配分	得分	总评
5	能查阅资料，写出汽车辅助约束系统常见故障的原因，制定检修方案	10		A□（86 ~ 100 分） B□（76 ~ 85 分） C□（60 ~ 75 分） D□（60 分以下）
6	能按规范流程完成汽车辅助约束系统控制电路简单故障检修	20		
7	能遵守劳动纪律，以积极的态度接受工作任务	10		
8	能积极参与小组讨论，发挥团队合作精神	10		
9	能及时完成教师布置的任务	10		
总　分		100		
小结建议				

学习活动 5　工作总结与评价

学习目标

1. 能以小组形式，对学习过程和成果进行总结。
2. 能完成对学习过程的综合评价。

建议学时：2 学时。

学习过程

一、工作总结

在世界技能大赛中，选手应具有一定的组织规划、沟通、创新等能力，这在实际的生产工作中是十分必要的。以小组为单位，选择演示文稿、展板、海报、视频等形式中的一种或几种，向全班展示、汇报学习成果。

二、综合评价

针对本任务的学习情况，根据表 6–5–1 所列综合评价标准进行评分。

表 6–5–1　　综合评价标准

评价项目	评价内容及标准	配分	评分		
			自我评价	小组评价	教师评价
工作组织和管理	团队合作，合理计划，高效管理时间	3			
	定期检查工作进展和效果	3			
	保证高质量完成工作	4			
沟通能力	深度咨询客户，完全理解其要求	10			
	提供明确说明，准确回答客户的疑问	10			
计划创新能力	及时处理工作中遇到的问题	10			
	提出创新性、可行性建议，提高客户满意度	10			

续表

评价项目	评价内容及标准	配分	评分		
			自我评价	小组评价	教师评价
专业知识	具备汽车辅助约束系统的组成、作用和原理等知识	10			
	具备汽车辅助约束系统故障检修知识	10			
实践能力	具备汽车辅助约束系统安全气囊的检查与更换技能	10			
	具备汽车辅助约束系统安全带的检查与更换技能	10			
	具备汽车辅助约束系统控制电路故障的检修技能	10			
学生姓名		综合评价得分			
指导教师		日期			

三、学习任务六整体评价

学习任务六整体评价见表 6–5–2。

表 6–5–2　学习任务六整体评价表

项目	自我评价			小组评价			教师评价		
	10～9 分	8～6 分	5～1 分	10～9 分	8～6 分	5～1 分	10～9 分	8～6 分	5～1 分
	占总评 10%			占总评 30%			占总评 60%		
学习活动 1									
学习活动 2									
学习活动 3									
学习活动 4									
学习活动 5									
协作精神									
纪律观念									
表达与分析能力									
工作态度									
任务总体表现									
小计分									
总评分									

世赛知识

世界技能大赛汽车喷漆项目介绍

汽车喷漆项目是指运用合适的技术和流程对汽车工件（金属件及塑料件等）上的损伤进行喷漆修复的竞赛项目，如修复翼子板划痕、车门损伤及保险杠损伤等。汽车喷漆项目主要考核选手以下技能：将汽车受损的工件，包括金属（镀锌钢板）件、塑料件，通过维修恢复至受损前状态的技能；在汽车工件上喷绘图案的技能；调色技能，选手需要使用正确剂量的色母调配色漆，喷涂试色板，检验所调颜色是否准确，然后微调颜色至与目标颜色一致。

我国选手蒋应成通过其精湛的汽车喷漆技能和拼搏奋斗的精神，获得第 44 届世界技能大赛汽车喷漆项目金牌（见图 6-5-1）。

图 6-5-1 第 44 届世界技能大赛汽车喷漆项目金牌获得者蒋应成

第 44 届世界技能大赛汽车喷漆项目比赛内容分为 5 个模块，即损伤区处理（占总分 20%）、喷中涂底漆（占总分 5%）、面漆前处理（占总分 20%）、调色（占总分 20%）和双工序面漆喷涂（占总分 35%）。

一、比赛要求

1．比赛顺序

实操比赛期间选手为按组顺序滚动进行比赛。

2．比赛时间

单人作业时间合计 180 min。其中，损伤区处理 40 min、喷中涂底漆 20 min、面漆前处理 20 min、调色 60 min、双工序面漆喷涂 40 min。

3．名次排列规则

按总成绩由高到低排序，总成绩相同则以实操成绩分数高的名次在前；总成绩相同且实操成绩也相同的，则以 5 个实操模块总用时短的名次在前。

4．比赛专用油漆

比赛专用油漆选用艾仕得涂料公司生产的施必快水性漆。

5．比赛作业工件

实操比赛现场提供新翼子板（已有电泳涂层）为比赛工件，统一制作损伤区。

损伤设置：工件为右前翼子板（东风本田思域 08 款原厂件），制作损伤直径为 5 cm 的损伤，损伤中心位于工件正中（见图 6–5–2）。

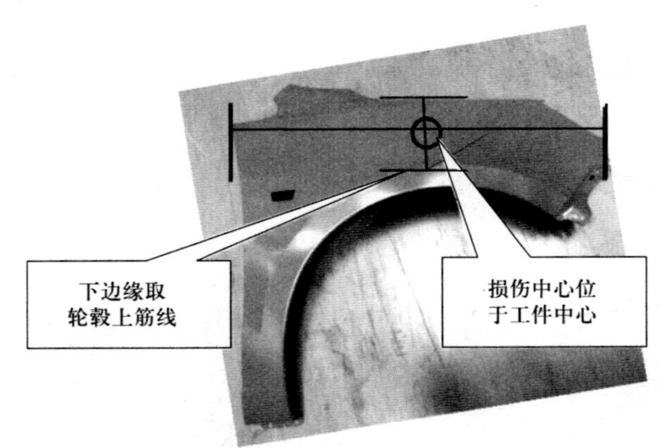

图 6–5–2　翼子板损伤位置图

二、考核要求

1．损伤区处理比赛要求

（1）在 40 min 的作业时间内完成损伤部位的羽状边打磨、原子灰刮涂和原子灰研磨。

（2）根据工艺要求对损伤位置打磨羽状边。

（3）根据工艺要求对损伤区施涂环氧底漆、刮涂原子灰并打磨至平整。

2．补涂防锈底漆、喷中涂底漆比赛要求

（1）露金属区域补涂防锈底漆，整板喷涂中涂底漆。

（2）在 20 min 的作业时间内，对打磨后的露金属区域喷涂环氧底漆（自喷罐式）或涂抹环氧底漆（已调配好），整板喷涂双组分中涂底漆，中涂底漆用量（已添加好固化剂、稀释剂后的质量）不超过 150 g。

（3）选手需要选择并喷涂合适灰度的中涂底漆：根据颜色、配方选择合适灰度的中涂底漆，可从提供的两种灰度中涂底漆中直接选择，也可使用提供的两种灰度中涂底漆及一种调色色母调配出合适的其他灰度的中涂底漆（赛场提供调配不同灰度中涂底漆所需的配方）。

3．面漆前处理比赛要求

（1）打磨中涂底漆并清洁表面。

（2）在 20 min 的作业时间内完成中涂底漆研磨和工件表面清洁工作。

4．调色比赛要求

（1）在 60 min 的作业时间内完成底色漆调色作业。

（2）赛场为选手提供目标色板，为每位选手提供至少三块板、200 mL 有差异色的底色漆（未添加稀释剂）及使用此底色漆统一喷涂的色板。

（3）选手采用喷涂试色板的方法对比油漆与标准色板的差异，合理添加色母，将颜色调整至与目标色板一致。

5．双工序面漆喷涂比赛要求

（1）喷涂银粉底色漆及清漆。

（2）在 40 min 的作业时间内完成银粉底色漆、清漆的喷涂作业。颜色必须喷涂至与标准色板一致。清漆用量（已添加好固化剂、稀释剂后的质量）不超过 200 g。

三、主要工量具、耗材与设备

汽车喷漆项目比赛使用的工量具、耗材与设备见表 6-5-3。

所有自带的工量具与设备根据技术文件要求，自行确定所带工量具与设备的规格，提前一天交到组委会，经裁判组确定后封存。

表 6-5-3　汽车喷漆项目比赛使用的工量具、耗材与设备

序号	工具名称	型号及规格	数量	备注
1	吹尘枪			
2	原子灰调色板			
3	开罐器			
4	搅拌棒			
5	面漆喷枪	SATA jet 4000-120 Digital，口径：WSB		自带
6	免洗枪壶	SATA RPS 多功能免洗枪壶		
7	底漆喷枪	SATA jet 100 B F RP 1.6		自带
8	清漆喷枪	SATA jet 4000-110 Digital 1.3		自带
9	刮灰刀			自带
序号	量具名称	型号及规格	数量	备注
1	电子秤	精确到 0.1 g		可自带
序号	配件、辅料名称	型号及规格	数量	备注
1	除油剂容器	需要防溶剂，且喷头不易堵塞		
2	遮蔽纸架	带切纸架		
3	打磨场地气管	带快速接头，管长为 7 m（最好是 10 m），内径为 8 mm		
4	喷房用气管	带快速接头，管长为 7 m（最好是 10 m），内径为 8 mm		
5	打磨架			
6	喷涂架	多角度钣喷架		
7	防溶剂口罩	3M-7502（M）		自带
8	防尘口罩	耳带式（L）		自带

续表

序号	设备名称	型号及规格	数量	备注
1	干磨设备	费斯托干磨设备（含吸尘桶，配有偏心距为 3 mm 和 6 mm 的磨头、软管、手刨）		
2	调漆设备	nexa autocolor，配以必需的色母和足够的浆盖		
3	红外线烤灯	IRT 短波小型烤灯		
4	喷房	中大 ZD–S60		
5	烤房	中大 ZD–S60		
6	油水分离器	SATA 0/424		
7	喷涂专用油水分离器	SATA 0/444		
8	喷枪清洗机	SATA RCS 喷枪快速清洗机		
9	调色灯箱	标准光源对色灯箱		
10	小烤箱	油漆色样烘烤箱		
11	压缩空气气源	可同时供给 8 个工位		
12	快配色测色仪	分别测量目标色板和选手调色结果、喷涂结果的色差		

四、注意事项

1．参赛选手按车型以抽签方式决定比赛顺序，抽签号码作为参赛选手在比赛中唯一的身份标志。

2．参赛选手在比赛中不得随意退场，如果弃权需要在作业表上填写“弃权”字样并签名。

3．比赛前一天允许参赛选手参观场地并在规定地点熟悉仪器、设备和工量具。

4．参赛选手在比赛中发现仪器、设备和工量具出现故障，应向裁判人员报告，由裁判长决定是否终止比赛。

学习任务七　汽车刮水器不工作故障检修

学习目标

1. 能描述刮水器系统的作用。
2. 能描述刮水器系统的组成。
3. 能描述刮水器系统各挡位的作用。
4. 能进行刮水器系统的基本检查。
5. 能描述刮水器开关的作用及安装位置。
6. 能进行刮水器开关控制电路的识读。
7. 能进行刮水器开关相关信息的收集。
8. 能进行刮水器开关的拆卸、检查与更换。
9. 能描述刮水器电动机的分类、组成及工作原理。
10. 能描述连杆机构的组成、作用及类型。
11. 能进行刮水器电动机相关信息的收集。
12. 能进行刮水器电动机及连杆机构的拆卸、检查与更换。
13. 能描述刮水器控制电路的分类、组成和作用。
14. 能进行刮水器控制电路的识读。
15. 能进行刮水器控制电路相关信息的收集。
16. 能分析并确定刮水器控制电路常见故障的原因，制定检修方案。
17. 能进行刮水器控制电路简单故障检修。
18. 能对维修场地设备进行日常维护保养，按6S管理规定要求清理现场。
19. 能对相关资料进行检索，完成检修工单和工作页的填写。
20. 能展示工作成果，进行任务评价，总结工作经验，优化检修方案。
21. 能在作业过程中严格执行企业操作规范、安全生产制度、环保管理制度，严格遵守从业人员的职业道德，具有吃苦耐劳、爱岗敬业的工作态度和职业责任感。

建议学时

20 学时。

工作情境描述

一辆别克威朗汽车在接通点火开关正常供电的情况下，客户发现汽车刮水器各挡位都不工作。经班组长检查，初步诊断为汽车刮水器系统故障。汽车修理工需要根据维修手册相关要求，在规定时间内，参照维修资料完成汽车刮水器系统的检查与零部件的更换工作，自检合格后交付班组长验收。

工作流程与活动

1．刮水器系统的认知（4 学时）

2．刮水器开关的检查与更换（4 学时）

3．刮水器电动机及连杆机构的检查与更换（4 学时）

4．刮水器控制电路简单故障检修（6 学时）

5．工作总结与评价（2 学时）

思维导图

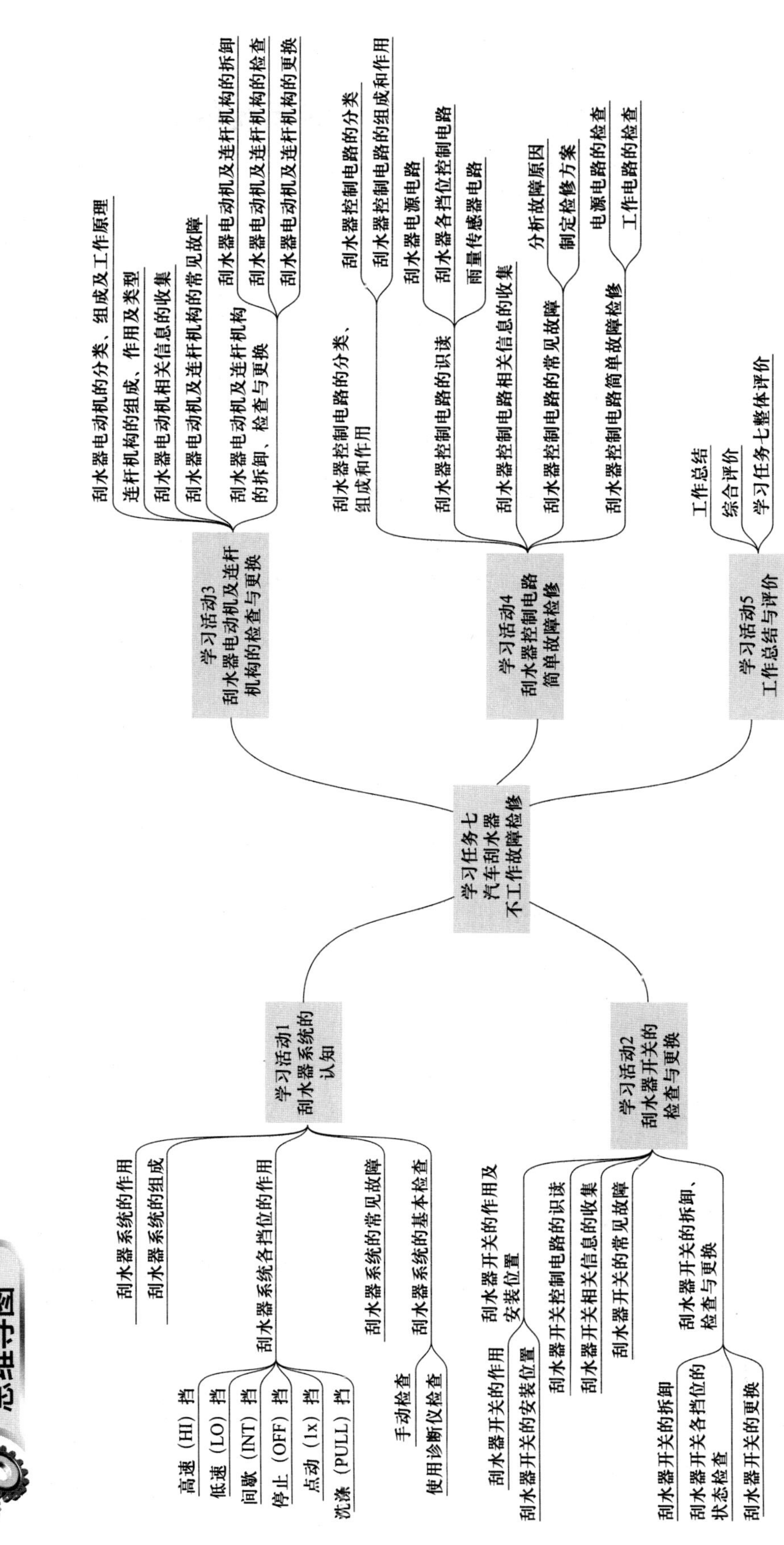
学习任务七
汽车刮水器
不工作故障检修
学习活动1
刮水器系统的
认知
刮水器系统的作用
刮水器系统的组成
刮水器系统各挡位的作用
高速（HI）挡
低速（LO）挡
间歇（INT）挡
停止（OFF）挡
点动（1x）挡
洗涤（PULL）挡
刮水器系统的常见故障
刮水器系统的基本检查
手动检查
使用诊断仪检查
学习活动2
刮水器开关的
检查与更换
刮水器开关的作用及
安装位置
刮水器开关的作用
刮水器开关的安装位置
刮水器开关控制电路的识读
刮水器开关相关信息的收集
刮水器开关的常见故障
刮水器开关的拆卸、
检查与更换
刮水器开关的拆卸
刮水器开关各挡位的
状态检查
刮水器开关的更换
学习活动3
刮水器电动机及连杆
机构的检查与更换
刮水器电动机的分类、组成及工作原理
连杆机构的组成、作用及类型
刮水器电动机相关信息的收集
刮水器电动机及连杆机构的常见故障
刮水器电动机及连杆机构
的拆卸、检查与更换
刮水器电动机及连杆机构的拆卸
刮水器电动机及连杆机构的检查
刮水器电动机及连杆机构的更换
学习活动4
刮水器控制电路
简单故障检修
刮水器控制电路的分类、
组成和作用
刮水器控制电路的分类
刮水器控制电路的组成和作用
刮水器控制电路的识读
刮水器电源电路
刮水器各挡位控制电路
雨量传感器电路
刮水器控制电路相关信息的收集
刮水器控制电路的常见故障
分析故障原因
制定检修方案
刮水器控制电路简单故障检修
电源电路的检查
工作电路的检查
学习活动5
工作总结与评价
工作总结
综合评价
学习任务七整体评价

学习活动 1　刮水器系统的认知

1. 能描述刮水器系统的作用。
2. 能描述刮水器系统的组成。
3. 能描述刮水器系统各挡位的作用。
4. 能分析并确定刮水器系统常见故障的原因。
5. 能进行刮水器系统的基本检查。

建议学时：4 学时。

学习过程

一、刮水器系统的作用

刮水器是＿刮拭风窗玻璃水污＿的装置，有时与＿风窗洗涤装置＿共同工作，属于汽车附属装置，其作用是清除附着在风窗玻璃上的雾、霜、雨、雪、泥、尘埃及其他污物，使驾驶员具有＿良好的视线＿，以保障行车安全。

汽车刮水器系统中增设了＿风窗玻璃洗涤装置＿，必要时向风窗玻璃表面喷洒专用的＿清洗液＿，以更好地消除附着在风窗玻璃上的灰尘和污物，保持风窗玻璃表面洁净，保证驾驶员有良好的视线，同时避免划伤玻璃。

二、刮水器系统的组成

刮水器系统由刮水片、刮水臂、蜗轮箱、直流电动机、曲柄、摆杆、连杆等组成。查找相关资料，在图 7–1–1 下方横线上写出刮水器系统零部件的名称。

三、刮水器系统各挡位的作用

刮水器系统有高速（HI）挡、低速（LO）挡、间歇（INT）挡、停止（OFF）挡、点动（1x）挡和洗涤（PULL）挡等挡位。对照图 7–1–2，完成相关内容的填写。

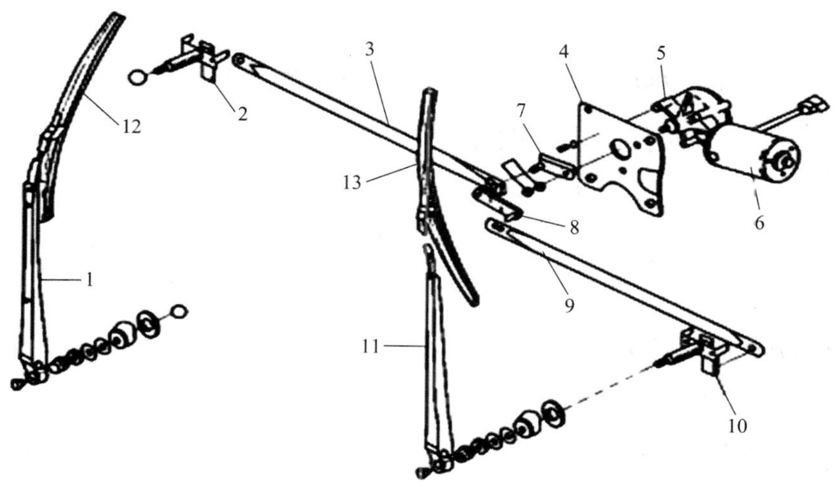

图 7-1-1　刮水器系统的组成

1、11—刮水臂　2、10—摆杆　3、9—连杆　4—底板

5—蜗轮箱　6—直流电动机　7、8—曲柄　12、13—刮水片

图 7-1-2　刮水器挡位开关

1．高速（HI）挡

将选挡杆从初始位置“OFF”挡向上拨三个挡，刮水器执行<u>高速刮水</u>动作。该挡位应用于<u>雨量较大</u>的环境，其作用为<u>加快刮水片的摆动频率，快速将雨水刮干净</u>。

2．低速（LO）挡

将选挡杆从初始位置“OFF”挡向上拨两个挡，刮水器执行<u>低速刮水</u>动作。该挡位应用于<u>雨量适中</u>的环境，其作用为<u>刮净雨水，但其自身的摆动频率适中，不会影响驾驶员的视线</u>。

3．间歇（INT）挡

将选挡杆从初始位置“OFF”挡向上拨一个挡，刮水器执行<u>间歇刮水</u>动作。该挡位应用于<u>雨量较小</u>的环境，其作用为<u>每 3～6 s 刮水片刮水一次</u>。

4．停止（OFF）挡

将选挡杆停在初始位置，刮水器应<u>停止刮水</u>动作。

5．点动（1x）挡

将选挡杆从初始位置“OFF”挡向下拨一个挡，刮水器执行 一次刮水 动作。该挡位应用于 有雾气或者小雨滴 的环境，其作用为 刮水器电动机低速工作，松开刮水器开关手柄，选挡杆自动跳回“OFF”挡 。

6．洗涤（PULL）挡

将选挡杆从初始位置“OFF”挡向后拨一下，喷水器运行，刮水器执行 刮水 动作。该挡位应用于 玻璃有脏污 的环境，其作用为 洗涤系统向风窗玻璃喷出清洗液，刮水器以低速挡工作，刮净风窗玻璃 。

四、刮水器系统的常见故障

刮水器系统的常见故障有：刮水器不工作、刮水器不能自动复位、刮水器动作迟缓、刮水器工作噪声过大、刮水器刮水效果不佳等。可能的故障原因有： 刮水器电动机损坏，刮水器开关损坏，刮水片胶条老化、变形，刮水臂松动、磨损、锈蚀等 。

五、刮水器系统的基本检查

根据刮水器系统的常见故障和可能的故障原因，进行刮水器系统的基本检查。

1．手动检查

（1）按图 7–1–3 所示检查刮水器外观，并将检查情况填写在表 7–1–1 中。

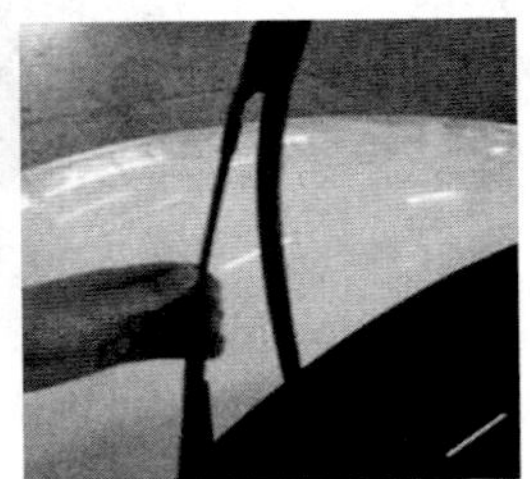

图 7–1–3　检查刮水器外观

表 7–1–1　刮水器外观检查

检查项目	检查内容	结果判定
刮水片胶条	主要检查有无变形、老化、损坏等（具体根据实际情况填写）	如果情况异常，根据具体情况确定更换或维修；无异常则判定为正常
刮水臂	主要检查有无变形、老化、损坏等（具体根据实际情况填写）	如果情况异常，根据具体情况确定更换或维修；无异常则判定为正常

（2）操作刮水器开关，检查刮水器刮拭效果，应 将风窗玻璃刮拭干净，以保证驾驶员视线清晰 ，如图 7–1–4 所示。

a）

b）

图 7-1-4　检查刮水器刮拭效果
a）刮拭效果好　b）刮拭效果差

（3）接通点火开关，给全车供电。操作刮水器开关，检查刮水器各挡位作用，将运行情况记录在表 7-1-2 中。若某挡位不能正常运行，应在“结果判定”栏中填写“故障”。

表 7-1-2　刮水器运行情况检查

挡位	刮水器运行情况	结果判定	备注
高速挡	根据实际情况填写		
低速挡			
间歇挡			
停止挡			
点动挡			
洗涤挡			

2．使用诊断仪检查

（1）使用诊断仪读取故障码

1）使用 KT720 故障诊断仪连接汽车诊断接口，接通点火开关，准备读取故障码，如图 7-1-5 所示。

2）选择相应车型后，选择 “车体控制模块” ，如图 7-1-6 所示。

3）选择 读取故障码 ，查看系统是否正常。如果无故障码说明系统正常，如图 7-1-7 所示；如果有故障码说明系统有故障，可以根据系统提示排除故障。

（2）使用诊断仪读取数据流

选择读取“刮水器 / 洗涤器数据”数据流，如图 7-1-8 所示。

图 7-1-5　KT720 故障诊断仪及应用软件

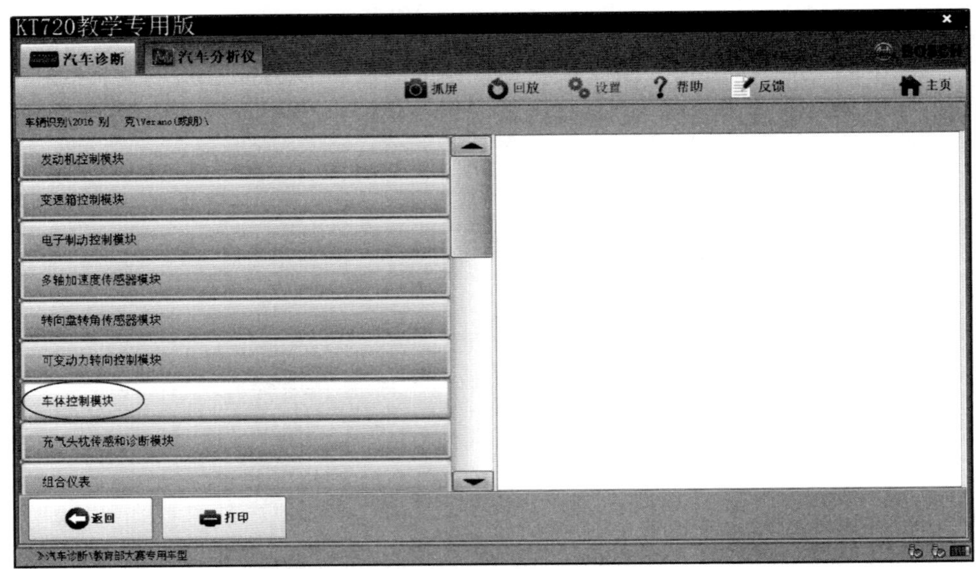

图 7-1-6　选择“车体控制模块”

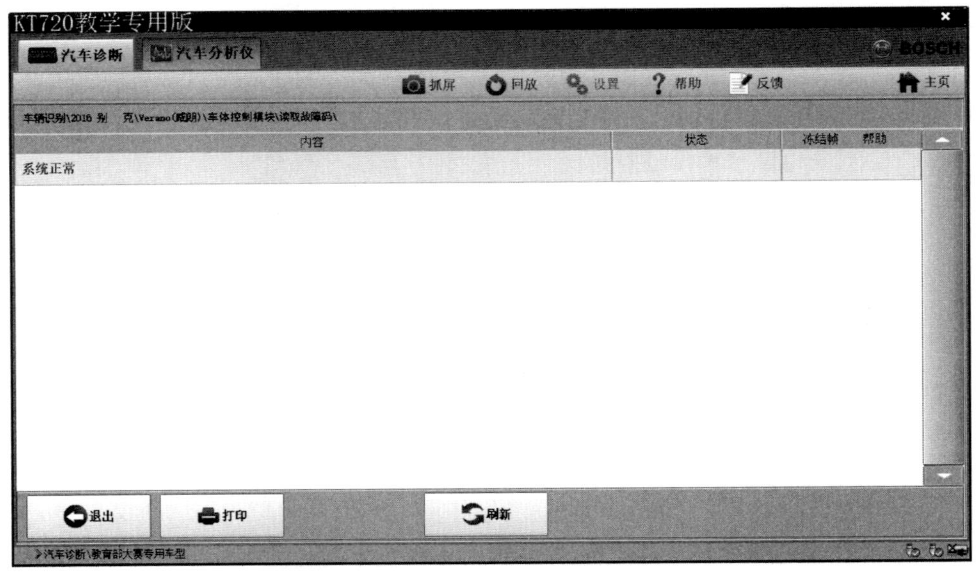

图 7-1-7　系统正常

图 7-1-8　读取数据流

进行开关信号测试，并将测试情况记录在表 7-1-3 中。静态下所有的开关数据应为＿不活动＿即信号正常。若控制某个开关工作，则相应的信号应为＿活动＿或发生变化。若无变化说明系统信号传输异常，应在“结果判定”栏中填写“故障”，并进行维修。

表 7-1-3　　刮水器相应情况检查

挡位	数据流	结果判定	备注
点动挡	根据实际情况填写	填写“正常”或“故障”	
间歇挡			
低速挡			
高速挡			
停止挡			
洗涤挡			

（3）使用诊断仪进行动作测试

进行动作测试，在图 7-1-9 中选择相应的选项并指令动作，刮水器根据＿挡位指令工作＿可判定为正常，反之则说明刮水器系统工作异常，应进行维修。

图 7-1-9　进行动作测试

六、学习活动评价

学习活动评价见表 7-1-4。

表 7-1-4　学习活动评价表

班级		姓名		学号		日期	年　月　日
序号	评价要点				配分	得分	总评
1	能正确识读和填写工作页，明确学习活动要求				10		A □（86 ~ 100 分） B □（76 ~ 85 分） C □（60 ~ 75 分） D □（60 分以下）
2	能查阅资料，写出刮水器系统的作用				10		
3	能查阅资料，写出刮水器系统的组成				10		
4	能查阅资料，写出刮水器系统各挡位的作用				10		
5	能查阅资料，写出刮水器系统常见故障的原因				10		
6	能按规范流程完成刮水器系统的基本检查				20		
7	能遵守劳动纪律，以积极的态度接受工作任务				10		
8	能积极参与小组讨论，发挥团队合作精神				10		
9	能及时完成教师布置的任务				10		
总　分					100		
小结建议							

学习活动 2　刮水器开关的检查与更换

学习目标

1. 能描述刮水器开关的作用及安装位置。
2. 能进行刮水器开关控制电路的识读。
3. 能进行刮水器开关相关信息的收集。
4. 能分析并确定刮水器开关常见故障的原因。
5. 能进行刮水器开关的拆卸、检查与更换。

建议学时：4 学时。

学习过程

一、刮水器开关的作用及安装位置

1．刮水器开关的作用

刮水器开关的作用是控制刮水器电动机完成＿高速＿、＿低速＿、＿间歇＿、＿复位＿、＿点动＿等功能，使刮水片在风窗玻璃表面往复运动，以保证汽车行驶安全。

2．刮水器开关的安装位置

刮水器开关一般安装在汽车转向盘＿右＿侧，如图 7-2-1 所示。

图 7-2-1　刮水器开关的安装位置

二、刮水器开关控制电路的识读

根据图 7–2–2 所示别克威朗汽车风窗玻璃刮水器开关电路，查阅相关资料，可以分析得出以下结论。

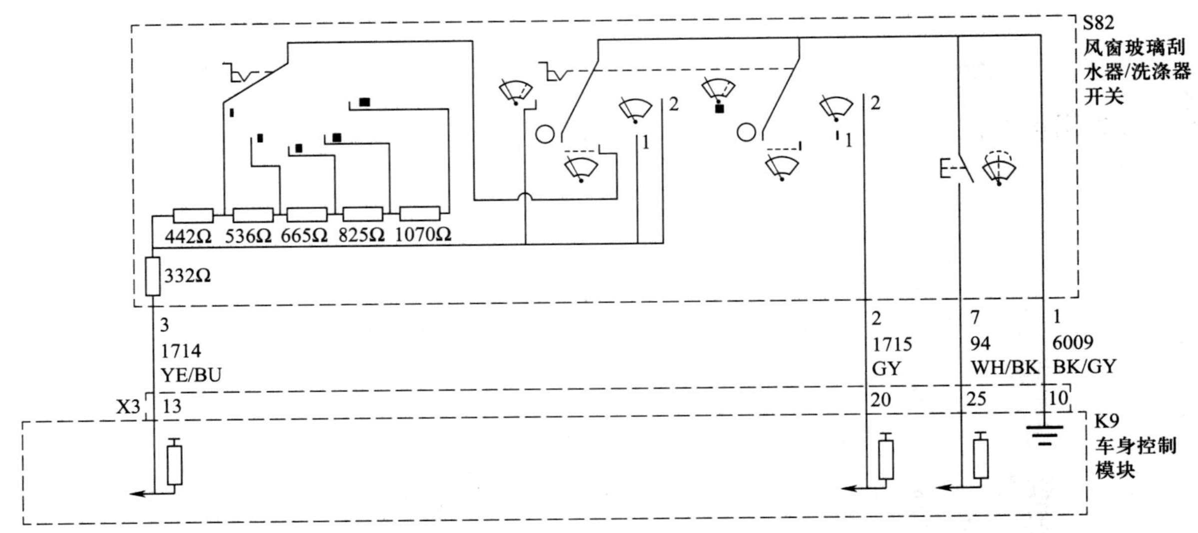

图 7–2–2　别克威朗汽车风窗玻璃刮水器开关电路

1．车身控制模块 K9 根据来自<u>风窗玻璃刮水器 / 洗涤器开关 S82 的输入信号</u>控制风窗玻璃刮水器电动机进行<u>低速</u>、<u>高速</u>和<u>间歇</u>操作，通过<u>3 个单独的信号</u>电路和<u>1 个低电平</u>参考电压电路监测风窗玻璃刮水器开关。

2．风窗玻璃刮水器开关<u>高速信号</u>电路用于控制刮水器高速运行，<u>低速信号</u>电路通过使用<u>阶梯电阻变化</u>控制刮水器进行低速、间歇和点动操作，风窗玻璃洗涤器开关电路用于控制洗涤器运行。

3．在图 7–2–2 中用彩笔分别标出低速（LO）挡、高速（HI）挡、点动（1x）挡控制电路。

4．刮水器在间歇挡工作时，<u>通过改变串行电路上电阻器的阻值大小</u>来调整刮水器的工作间歇时间。

三、刮水器开关相关信息的收集

通过查阅维修手册，收集图 7–2–3 所示风窗玻璃刮水器 / 洗涤器开关 S82 连接器端子信息，填写在表 7–2–1 中。

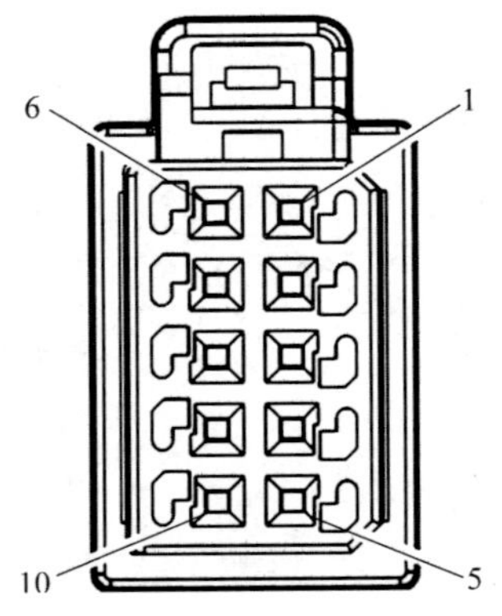

图 7–2–3　风窗玻璃刮水器 / 洗涤器开关 S82 连接器

表 7-2-1　　S82 端子信息

端子号	截面积 /mm²	颜色	功能	备注
1	0.35	BK/GY（黑色 / 灰色）	风窗玻璃刮水器开关低电平参考电压	
2	0.35	GY（灰色）	风窗玻璃刮水器开关高速信号	
3	0.35	YE/BU（黄色 / 蓝色）	风窗玻璃刮水器开关低速信号	
7	0.35	WH/BK（白色 / 黑色）	风窗玻璃洗涤器开关信号	

四、刮水器开关的常见故障

刮水器开关的常见故障有：开关整体或局部功能无法实现、开关功能紊乱等。可能的故障原因有：开关接触不良、触点氧化、开关内部损坏等。

五、刮水器开关的拆卸、检查与更换

根据刮水器开关的常见故障和可能的故障原因，进行刮水器开关的拆卸、检查与更换。

1. 刮水器开关的拆卸

（1）打开转向盘转向柱锁止开关，外拉、下放至最低位置并锁紧，如图 7-2-4 所示。

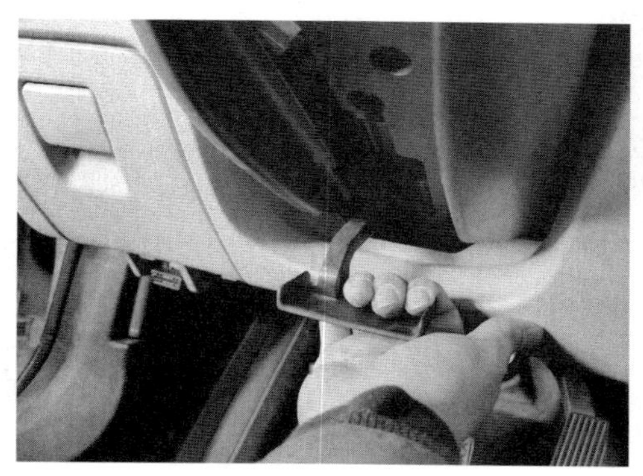

图 7-2-4　打开转向柱锁止开关

（2）将转向盘分别向左、向右转动 90° 角，用撬板分别沿缝隙撬动支盖两边（注意：不要划伤支盖表面），拆卸转向柱上支盖，如图 7-2-5 所示。

（3）使用套筒工具（7 号）拆卸固定转向柱下支盖的 3 个螺栓，拆卸转向柱下支盖，如图 7-2-6 所示。

（4）按下塑料固定凸舌，断开刮水器连接器，取下刮水器开关，刮水器开关拆卸完毕，如图 7-2-7 所示。

2. 刮水器开关各挡位的状态检查

按图 7-2-8 所示，使用万用表电阻挡检查刮水器开关各挡位端子的导通性，将检查情况填写在表 7-2-2 中。

注意：对照图 7-2-2，若 S82 的任意两个端子之间的电阻不正常，说明 S82 端子之间存在断路或者短路现象，应在表 7-2-2 的“结果判定”栏中填写“故障”，并进行维修。若风窗玻璃刮水器 / 洗涤器开关 S82 损坏，需更换开关。

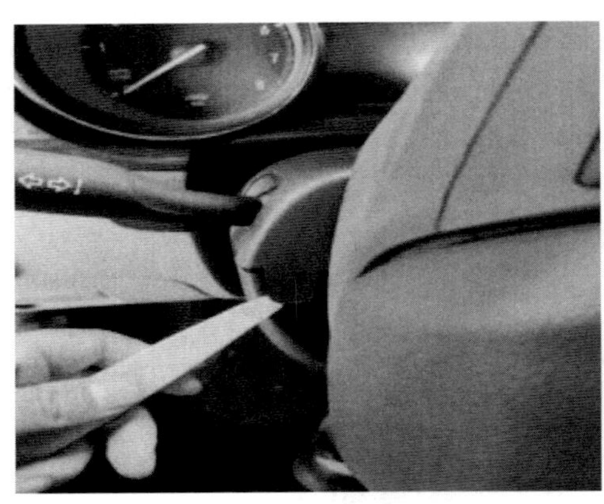

a）　　b）

图 7-2-5　拆卸转向柱上支盖

a）撬动上支盖　b）取下上支盖

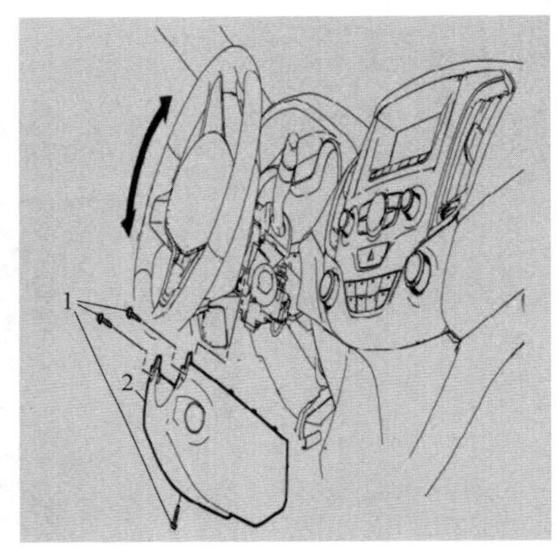

图 7-2-6　拆卸转向柱下支盖

1—螺栓　2—下支盖

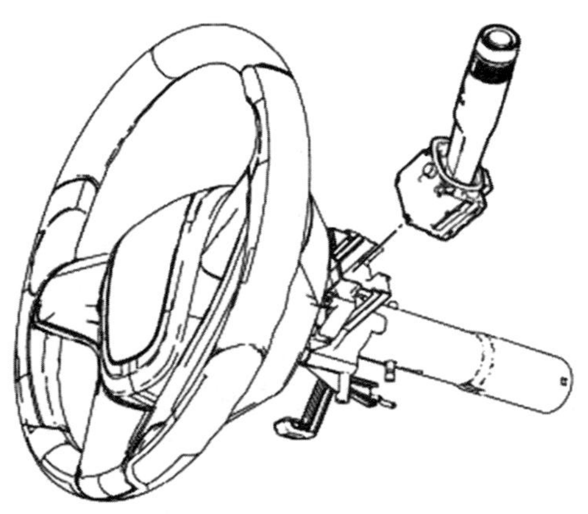

图 7-2-7　拆下刮水器开关

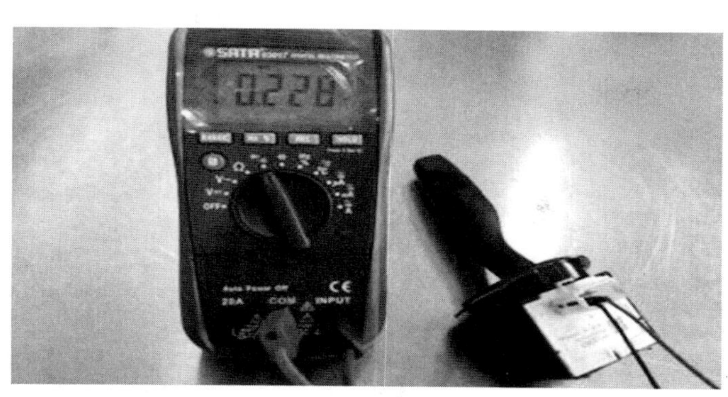

图 7-2-8　检测 S82 端子的导通性

表 7-2-2　　刮水器开关各挡位的检查情况

挡位	S82（3—1）阻值情况	S82（3—2）阻值情况	S82（3—7）阻值情况	S82（2—1）阻值情况	S82（2—7）阻值情况	S82（7—1）阻值情况	结果判定
高速挡	332 Ω	332 Ω	无穷大	小于 2 Ω	无穷大	无穷大	
低速挡	332 Ω	无穷大	无穷大	无穷大	无穷大	无穷大	
间歇挡	332 ~ 4 000 Ω	无穷大	无穷大	无穷大	无穷大	无穷大	
停止挡	无穷大	无穷大	无穷大	无穷大	无穷大	无穷大	
点动挡	332 Ω	无穷大	无穷大	无穷大	无穷大	无穷大	
洗涤挡	无穷大	无穷大	无穷大	无穷大	无穷大	小于 2 Ω	

3．刮水器开关的更换

（1）连接 S82 连接器（注意：确保插接器卡扣安装到位） 并固定好刮水器开关，如图 7-2-9 所示。

（2）安装转向柱下支盖，固定 3 个紧固螺栓，紧固力矩为 2.5 N · m（注意：紧固时应配合转动转向盘），再进行 转向柱上支盖的安装 ，如图 7-2-10 所示。

（3）将转向盘复位并锁紧，至此刮水器开关更换完毕。

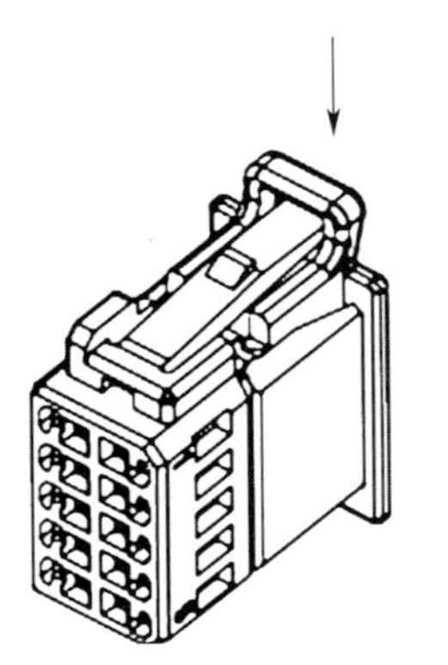

图 7-2-9　连接 S82 连接器

图 7-2-10　安装转向柱上支盖

六、学习活动评价

学习活动评价见表 7-2-3。

表 7-2-3　学习活动评价表

班级		姓名		学号		日期	年　月　日
序号	评价要点				配分	得分	总评
1	能正确识读和填写工作页，明确学习活动要求				10		A □（86～100 分） B □（76～85 分） C □（60～75 分） D □（60 分以下）
2	能查阅资料，写出刮水器开关的作用及安装位置				10		
3	能查阅资料，完成刮水器开关控制电路的识读				10		
4	能查阅资料，写出刮水器开关常见故障的原因				10		
5	能按规范流程完成刮水器开关的检查与更换				30		
6	能遵守劳动纪律，以积极的态度接受工作任务				10		
7	能积极参与小组讨论，发挥团队合作精神				10		
8	能及时完成教师布置的任务				10		
总　分					100		
小结建议							

学习活动 3　刮水器电动机及连杆机构的检查与更换

学习目标

1. 能描述刮水器电动机的分类、组成及工作原理。
2. 能描述连杆机构的组成、作用及类型。
3. 能进行刮水器电动机相关信息的收集。
4. 能分析并确定刮水器电动机常见故障的原因。
5. 能进行刮水器电动机及连杆机构的拆卸、检查与更换。

建议学时：4 学时。

学习过程

一、刮水器电动机的分类、组成及工作原理

1．刮水器的驱动方式有＿气动式＿、＿真空式＿和＿电动式＿三种，目前汽车上使用较多的是＿电动式＿刮水器。

2．刮水器电动机主要由＿永久磁铁磁极＿、＿电枢＿和蜗轮蜗杆减速器等组成，如图 7–3–1 所示。

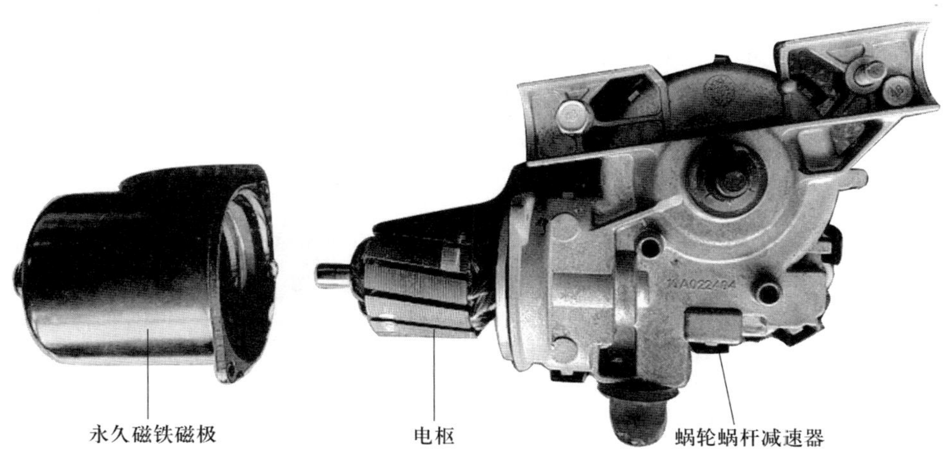

图 7–3–1　刮水器电动机的组成

3．刮水器电动机和蜗杆箱结合成一体，组成 刮水器电动机总成 ，是刮水器的动力来源。蜗轮蜗杆减速器的作用是 减速增矩，其输出轴带动传动机构运动 。

4．刮水器电动机一般有 励磁式 和 永磁式 两种。永磁式电动机的优点是 体积和质量小，结构简单 ，因此，永磁式电动机在汽车中得到广泛应用。

5．图 7–3–2 所示为刮水器电动机的内部结构示意图，查阅资料，补充填写刮水器电动机的工作原理。

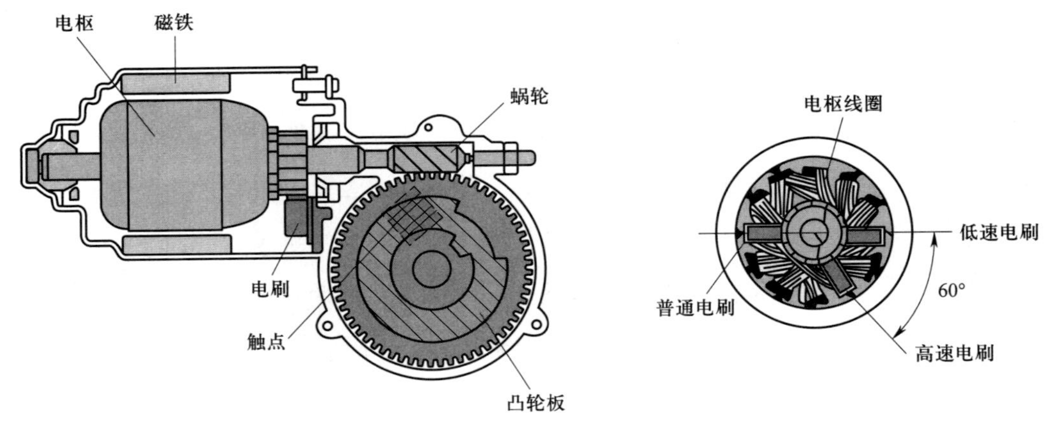

图 7–3–2 刮水器电动机的内部结构示意图

（1）当电流从低速电刷流入刮水器电动机，从普通电刷流出时，电动机 低速 旋转；当电流从高速电刷流入刮水器电动机，从普通电刷流出时，电动机 高速 旋转。

（2）图 7–3–3 所示为刮水器电动机控制原理示意图，刮水器电动机内部的凸轮板与触点共同组成了一个凸轮开关。当刮水器开关置于“OFF”挡时，若刮水片停在风窗玻璃的底部，凸轮开关如图 7–3–3a 所示，端子 1 与端子 4 导通；若刮水片未能停在风窗玻璃的底部，凸轮开关如图 7–3–3b 所示，端子 1 与端子 2 导通。其最终作用是使刮水片都能停在风窗玻璃的底部。

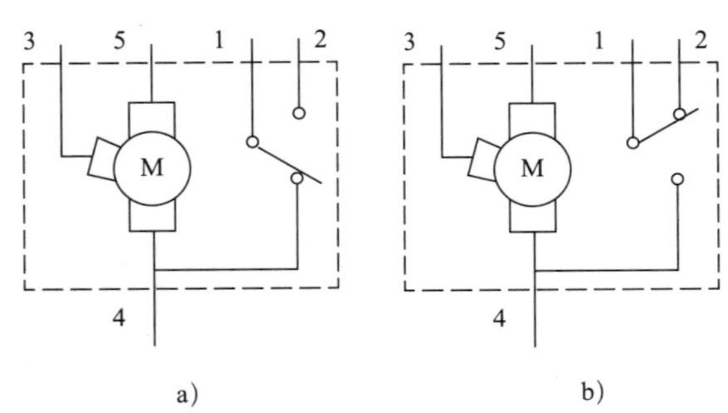

图 7–3–3 刮水器电动机控制原理示意图

a）刮水器停止状态 b）刮水器复位状态

二、连杆机构的组成、作用及类型

1．刮水器的传动机构有 钢丝式 和 连杆式 两种类型，连杆式传动机构简称连杆机构，具有 结构简单、制造容易、工作可靠和价格低廉 等优点。

2．如图 7–3–4 所示，刮水器的连杆机构包括 减速机构 和 连杆 ，其作用是将 电动机的动力传递给刮水片，使刮水片来回摆动，从而完成刮水动作 。

图 7–3–4　刮水器的连杆机构

3．电动刮水器的连杆机构有两种类型，一种连杆机构是将电动机的旋转运动转变为刮水片的摆动，而刮水片的往复摆动换向则通过改变 电动机的旋转方向 来实现，通常用开关来控制电动机的旋转方向；另一种连杆机构则是直接将电动机的旋转运动转变为 刮水片的往复摆动 。

三、刮水器电动机相关信息的收集

通过查阅维修手册，收集图 7–3–5 所示风窗玻璃刮水器电动机 M79 连接器端子信息，填写在表 7–3–1 中。

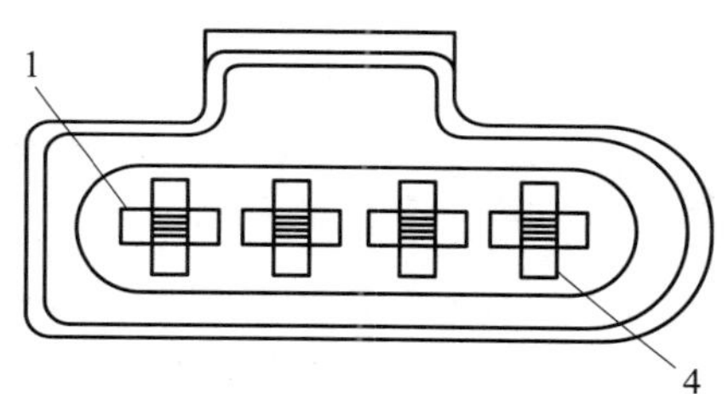

图 7–3–5　风窗玻璃刮水器电动机 M79 连接器

表 7–3–1　M79 端子信息

端子号	截面积 /mm^2	颜色	功能
1	2.5	RD/YE（红色 / 黄色）	蓄电池正极电压
2	2.5	BK（黑色）	搭铁
3	0.5	GY（灰色）	风窗玻璃刮水器电动机继电器线圈电源电压
4	0.5	GN/BN（绿色 / 棕色）	线性互联网总线 1

四、刮水器电动机及连杆机构的常见故障

刮水器电动机及连杆机构的常见故障有：刮水器电动机无法工作、刮水器工作时有异响等。可能的故障原因有： 刮水器电动机磨损、锈蚀、损坏，连杆机构磨损与损坏，刮水器电动机内部短路或者断路等 。

五、刮水器电动机及连杆机构的拆卸、检查与更换

根据刮水器电动机及连杆机构的常见故障和可能的故障原因，进行刮水器电动机及连杆机构的拆卸、检

查与更换。

1．刮水器电动机及连杆机构的拆卸

（1）拆卸风窗玻璃刮水臂

1）拆卸左前、右前刮水臂和刮水片总成前，操作刮水器自动停止在__初始__位置，如图 7–3–6 所示。

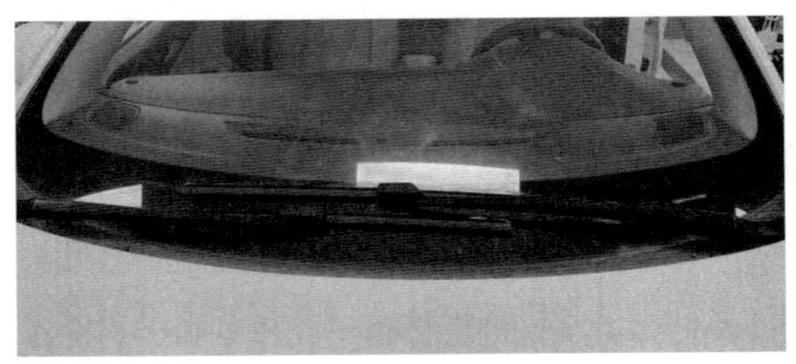

图 7–3–6　刮水器初始位置

2）使用__平刃塑料工具（或小号一字旋具）__拆卸风窗玻璃刮水臂装饰盖，并使用__扭力扳手和套筒组合工具（15 号）（注意：规范使用扭力扳手，避免碰损风窗玻璃）__拆卸刮水臂固定螺栓，如图 7–3–7 所示。

a）

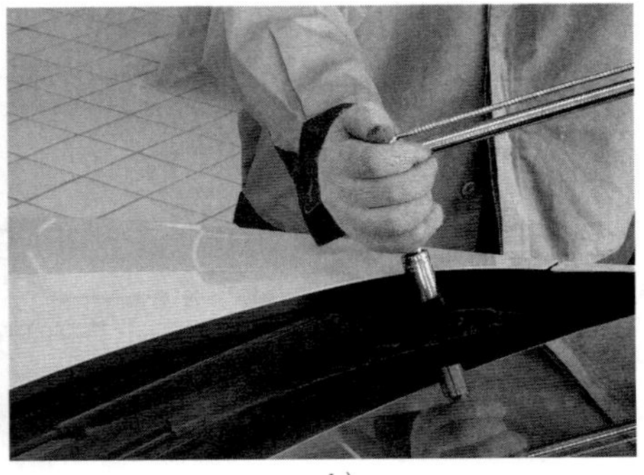

b）

图 7–3–7　拆卸刮水臂固定螺栓

a）撬动装饰盖　b）释放力矩

3）取下__刮水臂__，如图 7–3–8 所示。__注意：将风窗玻璃刮水臂置于初始位置，若风窗玻璃刮水臂不能从刮水器电动机轴上顺利取下，则使用专用工具将其拔出__。

图 7–3–8　取下__刮水臂__

（2）拆卸连杆机构

1）使用工具拆卸进气格栅板，如图 7-3-9 所示，拆卸步骤见表 7-3-2。

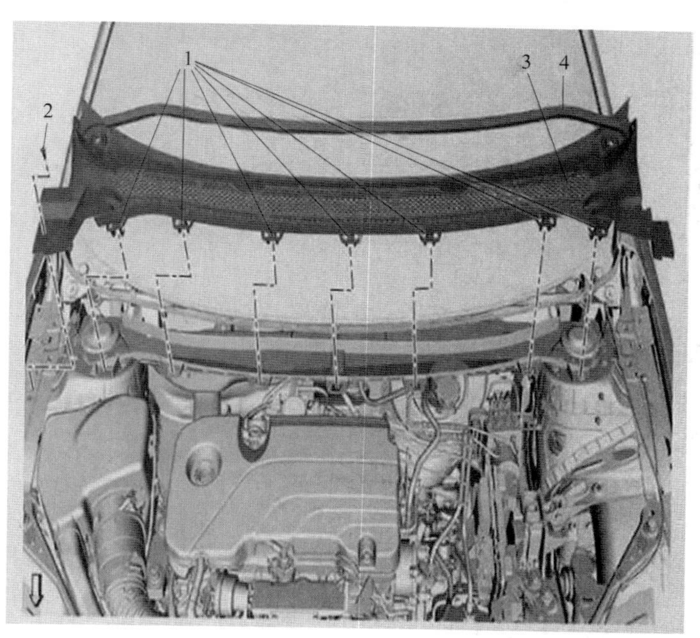

图 7-3-9　拆卸进气格栅板示意图

1—进气格栅板固定卡夹　2—固定件　3—进气格栅板　4—挡风雨条

表 7-3-2　进气格栅板的拆卸步骤

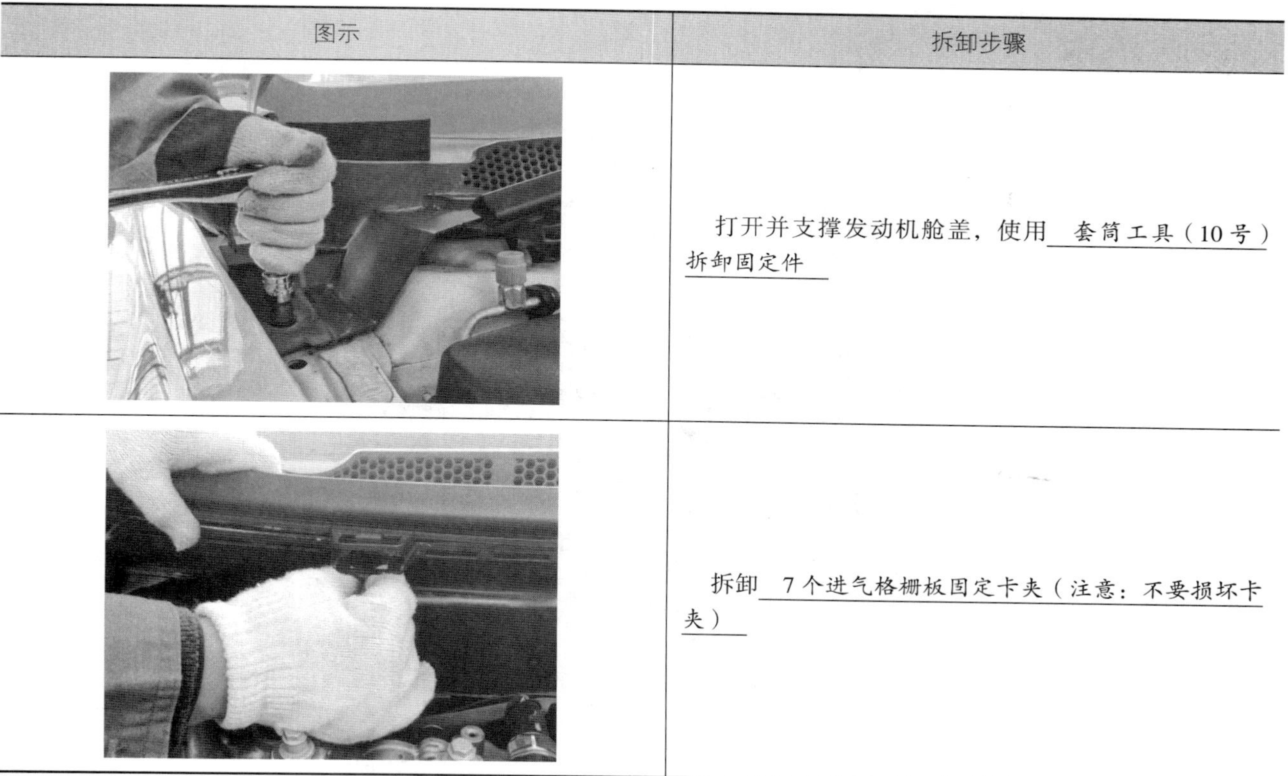

图示	拆卸步骤
	打开并支撑发动机舱盖，使用 套筒工具（10号）拆卸固定件
	拆卸 7个进气格栅板固定卡夹（注意：不要损坏卡夹）

续表

图示	拆卸步骤
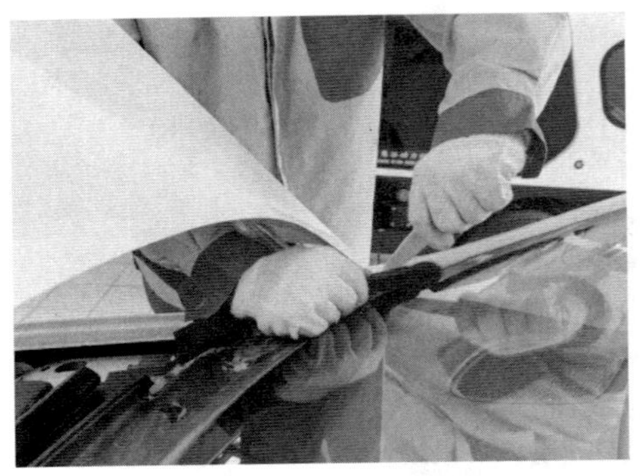	用撬板拆卸 左右两侧进气格栅板加长件（注意：撬动时不要损坏卡扣）
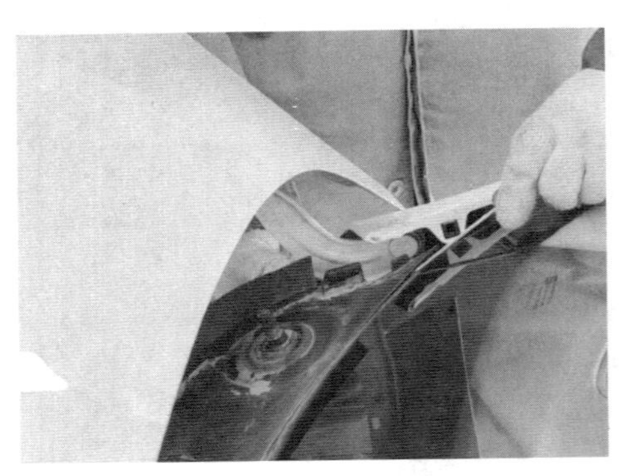	撬动 进气格栅板两端 ，同时向上提起进气格栅板并将其取下，至此进气格栅板拆卸完毕

2）使用工具拆卸加长板开口盖，如图 7–3–10 所示，拆卸步骤见表 7–3–3。

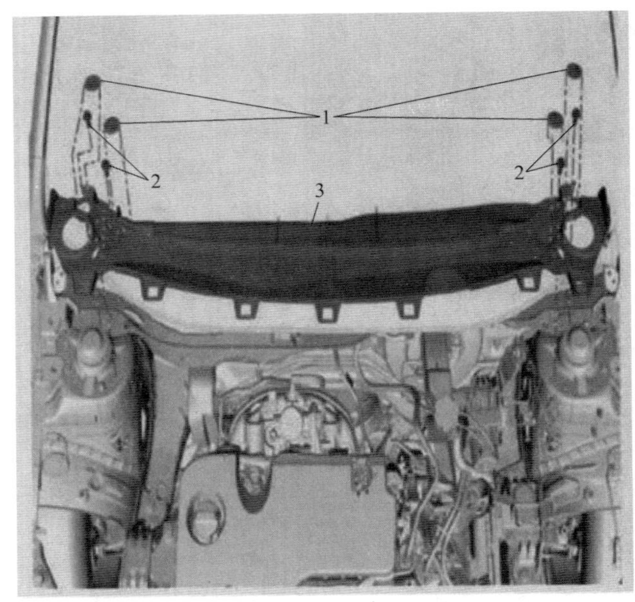

图 7–3–10　拆卸加长板开口盖示意图

1—开口盖螺塞　2—前悬架滑柱螺栓　3—开口盖

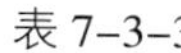

表 7-3-3　　加长板开口盖的拆卸步骤

图示	拆卸步骤
	拆卸内装饰板 3 个卡夹（注意：不要损坏卡夹），并取下装饰板
	使用一字旋具拆卸 4 个开口盖螺塞
	使用套筒工具（13 号）拆卸 4 个前悬架滑柱螺栓
	取下加长板开口盖，至此加长板开口盖拆卸完毕

3）使用工具拆卸传动机构，如图 7–3–11 所示，拆卸步骤见表 7–3–4。

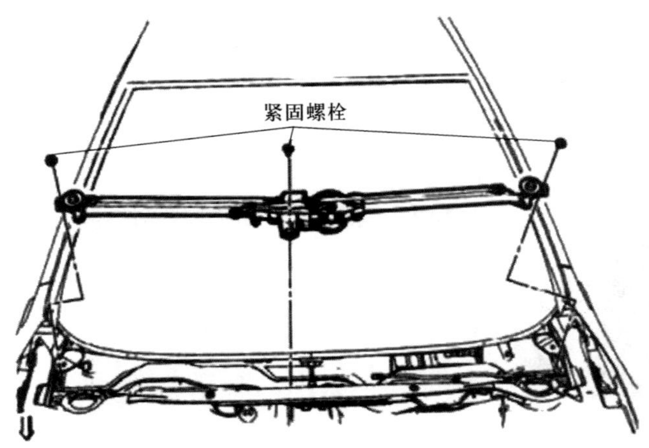

图 7–3–11　拆卸传动机构示意图

表 7–3–4　传动机构的拆卸步骤

图示	拆卸步骤
	使用一字旋具拆卸 进气管道卡箍
	从发动机上取下进气管道并放置在一边 注意：应将进气管道通过 3 个点固定在发动机上，严禁野蛮操作而损坏进气管道

续表

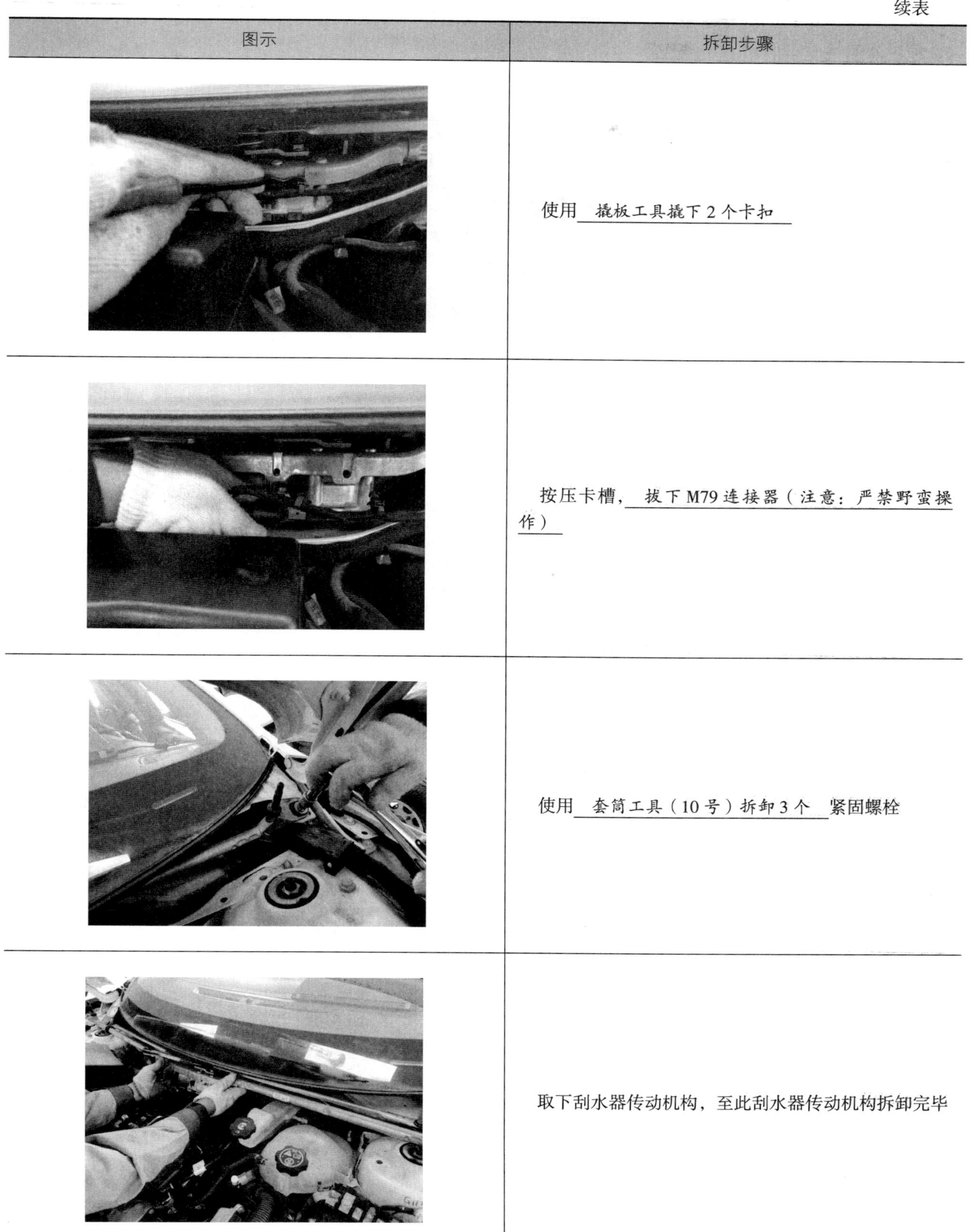

图示	拆卸步骤
	使用 撬板工具撬下 2 个卡扣
	按压卡槽，拔下 M79 连接器（注意：严禁野蛮操作）
	使用 套筒工具（10 号）拆卸 3 个 紧固螺栓
	取下刮水器传动机构，至此刮水器传动机构拆卸完毕

4）使用 花键组合工具（T30） 拆卸 刮水器电动机的紧固螺栓 ，如图 7–3–12 所示。至此，刮水器连杆机构拆卸完毕。

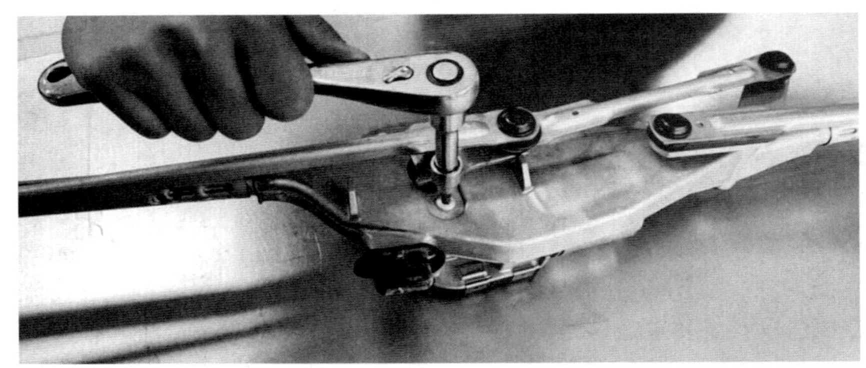

图 7–3–12 拆卸 刮水器电动机的紧固螺栓

2．刮水器电动机及连杆机构的检查

查看刮水器电动机及连杆机构的外观，检查刮水器电动机有无裂纹、损坏、锈蚀等情况；检查连杆机构有无变形、松动、磨损、损坏等情况。在表 7–3–5 中详细记录检查情况，如果出现上述情况，应在“结果判定”栏填写“故障”。

表 7–3–5 刮水器电动机及连杆机构的检查

检查项目	检查情况	结果判定
刮水器电动机外观	根据实际情况填写	
连杆机构外观		
M79（1—2）阻值情况	无穷大	
M79（2—3）阻值情况	无穷大	
M79（2—4）阻值情况	无穷大	

根据图 7–3–13 所示风窗玻璃刮水器电动机 M79 电路，使用万用表电阻挡对 M79 各端子之间的导通性进行检查，并将检查情况记录在表 7–3–5 中。注意：M79 的任意两个端子之间的电阻在正常情况下应为无穷大或较大。若 M79 任意两个端子之间短路，说明 M79 损坏，应在“结果判定”栏填写“故障”，并进行更换处理。

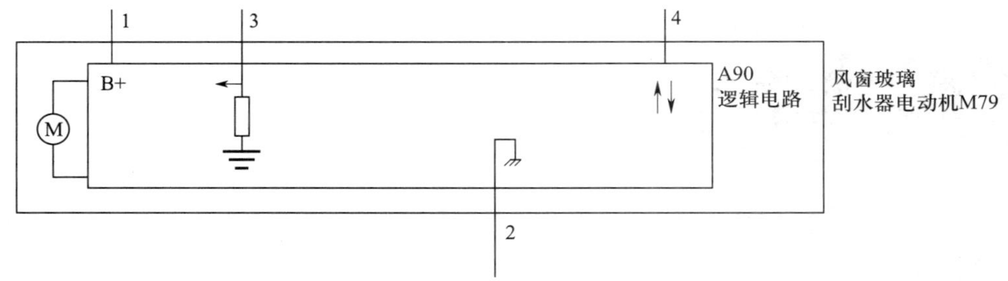

图 7–3–13 风窗玻璃刮水器电动机 M79 电路

3．刮水器电动机及连杆机构的更换

（1）将刮水器电动机与__连杆机构__进行组合安装，再将风窗玻璃刮水器电动机总成安装在__连杆机构上__，并紧固螺栓，紧固力矩为 9 N·m。注意：在风窗玻璃刮水器电动机总成的__电动机__上涂抹通用润滑脂进行润滑。图 7–3–14 所示为安装连杆机构。

图 7–3–14　安装连杆机构

（2）连接 M79，固定__刮水器电动机线束__，如图 7–3–15 所示。注意：如果卡夹损坏，需要进行更换。

图 7–3–15　固定__刮水器电动机线束__

（3）安装__加长板开口盖__，如图 7–3–16 所示。注意：前悬架滑柱的 4 个螺栓需要分两次紧固，第一次紧固力矩为 22 N·m，第二次紧固力矩为 30 ~ 45 N·m。

（4）安装__进气格栅板__，如图 7–3–17 所示。注意：用套筒工具紧固固定螺栓，紧固力矩为 2.5 N·m，同时固定 7 个进气格栅板固定卡夹。

（5）安装刮水臂，固定__刮水臂上两个紧固螺栓，紧固力矩为 23 N·m__。

图 7–3–16　安装<u>　加长板开口盖　</u>

图 7–3–17　安装<u>　进气格栅板　</u>

六、学习活动评价

学习活动评价见表 7–3–6。

表 7–3–6　学习活动评价表

班级		姓名		学号		日期	年　月　日
序号	评价要点				配分	得分	总评
1	能正确识读和填写工作页，明确学习活动要求				10		A □（86 ~ 100 分） B □（76 ~ 85 分） C □（60 ~ 75 分） D □（60 分以下）
2	能查阅资料，写出刮水器电动机的分类、组成及工作原理				10		
3	能查阅资料，写出连杆机构的组成、作用及类型				10		

续表

序号	评价要点	配分	得分	总评
4	能查阅资料，完成刮水器电动机相关信息的收集	10		A □（86 ~ 100 分） B □（76 ~ 85 分） C □（60 ~ 75 分） D □（60 分以下）
5	能查阅资料，写出刮水器电动机及连杆机构常见故障的原因	10		
6	能按规范流程完成刮水器电动机及连杆机构的拆卸、检查与更换	20		
7	能遵守劳动纪律，以积极的态度接受工作任务	10		
8	能积极参与小组讨论，发挥团队合作精神	10		
9	能及时完成教师布置的任务	10		
	总　分	100		
小结建议				

学习活动4　刮水器控制电路简单故障检修

1. 能描述刮水器控制电路的分类、组成和作用。
2. 能进行刮水器控制电路的识读。
3. 能进行刮水器控制电路相关信息的收集。
4. 能分析并确定刮水器控制电路常见故障的原因，制定检修方案。
5. 能进行刮水器控制电路简单故障检修。

建议学时：6学时。

学习过程

一、刮水器控制电路的分类、组成和作用

1．刮水器控制电路的分类

刮水器控制电路可分为低速控制电路、高速控制电路、间歇控制电路、点动控制电路、洗涤控制电路、＿复位与停止控制电路＿等。其中，间歇控制电路可分为不可调节型间歇控制电路和可调节型间歇控制电路两大类，而可调节型间歇控制电路又可分为人工调节和自动调节两种。自动调节控制电路＿能根据雨量的大小自动开闭，并自动调节间歇时间，在该电路中安装有感应雨量大小的传感器＿。

2．刮水器控制电路的组成和作用

刮水器控制电路由电源、熔丝盒、风窗玻璃刮水器电动机M79、雨量/环境光照传感器B177、＿车身控制模块K9＿、风窗玻璃刮水器/洗涤器开关S82等组成。其中，刮水器控制电路供电＿需要＿（需要/不需要）打开点火开关。熔丝的作用是＿保护电路，防止电路过载＿。＿雨量传感器＿的作用是感应雨水量大小。＿风窗玻璃刮水器开关＿用来控制刮水器各挡位工作。

二、刮水器控制电路的识读

根据图7-4-1所示别克威朗汽车刮水器控制电路，查阅相关资料，可以分析得出以下结论。

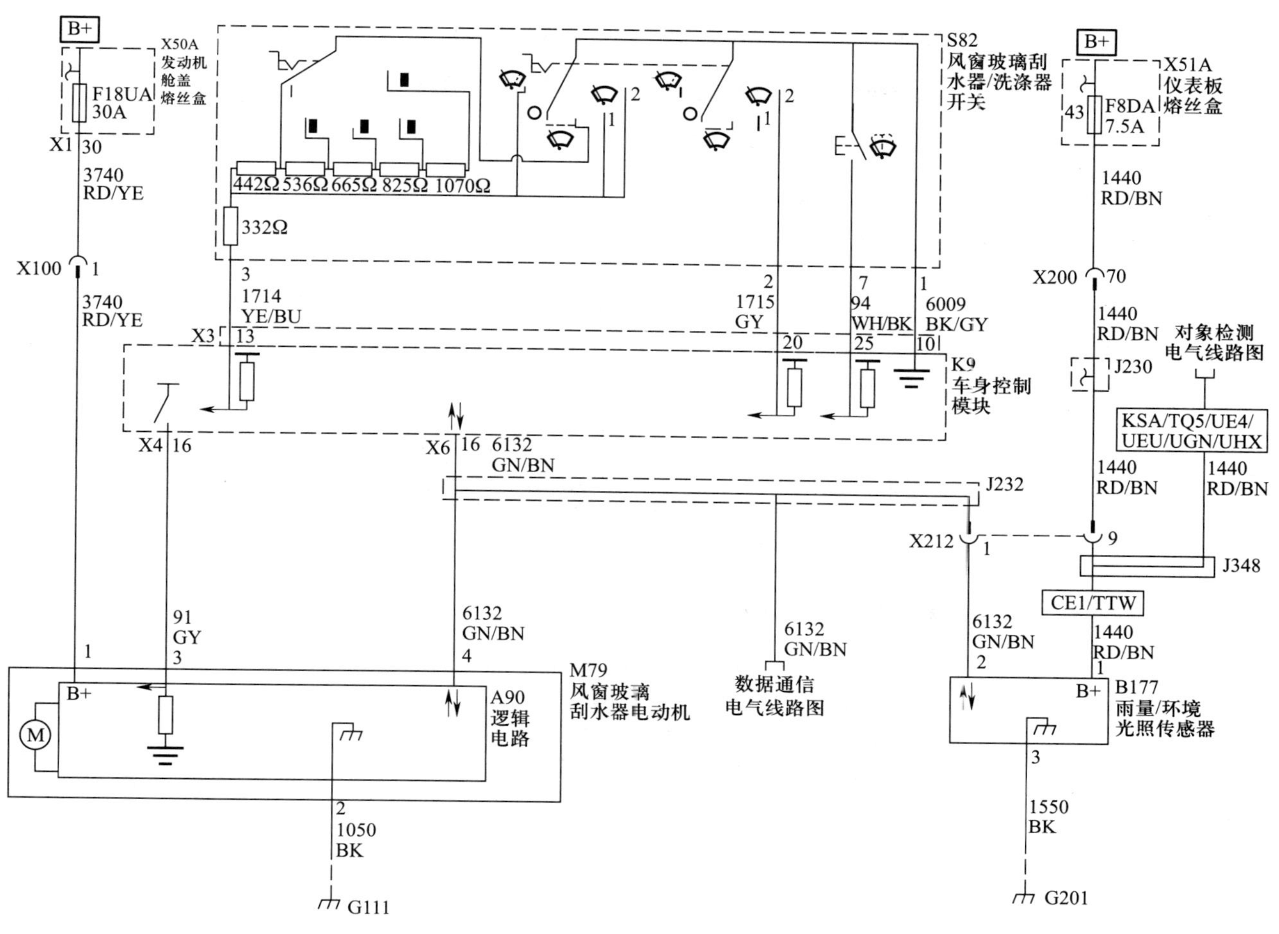

图 7-4-1　别克威朗汽车刮水器控制电路

1．刮水器电源电路

刮水器电源电路的电流流向为：电源→ F18UA（30A） → 熔丝盒 X1 的端子 30 →风窗玻璃刮水器电动机 M79 的端子 1→刮水器电动机→风窗玻璃刮水器电动机 M79 的端子 2→ G111 搭铁点，形成回路。

2．刮水器各挡位控制电路

（1）低速挡控制电路的电流流向为：车身控制模块 K9 的 X3 端子 13→ 风窗玻璃刮水器/洗涤器开关的端子 3 →刮水器低速开关→ 风窗玻璃刮水器/洗涤器开关的端子 1 →车身控制模块 K9 的 X3 端子 10，其中 K9 给 X3 端子 13 提供电信号，给 X3 端子 10 提供搭铁信号。

（2）高速挡控制电路的电流流向为：车身控制模块 K9 的 X3 端子 13→ 风窗玻璃刮水器/洗涤器开关的端子 3 →刮水器高速开关→ 风窗玻璃刮水器/洗涤器开关的端子 1 →车身控制模块 K9 的 X3 端子 10，其中 K9 给 X3 端子 13 提供电信号。

车身控制模块 K9 的 X3 端子 20→ 风窗玻璃刮水器/洗涤器开关的端子 2 →刮水器高速开关→ 风窗玻璃刮水器/洗涤器开关的端子 1 →车身控制模块 K9 的 X3 端子 10，其中 K9 给 X3 端子 20 提供电信号。

（3）点动挡控制电路的电流流向为：当刮水器开关向下拨到点动（1x）挡时， 松手后推杆自动回位 ，并且刮水器拨动一下。车身控制模块 K9 的 X3 端子 13→ 风窗玻璃刮水器/洗涤器开关的端子 3 →刮水器点动开关→

风窗玻璃刮水器 / 洗涤器开关的端子 1 →车身控制模块 K9 的 X3 端子 10，其中 K9 给 X3 端子 13 提供电信号。

（4）间歇挡控制电路的电流流向为：车身控制模块 K9 的 X3 端子 13 → 风窗玻璃刮水器 / 洗涤器开关的端子 3 →刮水器间歇开关→ 风窗玻璃刮水器 / 洗涤器开关的端子 1 →车身控制模块 K9 的 X3 端子 10，其中 K9 给 X3 端子 13 提供电信号。

（5）洗涤挡控制电路的电流流向为：车身控制模块 K9 的 X3 端子 25 → 风窗玻璃刮水器 / 洗涤器开关的端子 7 →喷水器开关→ 风窗玻璃刮水器 / 洗涤器开关的端子 1 →车身控制模块 K9 的 X3 端子 10，其中 K9 给 X3 端子 25 提供电信号。

3．雨量传感器电路

雨量传感器电路为雨量传感器提供 B+ 电压。每当点火开关置于 ON（打开）/ACCESSORY（附件） 位置时，车身控制模块 K9 使用串行数据发送风窗玻璃刮水器 / 洗涤器开关状态。当需要刮水器循环工作时，雨量传感器向 车身控制模块 发送数据通信信息，请求刮水器循环工作。

三、刮水器控制电路相关信息的收集

查阅相关资料，收集别克威朗汽车刮水器控制电路的相关端子信息，填写在表 7–4–1 中。

表 7–4–1　别克威朗汽车刮水器控制电路的相关端子信息

名称	端子号	截面积 /mm²	颜色	功能	图示
K9（X4）	16	0.5	GY（灰色）	风窗玻璃刮水器电动机继电器线圈电源电压	4 1 7 5 14 8 20 15 26 21
K9（X6）	16	0.35	GN/BN（绿色 / 棕色）	线性互联网总线 1	4 1 8 5 15 9 21 16 27 22
B177	1	0.5	RD/BN（红色 / 棕色）	蓄电池正极电压	3 2 1
	2	0.35	GN/BN（绿色 / 棕色）	线性互联网总线 1	
	3	0.5	BK（黑色）	搭铁	
X100	1	2.5	RD/YE（红色 / 黄色）	蓄电池正极电压	8 1 16 9 24 17 32 25 40 33

续表

名称	端子号	截面积 /mm²	颜色	功能	图示
X200	70	0.75	RD/BN （红色 / 棕色）	蓄电池正极电压	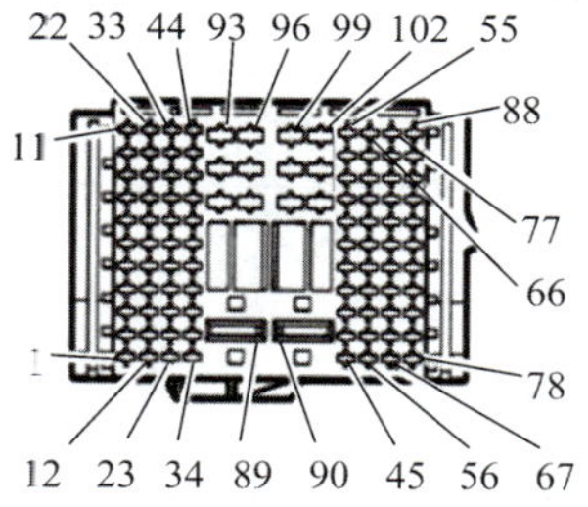
X212	1	0.35	GN/BN （绿色 / 棕色）	线性互联网总线 1	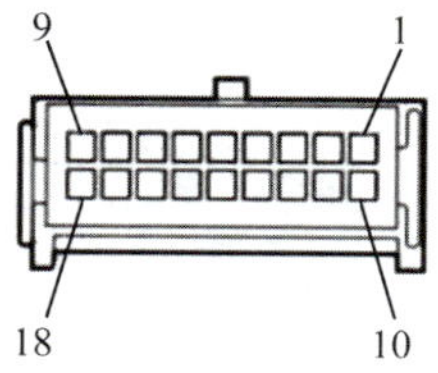
	9	0.5	RD/BN （红色 / 棕色）	蓄电池正极电压	

四、刮水器控制电路的常见故障

1．分析故障原因

查阅资料，在表 7–4–2 中写出刮水器控制电路常见故障可能的故障原因。

表 7–4–2　　刮水器控制电路常见故障原因分析

故障现象	可能的故障原因
刮水器各挡位都不工作	供电电路损坏
	控制电路损坏
	线束或元器件本体故障

2．制定检修方案

根据任务要求，制定故障检修方案。

（1）根据具体工作内容，明确小组成员分工，填写在表 7–4–3 中。

表 7–4–3　　小组成员分工

姓名	分工
	根据实际情况填写

（2）根据要求列出检修所需主要工具及材料清单，填写在表 7–4–4 中。

表 7–4–4 检修所需主要工具及材料清单

序号	工具及材料名称	单位	数量	备注
	根据实际情况填写			

（3）根据小组分工情况及客户要求，制定具体的检修工序，填写在表 7–4–5 中。

表 7–4–5 检修工序安排

序号	检修工序内容	备注
	根据实际情况填写	

五、刮水器控制电路简单故障检修

1．电源电路的检查

（1）断开点火开关，拆卸刮水臂和进气格栅板，拔下 M79 连接器 ，如图 7–4–2 所示。

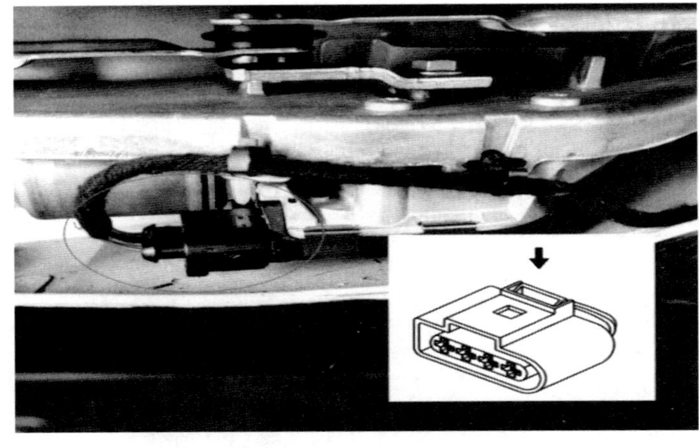

图 7–4–2 拔下 M79 连接器

（2）接通点火开关，使用万用表电压挡测量风窗玻璃刮水器电动机 M79 的端子 1 与搭铁之间的电压约为 12 V ，如图 7-4-3 所示。如果测得电压为 0，说明 M79 供电电路出现故障，应检查供电端电路并排除故障。

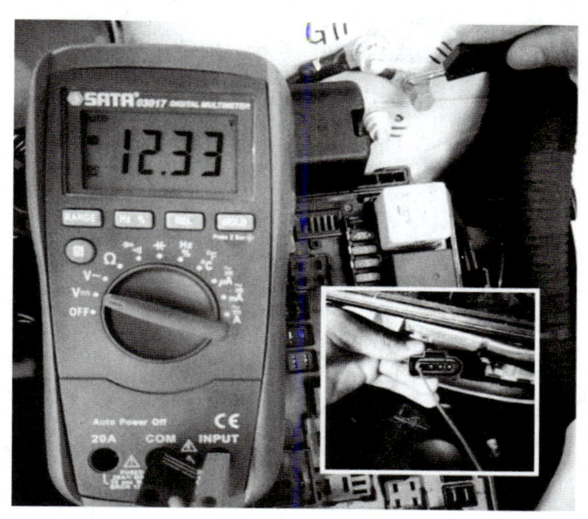

图 7-4-3　测量 M79 供电电路的电压

1）拔下 F18UA 熔丝，目测检查熔丝 是否熔断 和使用万用表电阻挡检查熔丝 阻值 ，如图 7-4-4 所示。如果测得熔丝电阻为无穷大，说明熔丝已烧坏，需要更换熔丝。

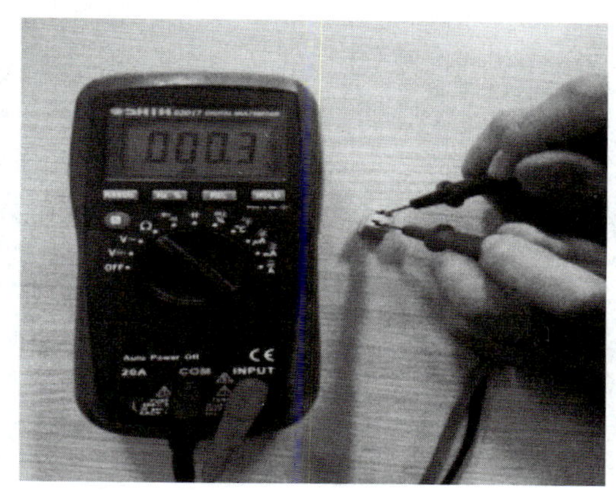

图 7-4-4　检查 F18UA 熔丝

2）如果 F18UA 熔丝断路，应 更换新熔丝 ，同时需排除熔丝损坏是由于 F18UA 熔丝下游线路对地短路或过载 造成的。因此，还需使用万用表电阻挡检查 F18UA 的输出端至 M79 的端子 1 之间的对地电阻 。如果测得电阻为线阻，说明 F18UA 的输出端至 M79 的端子 1 之间对地短路或 M79 的端子 1 与本体发生短路故障 ；如果测得电阻为无穷大，说明电路正常，如图 7-4-5 所示。

3）如果 F18UA 熔丝未损坏，使用万用表电压挡测量 F18UA 熔丝在接通点火开关的情况下的电压，如果测得电压为 0 ，说明是上游供电端出现故障，应立即排除故障；如果测得电压约为 12 V ，说明上游供电正常，如图 7-4-6 所示，需使用万用表电阻挡检查 F18UA 的输出端至 M79 的端子 1 之间的线路是否断路 。如果测得电阻为 线阻 ，说明电路可以正常导通，如图 7-4-7 所示；如果测得电阻为无穷大，需排除 线路断路 故障。

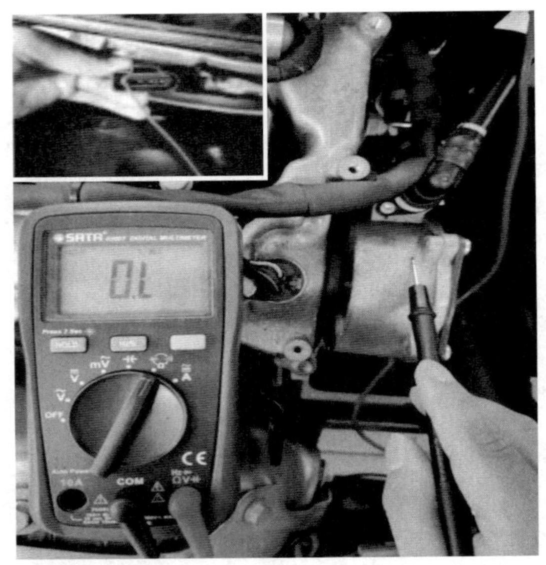

图 7-4-5　检查 M79 电源电路对地短路情况

图 7-4-6　检查 F18UA 熔丝的供电电路

（3）断开点火开关，使用万用表电阻挡测量 M79 的端子 2 与搭铁之间的电阻为<u>　线阻　</u>，如图 7-4-8 所示。如果测得电阻为无穷大，说明<u>　搭铁　</u>电路出现断路故障，需进行维修处理。

2．工作电路的检查

（1）风窗玻璃刮水器电动机 M79 电路的检查

1）接通点火开关，使用万用表电压挡测量风窗玻璃刮水器电动机 M79 的端子 3 与搭铁之间的电压为<u>　0～12 V　</u>，如图 7-4-9 所示。如果测得电压为 0，则断开点火开关，再断开蓄电池负极，最后断开<u>　车身控制模块 K9 的 X4 端子　</u>，检查线路导通情况。

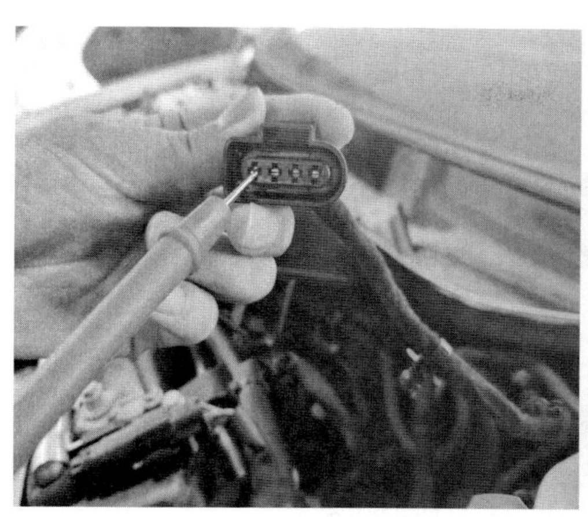
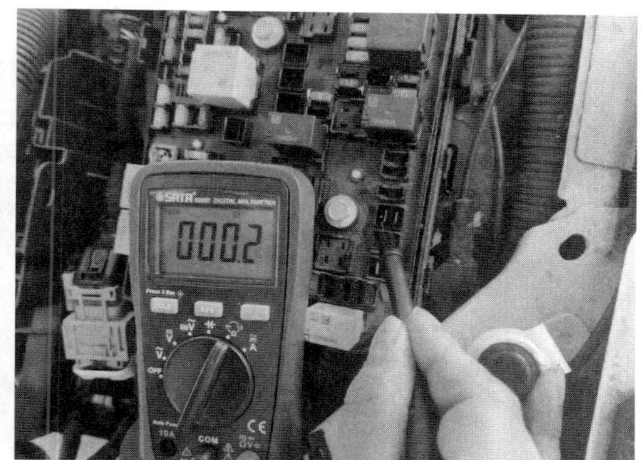

图 7-4-7　检查 F18UA 熔丝的输出端至 M79 的端子 1 之间的电路导通情况

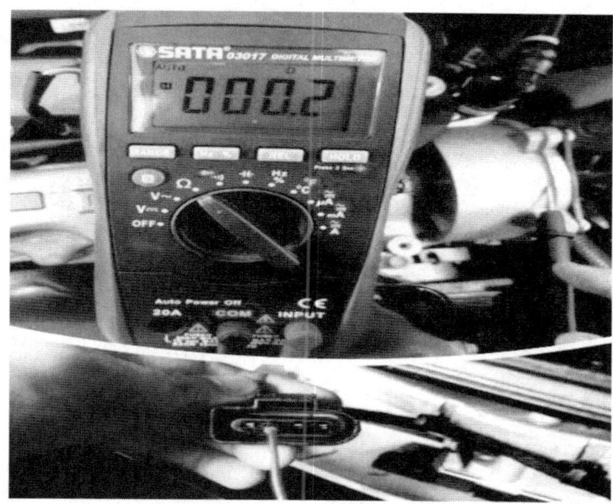

图 7-4-8　检查 M79 的搭铁电路

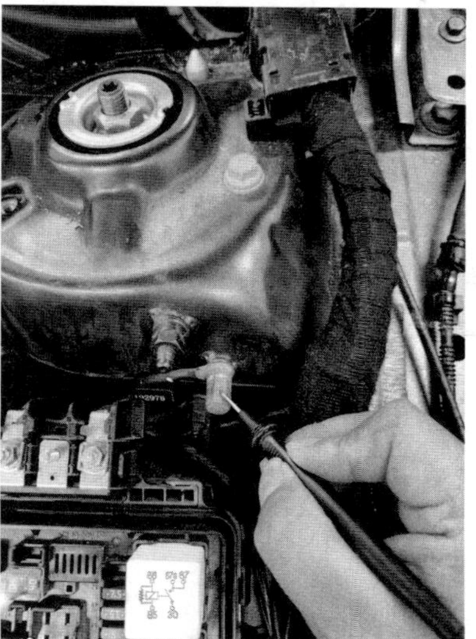

图 7-4-9　检查 M79 的控制电路电压

①使用万用表电阻挡测量 M79 的端子 3 与 K9 的 X4 端子 16 之间的电阻为<u>线阻</u>，如图 7-4-10 所示。如果测得电阻为无穷大，说明有<u>线路断路</u>故障，需进行维修处理。

图 7-4-10　检查 M79 的端子 3 所在电路的导通性

②如果测得电阻正常，则测量 M79 的端子 3 与搭铁之间的电阻为<u>无穷大</u>，如图 7-4-11 所示。如果测得电阻不为无穷大，说明有<u>线路短路</u>故障，需进行维修处理。

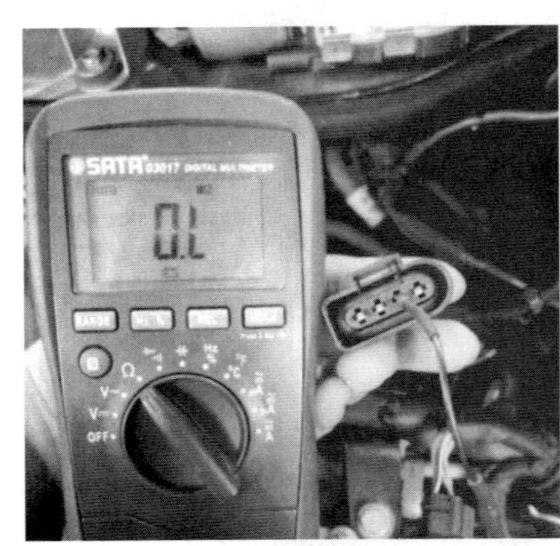

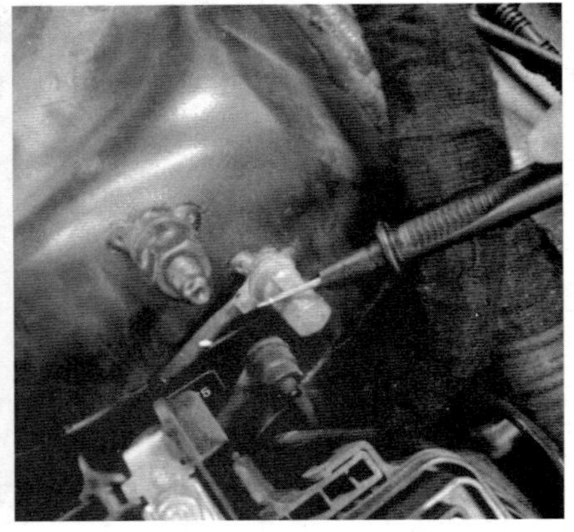

图 7-4-11　检查 M79 控制电路的对地短路情况

2）连接蓄电池负极，接通点火开关，使用万用表电压挡测量 M79 的端子 4 与搭铁之间的电压为<u>0 ~ 12 V</u>，如图 7-4-12 所示。如果没有测得电压，则断开点火开关以及蓄电池负极，并断开<u>车身控制模块 K9 的 X6 端子</u>，检查线路故障。

①使用万用表电阻挡测量 M79 的端子 4 与车身控制模块 K9 的 X6 端子 16 之间的电阻为<u>线阻</u>，如图 7-4-13 所示。如果测得电阻为无穷大，说明有<u>线路断路</u>故障，需进行维修处理。

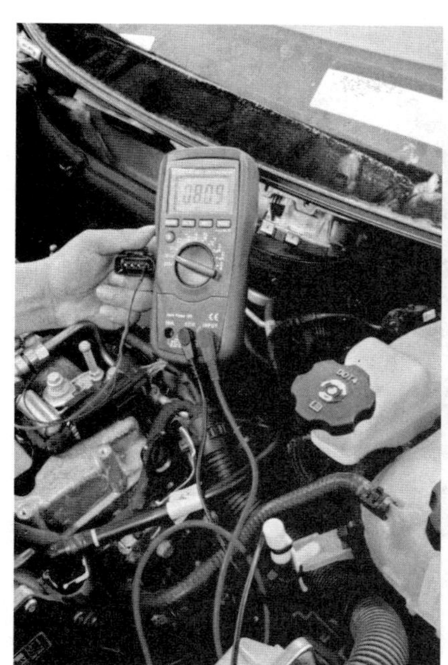

图 7-4-12　检查 M79 串行数据电路的电压

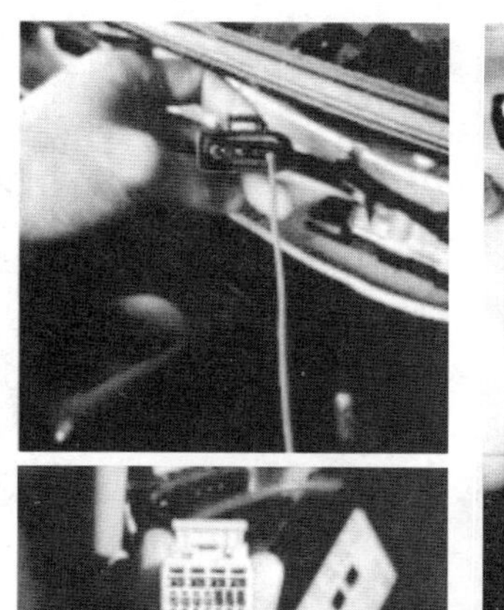

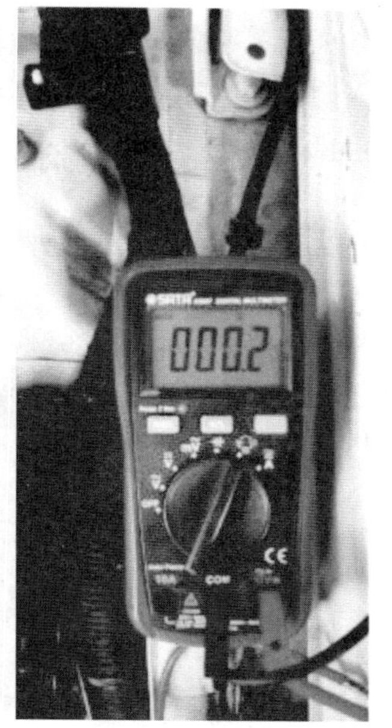

图 7-4-13　检查 M79 的端子 4 所在电路的导通性

②如果测得电阻正常，则测量 M79 的端子 4 与搭铁之间的电阻为 无穷大 ，如图 7-4-14 所示。如果测得电阻不为无穷大，说明有 线路短路 故障，需进行维修处理。

（2）风窗玻璃刮水器 / 洗涤器开关 S82 电路的检查

1）使用万用表电阻挡测得风窗玻璃刮水器 / 洗涤器开关 S82 的端子 3 与 K9 的 X3 端子 13 之间的电阻为 线阻 ，如图 7-4-15 所示。如果测得电阻为无穷大，说明电路存在断路故障，需进行维修处理。

图 7-4-14　检查 M79 串行数据电路的对地短路情况

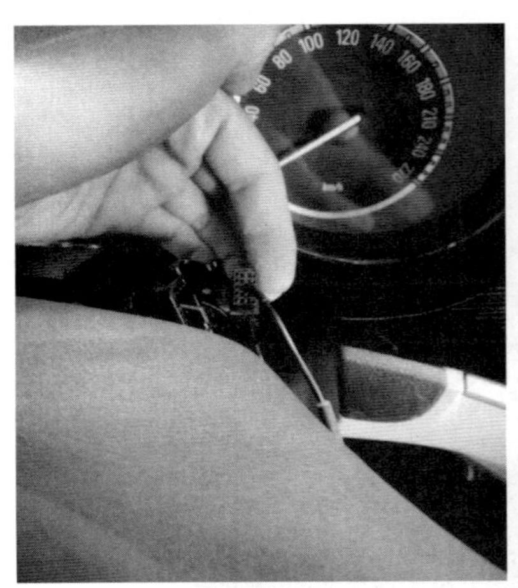
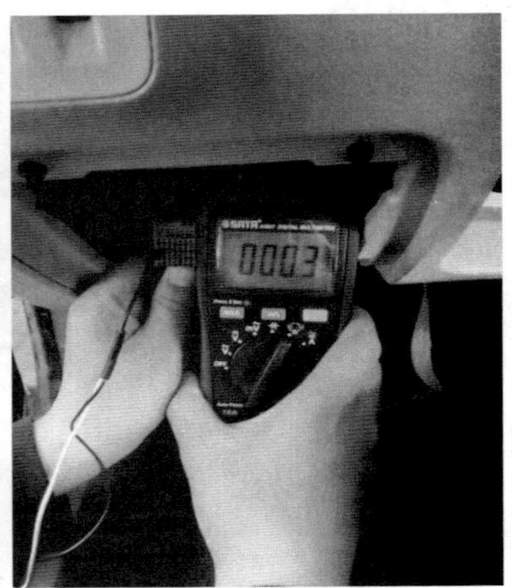

图 7-4-15　检查 S82 的端子 3 所在电路的导通性

2）使用万用表电阻挡测量 S82 的端子 2 与 K9 的 X3 端子 20 之间的电阻为<u>　线阻　</u>，如图 7-4-16 所示。如果测得电阻为无穷大，说明电路存在断路故障，需进行维修处理。

3）使用万用表电阻挡测量 S82 的端子 7 与 K9 的 X3 端子 25 之间的电阻为<u>　线阻　</u>，如图 7-4-17 所示。如果测得电阻为无穷大，说明电路存在断路故障，需进行维修处理。

4）使用万用表电阻挡测量 S82 的端子 1 与 K9 的 X3 端子 10 之间的电阻为<u>　线阻　</u>，如图 7-4-18 所示。如果测得电阻为无穷大，说明电路存在断路故障，需进行维修处理。

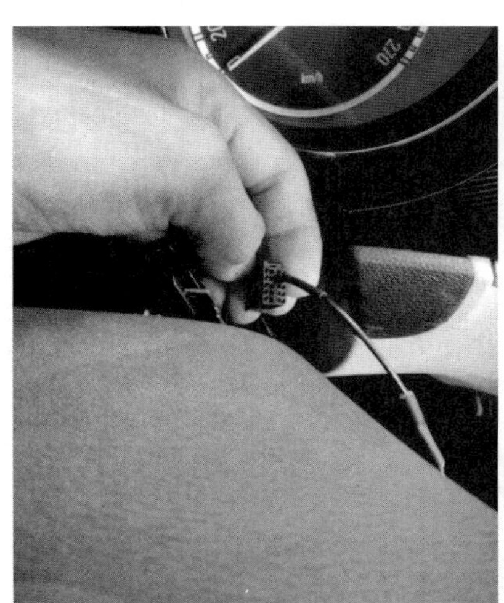
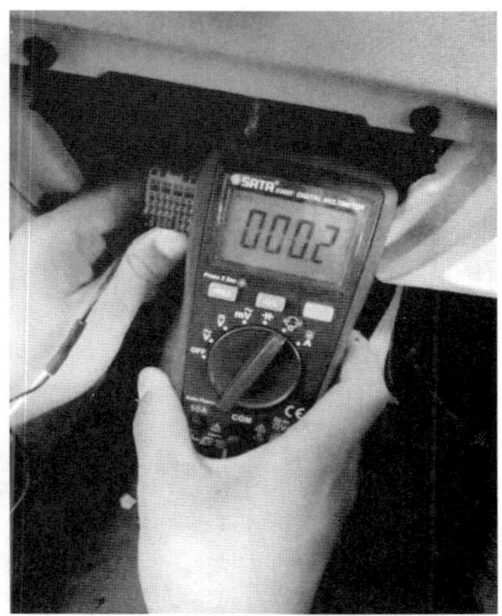

图 7–4–16　检查 S82 的端子 2 所在电路的导通性

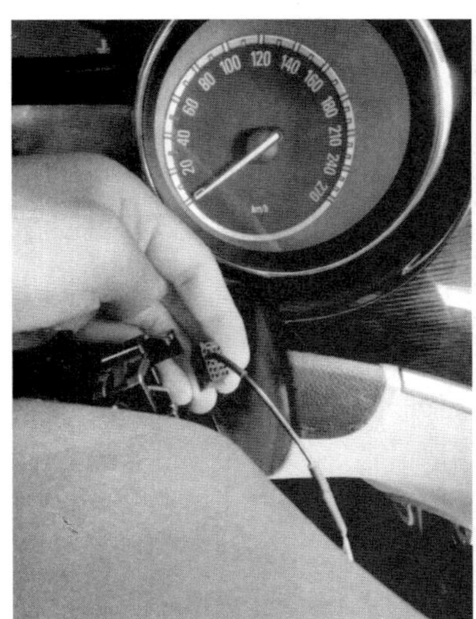
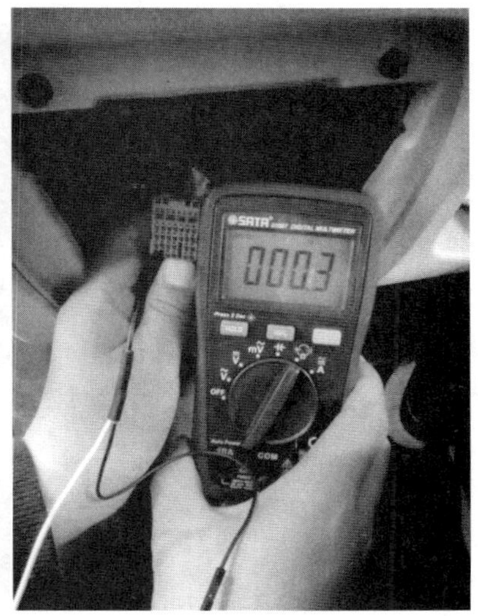

图 7–4–17　检查 S82 的端子 7 所在电路的导通性

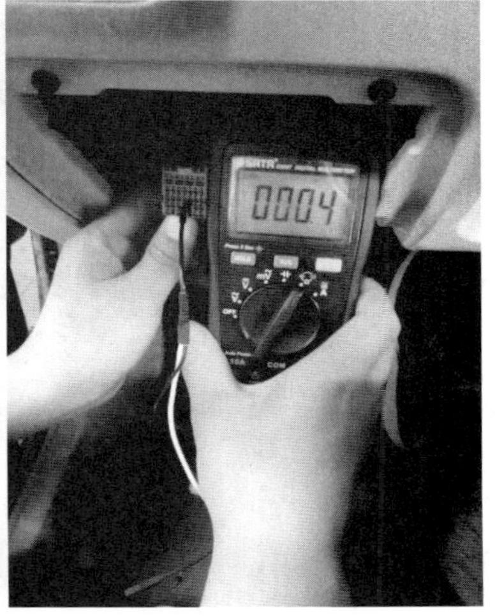

图 7–4–18　检查 S82 的端子 1 所在电路的导通性

六、学习活动评价

学习活动评价见表 7–4–6。

表 7–4–6 学习活动评价表

<table>
<tr><td>班级</td><td colspan="2"></td><td>姓名</td><td></td><td>学号</td><td></td><td>日期</td><td>年 月 日</td></tr>
<tr><td>序号</td><td colspan="5">评价要点</td><td>配分</td><td>得分</td><td>总评</td></tr>
<tr><td>1</td><td colspan="5">能正确识读和填写工作页，明确学习活动要求</td><td>10</td><td></td><td rowspan="10">A □（86 ~ 100 分）
B □（76 ~ 85 分）
C □（60 ~ 75 分）
D □（60 分以下）</td></tr>
<tr><td>2</td><td colspan="5">能查阅资料，写出刮水器控制电路的分类、组成和作用</td><td>10</td><td></td></tr>
<tr><td>3</td><td colspan="5">能查阅资料，完成刮水器控制电路的识读</td><td>10</td><td></td></tr>
<tr><td>4</td><td colspan="5">能查阅资料，完成刮水器控制电路相关信息的收集</td><td>10</td><td></td></tr>
<tr><td>5</td><td colspan="5">能查阅资料，写出刮水器控制电路常见故障的原因，制定检修方案</td><td>10</td><td></td></tr>
<tr><td>6</td><td colspan="5">能按规范流程完成刮水器控制电路简单故障检修</td><td>20</td><td></td></tr>
<tr><td>7</td><td colspan="5">能遵守劳动纪律，以积极的态度接受工作任务</td><td>10</td><td></td></tr>
<tr><td>8</td><td colspan="5">能积极参与小组讨论，发挥团队合作精神</td><td>10</td><td></td></tr>
<tr><td>9</td><td colspan="5">能及时完成教师布置的任务</td><td>10</td><td></td></tr>
<tr><td colspan="6">总 分</td><td>100</td><td></td></tr>
<tr><td>小结
建议</td><td colspan="8"></td></tr>
</table>

学习活动 5　工作总结与评价

学习目标

1. 能以小组形式，对学习过程和成果进行总结。
2. 能完成对学习过程的综合评价。

建议学时：2 学时。

学习过程

一、工作总结

在世界技能大赛中，选手应具有一定的组织规划、沟通、创新等能力，这在实际的生产工作中是十分必要的。以小组为单位，选择演示文稿、展板、海报、视频等形式中的一种或几种，向全班展示、汇报学习成果。

二、综合评价

针对本任务的学习情况，根据表 7–5–1 所列综合评价标准进行评分。

表 7–5–1　　综合评价标准

评价项目	评价内容及标准	配分	评分		
			自我评价	小组评价	教师评价
工作组织和管理	团队合作，合理计划，高效管理时间	3			
	定期检查工作进展和效果	3			
	保证高质量完成工作	4			
沟通能力	深度咨询客户，完全理解其要求	10			
	提供明确说明，准确回答客户的疑问	10			
计划创新能力	及时处理工作中遇到的问题	10			
	提出创新性、可行性建议，提高客户满意度	10			

续表

评价项目	评价内容及标准	配分	评分		
			自我评价	小组评价	教师评价
专业知识	具备汽车刮水器系统的组成、作用和原理等知识	10			
	具备汽车刮水器不工作故障检修知识	10			
实践能力	具备汽车刮水器开关的检查与更换技能	10			
	具备汽车刮水器电动机及连杆机构的检查与更换技能	10			
	具备汽车刮水器控制电路的检修技能	10			
学生姓名		综合评价得分			
指导教师		日期			

三、学习任务七整体评价

学习任务七整体评价见表 7–5–2。

表 7–5–2　学习任务七整体评价表

项目	自我评价			小组评价			教师评价		
	10～9 分	8～6 分	5～1 分	10～9 分	8～6 分	5～1 分	10～9 分	8～6 分	5～1 分
	占总评 10%			占总评 30%			占总评 60%		
学习活动 1									
学习活动 2									
学习活动 3									
学习活动 4									
学习活动 5									
协作精神									
纪律观念									
表达与分析能力									
工作态度									
任务总体表现									
小计分									
总评分									

世赛知识

技能训练之专家组长、技术指导专家、翻译、教练

人力资源社会保障部在每届世界技能大赛参赛集训工作开始前都会专门研究印发《世界技能大赛参赛集训工作指导意见》，规划、组织好相关工作。在全国选拔赛中胜出的选手进入集训基地后一般会接受技能、体能和心理素质三个方面的训练。

一般集训的训练环节包括日常训练和强化训练两个阶段。日常训练是指自项目集训工作启动到确定最终参赛选手阶段性考核之前的训练阶段；强化训练是指确定参赛选手的阶段性考核之后，到出国参赛之前的训练阶段。

每个参赛项目一般会组建一个技术指导专家组，包括 1 名专家组长、若干名技术指导专家、1 名翻译、1 个教练组（统称为专家组成员）。专家组一般不超过 11 人。专家组成员应保证技术、技能领域覆盖全面，具备训练各项技术、技能要求所必需的能力，并需根据实际工作安排，明确每位成员的职责分工，帮助选手提高技能和掌握技术规则。

1．专家组长

专家组长的职责如下：负责专家组成员提名；及时了解并掌握世赛技术要求，把握本项目集训技术方向，及时将所获得的技术信息分享给专家组成员和参与集训各方；研究世赛技术要求，提出本项目集训工作基本技术思路；在牵头集训主管部门统筹协调下，组织编制集训工作方案、考核技术文件及试题，与集训基地沟通协调，落实集训工作方案的技术保障相关安排；组织安排技术技能训练具体工作；组织专家组，会同集训基地研究并解决集训技术工作方面的问题，向牵头集训主管部门和中国组委会汇报工作进展情况，反映存在问题；总结集训工作中的经验并加以固化；做好专家组管理工作；组织专家组配合做好集训期间的疫情防控工作。

2．技术指导专家

技术指导专家的职责如下：按照专家组长要求，参与制定集训工作方案；根据集训工作方案和专家组长按模块或工作流程等分工安排，协助专家组长做好集训技术指导工作，参与考核技术文件和相应试题的制定；发现集训工作中出现的问题，并及时向专家组长报告。

3．翻译

翻译的职责如下：负责协助专家组长进行集训的日常对外交流工作，关注世赛技术论坛信息并及时传达和回复；搜集、整理、完善项目资料集（包括专业术语、项目基本业务知识、竞赛试题、设备设施需求、竞赛规则和要求、技术标准、评分标准、安全卫生要求、本项目的新动向和变化）并及时提供给项目专家组；翻译与世赛相关的各种外文资料；做好项目对外交流时的翻译和联络工作；世界技能组织抽签改变翻译所负责的项目后，参赛注册翻译应及时与原翻译做好工作对接，学习掌握新负责项目相关要求，与新负责项目专家组、集训基地加强沟通和磨合；大赛前及大赛期间，做好赛题、场地设施设备清单等资料翻译工作，做好比赛期间的翻译、交流，协助做好本项目比赛期间交通和日程安排及赛前准备工作，协助专家组长参与世界技能组织相关技术会议及活动；总结工作经验并向中国组委会报告。

4．教练

教练的职责如下：设教练组长 1 名、教练若干名。教练组长按照集训工作方案和专家组长要求具体组织选手训练；集训期间应始终跟踪掌握选手技术技能、综合素质等各方面发展变化情况；及时向专家组长反映训练中的技术问题，对集训工作方案提出调整意见建议；总结训练工作中好的经验做法，加以固化、提炼；协助集训基地做好选手各项安全保障工作。教练应根据集训工作方案和教练组长安排对选手进行训练；及时向教练组长反映训练中的技术和安全保障方面的问题，并提出解决意见建议。

学习任务八　汽车电动车窗不升降故障检修

学习目标

1. 能描述电动车窗升降系统的定义与作用。
2. 能描述电动车窗升降系统的组成与功能。
3. 能进行电动车窗升降系统的基本检查。
4. 能描述电动车窗升降器开关的作用及安装位置。
5. 能进行电动车窗升降器开关电路的识读。
6. 能进行电动车窗升降器开关相关信息的收集。
7. 能进行电动车窗升降器开关的检查与更换。
8. 能描述电动车窗升降器的作用及安装位置。
9. 能描述电动车窗升降器的组成、类型及工作原理。
10. 能进行电动车窗升降器相关信息的收集。
11. 能进行电动车窗升降器的检查与更换。
12. 能描述电动车窗升降系统控制电路的分类、组成和工作原理。
13. 能进行电动车窗升降系统控制电路的识读。
14. 能进行电动车窗升降系统相关信息的收集。
15. 能分析并确定电动车窗升降系统控制电路常见故障的原因，制定检修方案。
16. 能进行电动车窗升降系统控制电路简单故障检修。
17. 能对维修场地设备进行日常维护保养，按 6S 管理规定要求清理现场。
18. 能对相关资料进行检索，完成检修工单和工作页的填写。
19. 能展示工作成果，进行任务评价，总结工作经验，优化检修方案。
20. 能在作业过程中严格执行企业操作规范、安全生产制度、环保管理制度，严格遵守从业人员的职业道德，具有吃苦耐劳、爱岗敬业的工作态度和职业责任感。

20 学时。

工作情境描述

一辆别克威朗汽车处于正常行驶状态下，客户发现汽车驾驶员侧电动车窗升降器开关无法控制车窗正常升降。经班组长检查，初步判断为汽车电动车窗不升降故障。汽车修理工需要根据维修手册相关要求，在规定时间内，参照维修资料完成汽车电动车窗升降系统的检查与零部件的更换工作，自检合格后交付班组长验收。

工作流程与活动

1. 电动车窗升降系统的认知（4 学时）
2. 电动车窗升降器开关的检查与更换（4 学时）
3. 电动车窗升降器的检查与更换（4 学时）
4. 电动车窗升降系统控制电路简单故障检修（6 学时）
5. 工作总结与评价（2 学时）

思维导图

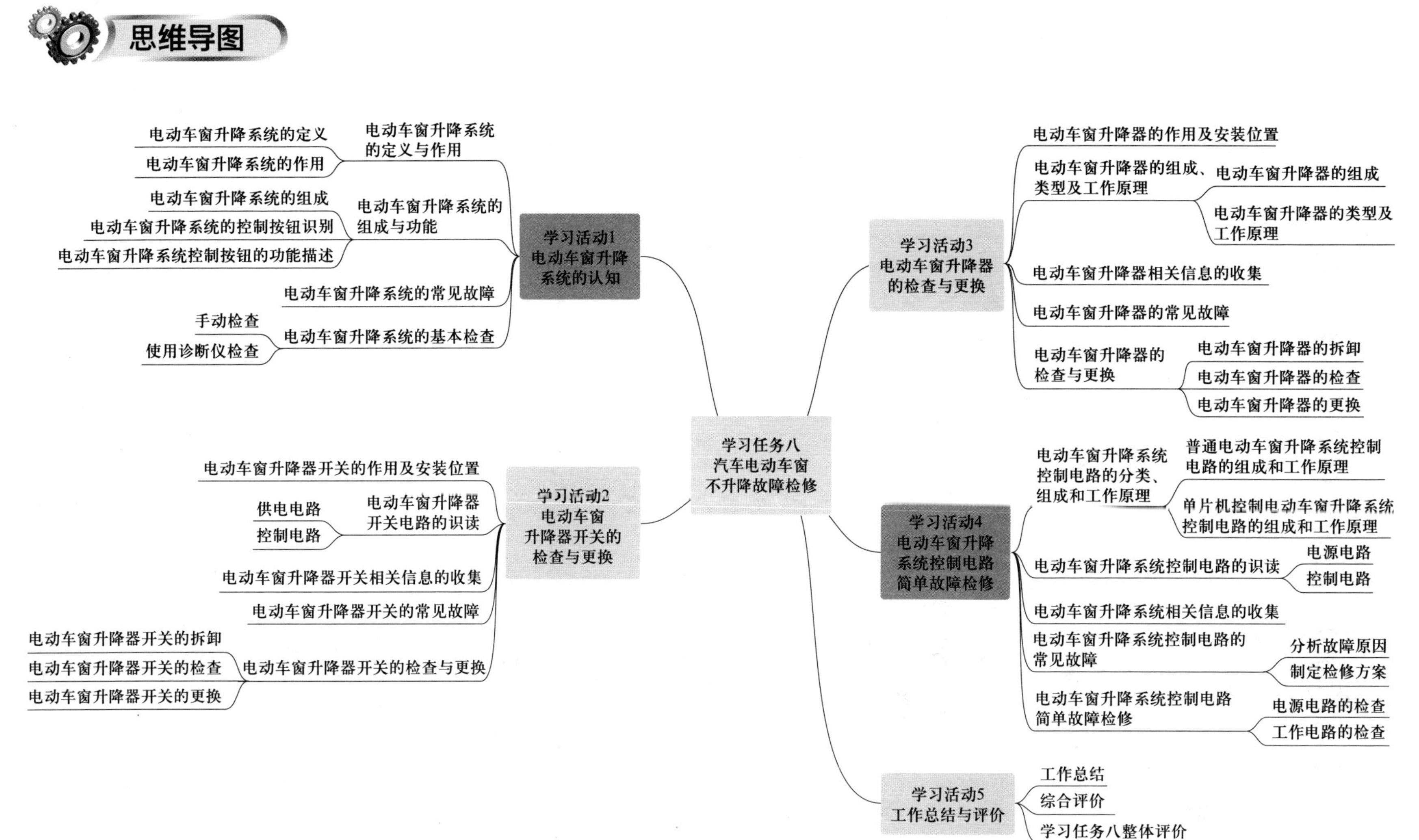
学习任务八
汽车电动车窗不升降故障检修
学习活动1
电动车窗升降系统的认知
电动车窗升降系统的定义与作用
电动车窗升降系统的定义
电动车窗升降系统的作用
电动车窗升降系统的组成与功能
电动车窗升降系统的组成
电动车窗升降系统的控制按钮识别
电动车窗升降系统控制按钮的功能描述
电动车窗升降系统的常见故障
电动车窗升降系统的基本检查
手动检查
使用诊断仪检查
学习活动2
电动车窗升降器开关的检查与更换
电动车窗升降器开关的作用及安装位置
电动车窗升降器开关电路的识读
供电电路
控制电路
电动车窗升降器开关相关信息的收集
电动车窗升降器开关的常见故障
电动车窗升降器开关的检查与更换
电动车窗升降器开关的拆卸
电动车窗升降器开关的检查
电动车窗升降器开关的更换
学习活动3
电动车窗升降器的检查与更换
电动车窗升降器的作用及安装位置
电动车窗升降器的组成、类型及工作原理
电动车窗升降器的组成
电动车窗升降器的类型及工作原理
电动车窗升降器相关信息的收集
电动车窗升降器的常见故障
电动车窗升降器的检查与更换
电动车窗升降器的拆卸
电动车窗升降器的检查
电动车窗升降器的更换
学习活动4
电动车窗升降系统控制电路简单故障检修
电动车窗升降系统控制电路的分类、组成和工作原理
普通电动车窗升降系统控制电路的组成和工作原理
单片机控制电动车窗升降系统控制电路的组成和工作原理
电动车窗升降系统控制电路的识读
电源电路
控制电路
电动车窗升降系统相关信息的收集
电动车窗升降系统控制电路的常见故障
分析故障原因
制定检修方案
电动车窗升降系统控制电路简单故障检修
电源电路的检查
工作电路的检查
学习活动5
工作总结与评价
工作总结
综合评价
学习任务八整体评价

学习活动 1　电动车窗升降系统的认知

学习目标

1. 能描述电动车窗升降系统的定义与作用。
2. 能描述电动车窗升降系统的组成与功能。
3. 能分析并确定电动车窗升降系统常见故障的原因。
4. 能进行电动车窗升降系统的基本检查。

建议学时：4 学时。

学习过程

一、电动车窗升降系统的定义与作用

1．电动车窗升降系统的定义

查阅资料，写出电动车窗升降系统的定义。

答：电动车窗升降系统是通过控制车载电源来驱动电动机并带动电动车窗升降器，从而驱动电动车窗玻璃升降，实现电动车窗开启或关闭的系统。

2．电动车窗升降系统的作用

（1）设有＿多个控制按钮＿，方便控制。

（2）装有＿电动机过载保护装置＿，起保护作用。

（3）后排电动车窗设有＿安全装置＿。

二、电动车窗升降系统的组成与功能

1．电动车窗升降系统的组成

电动车窗升降系统主要由＿电动车窗玻璃＿、＿电动车窗升降器开关＿、＿电动机＿、＿继电器＿和＿控制按钮＿等组成。

如图 8–1–1 所示，电动车窗升降系统的电动机一般采用＿双向永磁电动机＿，驾驶员或乘员通过＿控制按钮＿控制电动机＿正反转＿，电动机带动＿电动车窗升降器开关驱动玻璃升降＿。

在图 8–1–1 所示方框中填写电动车窗升降系统相关部件的名称。

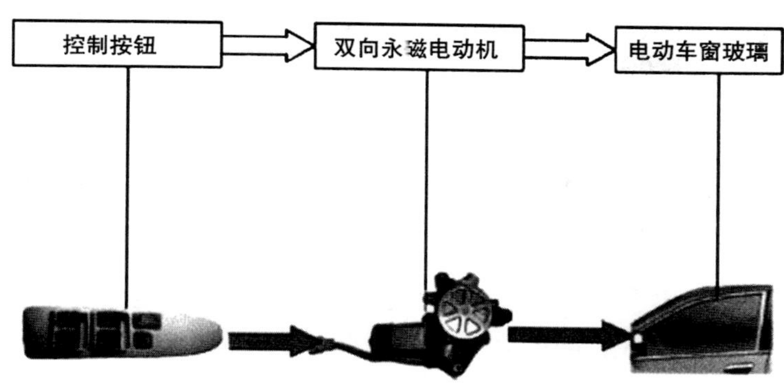

图 8–1–1　电动车窗升降系统的工作原理示意图

2．电动车窗升降系统的控制按钮识别

查阅资料，在图 8–1–2 下方的横线上填写电动车窗升降系统各控制按钮的名称。

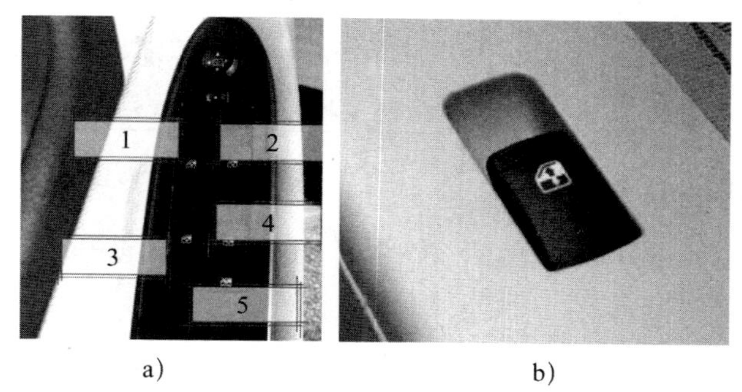

a）　　　　　　b）

图 8–1–2　电动车窗升降系统的控制按钮

a）驾驶员侧控制按钮　b）乘员侧控制按钮

1—左前侧电动车窗控制按钮　2—右前侧电动车窗控制按钮　3—左后侧电动车窗控制按钮

4—右后侧电动车窗控制按钮　5—锁止控制按钮

通过查阅资料，可知图 8–1–2a 所示为驾驶员侧控制按钮，安装在驾驶员侧车门扶手位置，其作用是控制各电动车窗升降，还可控制中控门锁开闭及控制乘员侧电动车窗锁止；图 8–1–2b 所示为乘员侧控制按钮，安装在乘员侧车门扶手位置，其作用是控制乘员侧各电动车窗升降。

3．电动车窗升降系统控制按钮的功能描述

电动车窗升降系统控制按钮的功能包括车窗锁止功能控制、无一键升降控制、带一键升降控制和防夹手功能控制。

（1）车窗锁止功能控制

通过查阅资料，对照图 8–1–2，按下锁止控制按钮后，除了驾驶员侧电动车窗能进行车窗调节外，其他电动车窗控制按钮均被禁用，再次按下锁止控制按钮使电动车窗升降系统控制按钮复位，即解除锁止功能。

（2）无一键升降控制

通过查阅资料，可知此类型的电动车窗升降系统控制按钮有两个挡位，即上升和下降。其控制方法是：向上拨动或按下电动车窗控制按钮，在电动车窗升降到需要位置时松开控制按钮，升降过程停止。

（3）带一键升降控制

通过查阅资料，可知此类型的电动车窗升降系统控制按钮有 4 个挡位，即 上升和下降各两个挡位。其控制方法是：向上或向下拨动一挡与无一键升降控制相同，即电动车窗升降到需要位置时松开按钮，电动车窗升降过程停止。电动车窗控制按钮向上或向下拨动两挡（直接按到底或向上拨到最上面）时，即使手松开电动车窗也可以自动打开或关闭。

（4）防夹手功能控制

车窗防夹手功能是汽车上的一项安全配置，是指电动车窗在 关闭时，遇到阻力后会 自动停止运动，或者 下降，从而防止发生夹伤事故，保护车内人员的安全。

三、电动车窗升降系统的常见故障

电动车窗升降系统的常见故障有：驾驶员侧电动车窗升降系统故障、乘员侧电动车窗升降系统故障。可能的故障原因有：熔丝断路，连接导线断路，继电器或按钮损坏，电动机损坏，搭铁点锈蚀、松动等。

四、电动车窗升降系统的基本检查

根据电动车窗升降系统的常见故障及可能的故障原因，进行电动车窗升降系统的基本检查。

1．手动检查

在实车上手动检查电动车窗升降系统的工作情况。

（1）接通点火开关，给全车供电。操纵 电动车窗控制按钮，检查 电动车窗是否能根据控制要求正确动作，如图 8–1–3 所示。

图 8–1–3　控制驾驶员侧电动车窗升降系统

（2）按下电动车窗升降系统控制按钮，根据实际情况填写表 8–1–1 中的相关内容。注意：如果电动车窗按要求正常运行，在“判定结果”栏中填写“正常”；如果电动车窗不按要求正常运行，在“判定结果”栏中填写“异常”，表示可能存在故障，需进行处理。

表 8-1-1　　电动车窗升降系统的运行情况

按下按钮名称	电动车窗运行情况	判定结果	备注
S79D“下降”按钮	描述电动车窗运行情况	填写“正常”或“异常”	驾驶员侧电动车窗
S79D“上升”按钮			
S79D“一键下降”按钮			
S79D“一键上升”按钮			

2．使用诊断仪检查

（1）使用诊断仪读取故障码

1）使用故障诊断仪（如 KT720）连接汽车诊断接口，接通点火开关，准备读取故障码，如图 8-1-4 所示。

图 8-1-4　KT720 故障诊断仪及应用软件

2）选择对应车型后，选择“　车体控制模块　”，如图 8-1-5 所示。

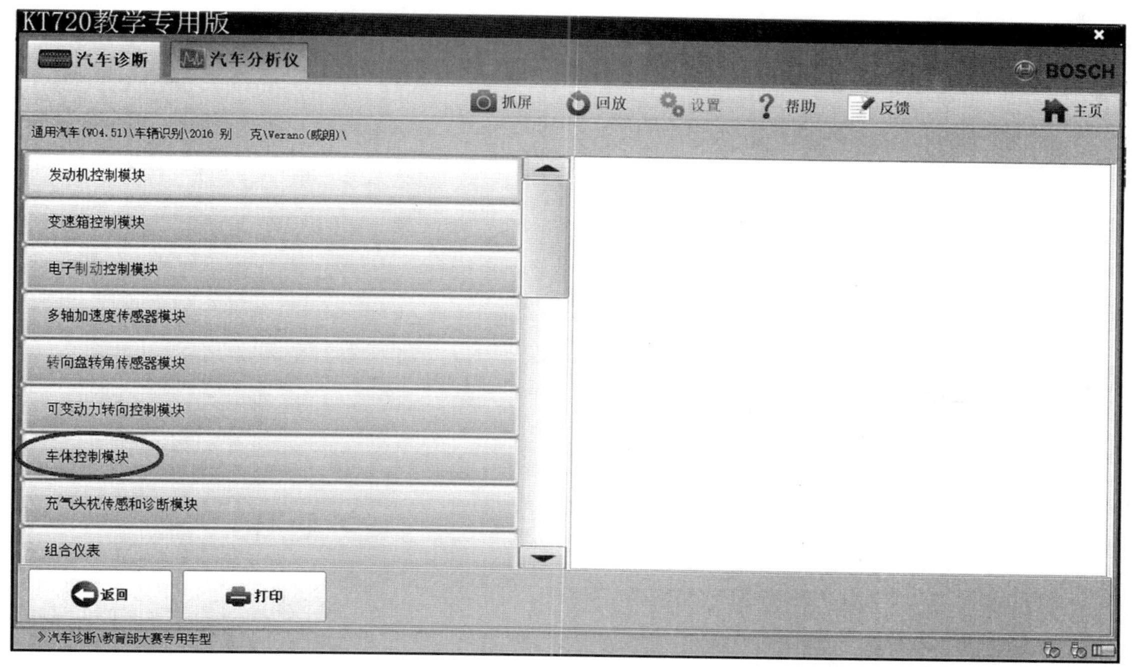

图 8-1-5　选择“　车体控制模块　”

3）选择 读取故障码 查看系统是否正常。如果系统正常，则无任何故障码，如图 8-1-6 所示；如果系统不正常，则会出现相应的故障码，可以根据故障码信息排除故障。

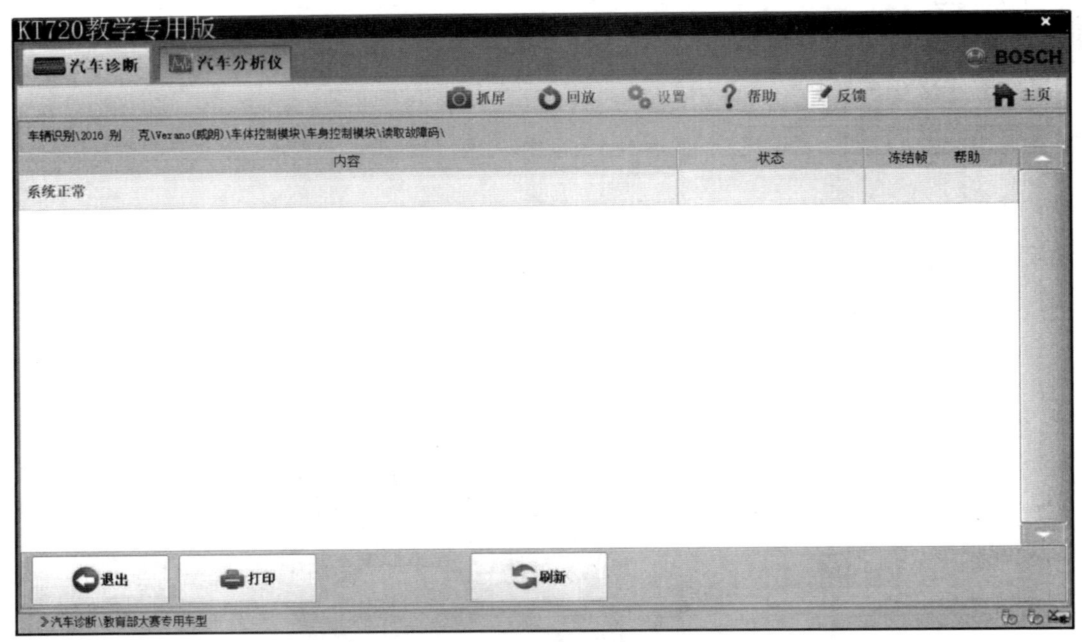

图 8-1-6 显示“系统正常”

（2）使用诊断仪读取数据流

在静态下所有的开关数据应为 不活动 即信号正常，如图 8-1-7 所示；若控制某个开关工作，相应的信号应为 活动 或发生变化。若无变化，说明系统信号传输异常，应进行检修。

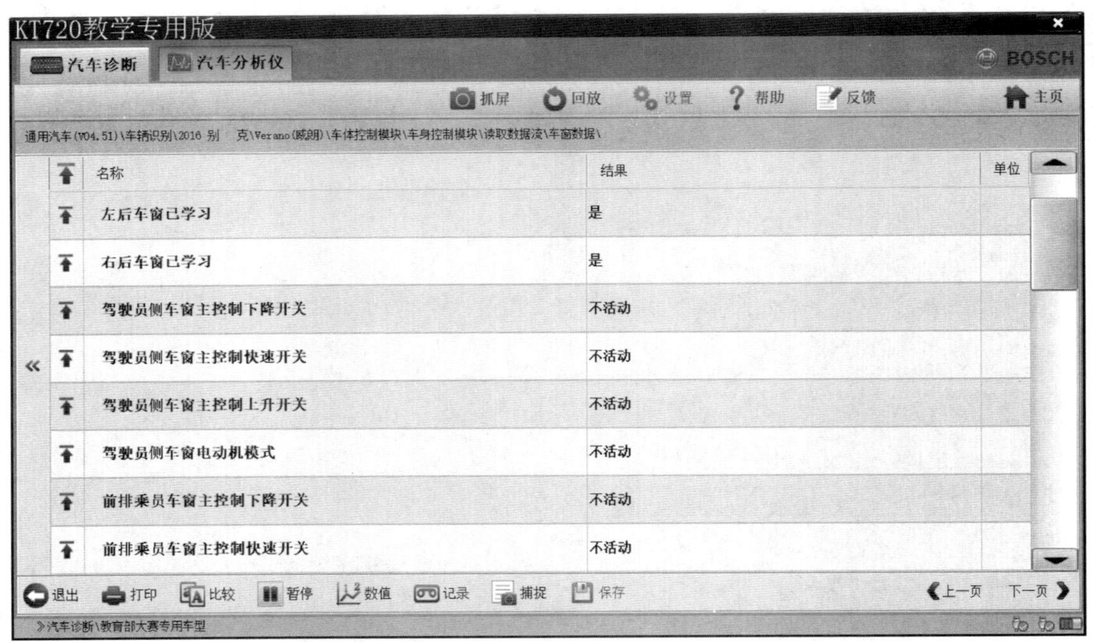

图 8-1-7 读取数据流

根据实际检查情况，在表 8-1-2 中记录电动车窗执行器的检查情况。

表 8-1-2　　电动车窗执行器的检查情况

检查项目	执行数据	判定结果	备注
故障码	根据实际情况填写		驾驶员侧电动车窗
控制 S79D“下降”			
控制 S79D“上升”			
控制 S79D“一键下降”			
控制 S79D“一键上升”			

（3）使用诊断仪进行动作测试

进行动作测试，在图 8-1-8 中选择相应的选项并指令动作，相应的电动车窗应根据<u>　指令正确动作　</u>即正常，反之则说明系统信号传输异常，应进行检修。

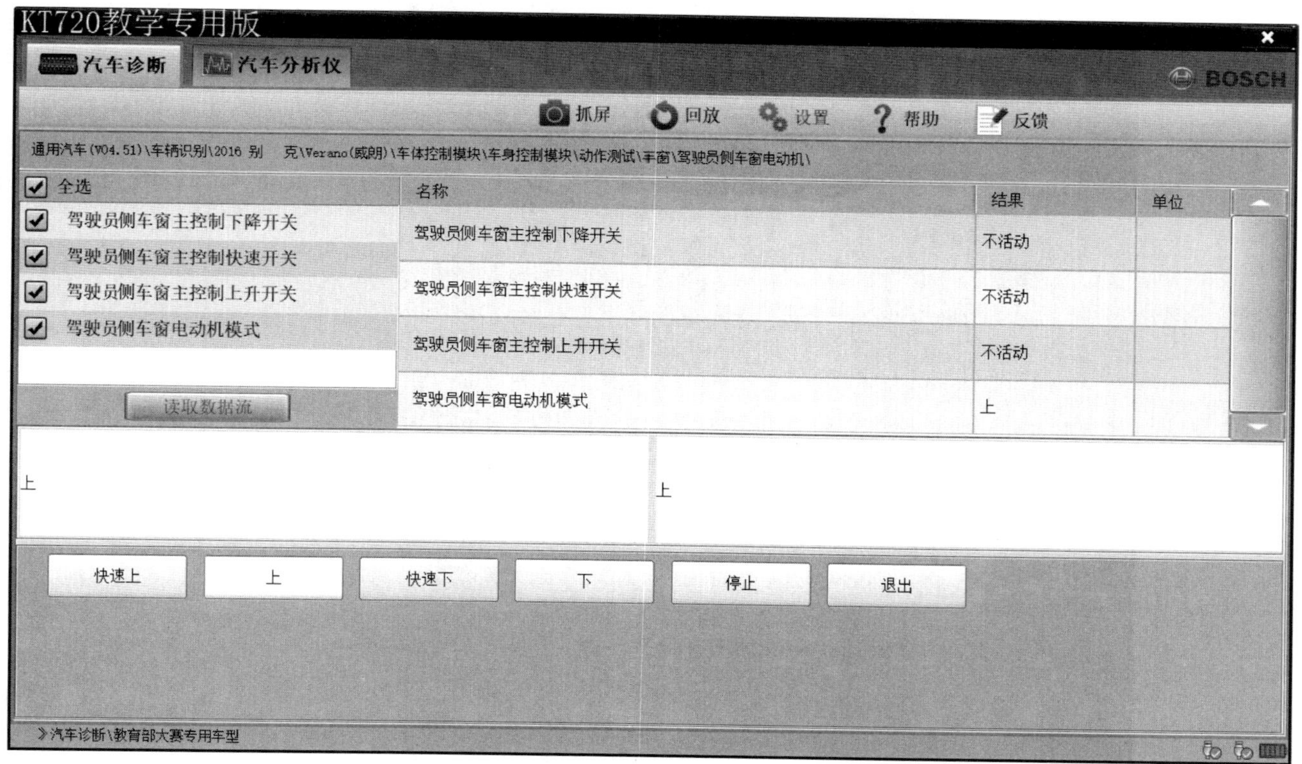

图 8-1-8　进行动作测试

五、学习活动评价

学习活动评价见表 8-1-3。

表 8-1-3 学习活动评价表

<table>
<tr><td>班级</td><td></td><td>姓名</td><td></td><td>学号</td><td></td><td>日期</td><td>年　月　日</td></tr>
<tr><td>序号</td><td colspan="5">评价要点</td><td>配分</td><td>得分</td><td>总评</td></tr>
<tr><td>1</td><td colspan="5">能正确识读和填写工作页，明确学习活动要求</td><td>10</td><td></td><td rowspan="9">A □（86～100 分）
B □（76～85 分）
C □（60～75 分）
D □（60 分以下）</td></tr>
<tr><td>2</td><td colspan="5">能查阅资料，写出电动车窗升降系统的定义与作用</td><td>10</td><td></td></tr>
<tr><td>3</td><td colspan="5">能查阅资料，写出电动车窗升降系统的组成与功能</td><td>10</td><td></td></tr>
<tr><td>4</td><td colspan="5">能查阅资料，写出电动车窗升降系统常见故障的原因</td><td>10</td><td></td></tr>
<tr><td>5</td><td colspan="5">能按规范流程完成电动车窗升降系统的基本检查</td><td>30</td><td></td></tr>
<tr><td>6</td><td colspan="5">能遵守劳动纪律，以积极的态度接受工作任务</td><td>10</td><td></td></tr>
<tr><td>7</td><td colspan="5">能积极参与小组讨论，发挥团队合作精神</td><td>10</td><td></td></tr>
<tr><td>8</td><td colspan="5">能及时完成教师布置的任务</td><td>10</td><td></td></tr>
<tr><td colspan="6">总　分</td><td>100</td><td></td></tr>
<tr><td>小结
建议</td><td colspan="8"></td></tr>
</table>

学习活动 2　电动车窗升降器开关的检查与更换

学习目标

1. 能描述电动车窗升降器开关的作用及安装位置。
2. 能进行电动车窗升降器开关电路的识读。
3. 能进行驾驶员侧电动车窗升降器开关相关信息的收集。
4. 能分析并确定电动车窗升降器开关常见故障的原因。
5. 能进行电动车窗升降器开关的检查与更换。

建议学时：4 学时。

学习过程

一、电动车窗升降器开关的作用及安装位置

电动车窗升降器开关的作用是控制电动机中的__电流方向__，使电动车窗__上升、下降或锁止__。

图 8-2-1 所示为电动车窗升降器开关示意图，电动车窗升降器开关一般有__两__类，一类为主控制按

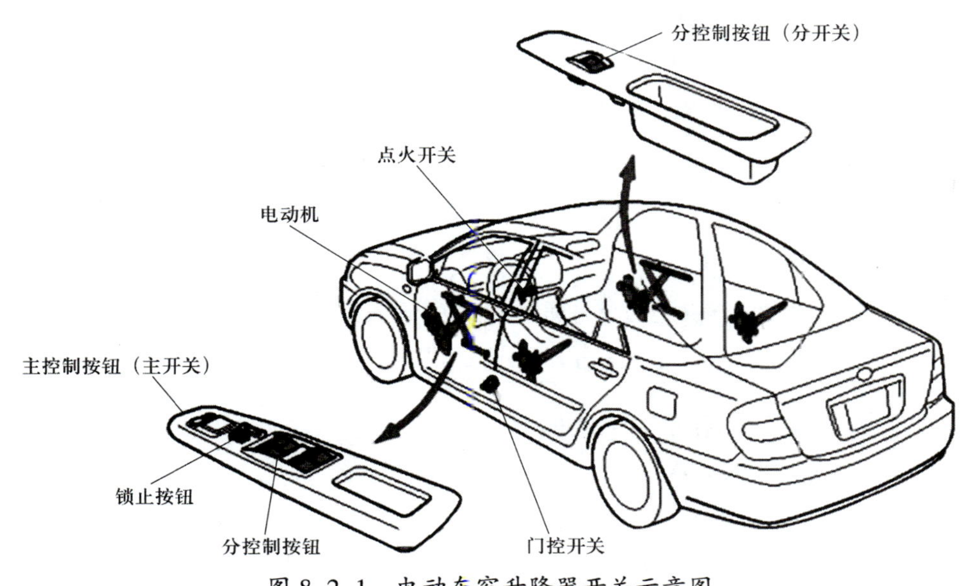

图 8-2-1　电动车窗升降器开关示意图

钮（主开关），安装在驾驶员侧车门的<u>内侧扶手处</u>，用于驾驶员操纵<u>每个车窗</u>的升降；另一类为分控按钮（分开关），安装在<u>乘员侧车门上</u>，用于乘员<u>操纵车窗升降</u>。

有的汽车上还专门装有一个<u>延迟</u>开关，在断开点火开关后约<u>10</u> min 内，或在打开车门前，仍有<u>电源提供</u>，使驾驶员和乘员能有时间<u>关闭</u>电动车窗。

二、电动车窗升降器开关电路的识读

根据图 8-2-2 所示别克威朗汽车驾驶员侧电动车窗升降器开关 S79D 内部电路，查阅维修资料，可以分析得出以下结论。

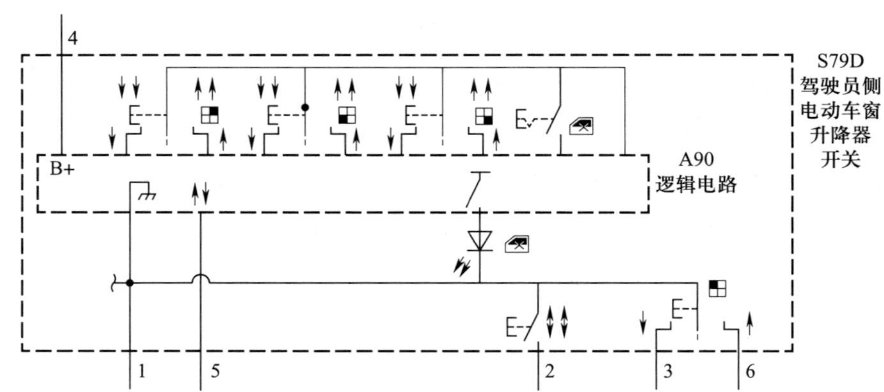

图 8-2-2 别克威朗汽车驾驶员侧电动车窗升降器开关 S79D 内部电路

1．供电电路

电源 B+ 通过<u>F8DA</u>从 S79D 的端子<u>4</u>进入，从 S79D 的端子<u>1</u>流出至搭铁点，形成供电回路，确保 S79D 能正常通电工作。

2．控制电路

（1）驾驶员侧电动车窗控制

驾驶员侧电动车窗升降器开关 S79D 可以直接控制驾驶员侧电动车窗升降器电动机 M74D 工作。当驾驶员侧电动车窗升降器开关 S79D 控制车窗上升时，S79D 的端子<u>6</u>向 M74D 发出上升驱动信号；当驾驶员侧电动车窗升降器开关 S79D 控制车窗下降时，S79D 的端子<u>3</u>向 M74D 发出下降驱动信号；当驾驶员侧电动车窗升降器开关 S79D 控制车窗一键上升或下降时，S79D 的端子<u>2</u>向 M74D 发出控制信号，驱动 M74D 工作。

（2）乘员侧电动车窗控制

S79D 可以将指定乘员侧电动车窗的控制信号通过 S79D 的端子<u>5</u>传送至 K9，由 K9 控制<u>乘员侧车窗电动机模块</u>。

三、电动车窗升降器开关相关信息的收集

如图 8-2-3 所示为别克威朗汽车驾驶员侧电动车窗升降器开关 S79D 连接器，查阅资料，在表 8-2-1 中填写 S79D 连接器端子的相关信息。

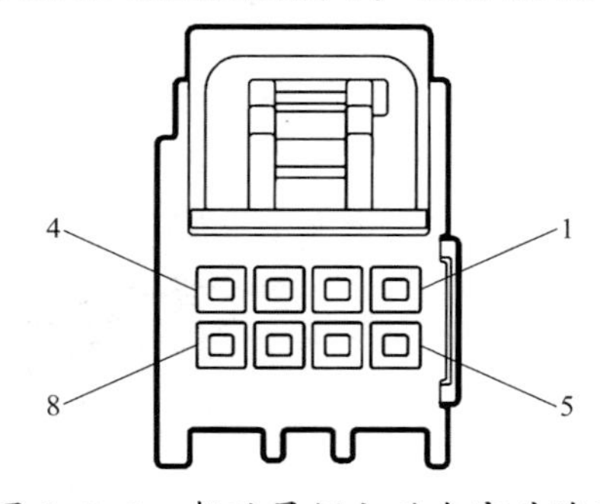

图 8-2-3 驾驶员侧电动车窗升降器开关 S79D 连接器

表 8-2-1　S79D 端子的相关信息

端子号	截面积 /mm^2	颜色	功能
1	0.5	BK（黑色）	搭铁
2	0.5	GN（绿色）	驾驶员侧电动车窗开关快速信号
3	0.5	GY（灰色）	驾驶员侧电动车窗开关下降信号
4	0.75	RD/BN（红色 / 棕色）	蓄电池正极电压
5	0.5	GN/YE（绿色 / 黄色）	线性互联网总线
6	0.5	GN/WH（绿色 / 白色）	驾驶员侧电动车窗开关上升信号

四、电动车窗升降器开关的常见故障

电动车窗升降器开关的常见故障有：电动车窗升降器开关个别功能无法实现或功能紊乱、电动车窗升降器开关不工作等。可能的故障原因有：模块损坏、连接针脚损坏、接触不良、本体损坏等。

五、电动车窗升降器开关的检查与更换

根据电动车窗升降器开关的常见故障及可能的故障原因，进行电动车窗升降器开关的检查与更换。

1．电动车窗升降器开关的拆卸

（1）关闭点火开关，断开蓄电池，打开驾驶员侧车门，先使用一字旋具取下螺栓盖，再使用套筒工具（7 号）拆卸 S79D 的固定螺钉，如图 8-2-4 所示。

（2）使用撬板撬动 S79D，如图 8-2-5 所示，注意：拆卸时应均匀撬动两边，防止造成破坏。

a）

b）

图 8-2-4　拆卸 S79D 的固定螺钉

a）拆卸螺栓盖　b）拆卸固定螺钉

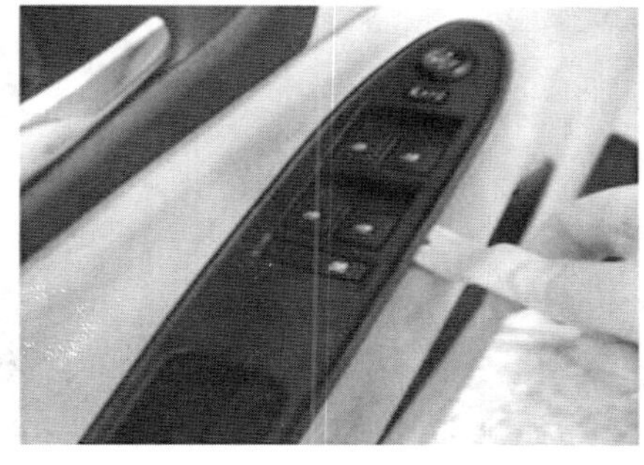

图 8-2-5　撬动 S79D

（3）慢慢取出 S79D ，拔下 S79D 连接器 ，如图 8-2-6 所示。

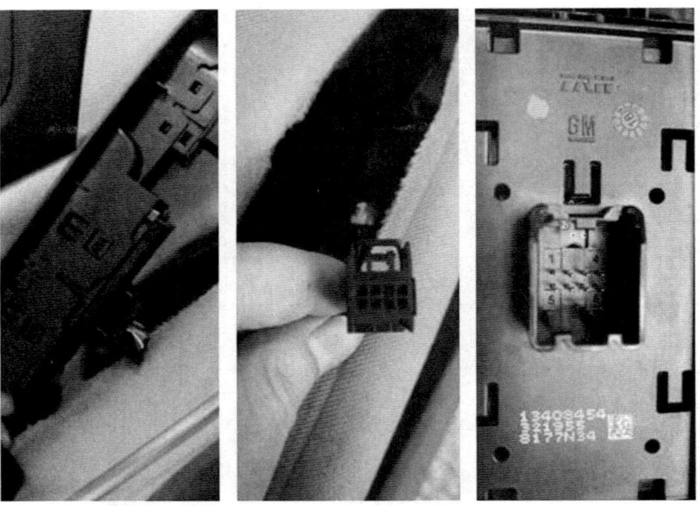

图 8-2-6　拔下 S79D 连接器

2．电动车窗升降器开关的检查

使用万用表对 S79D 进行检查，如图 8-2-7 所示，完成 S79D 相关端子之间导通性的检查，并将检查结果记录在表 8-2-2 中。注意：检测端子 1 分别与端子 2、端子 3、端子 4、端子 6 的导通性，其中常态下它们之间的电阻都应为无穷大；端子 1 与端子 4 之间的电阻在任何情况下都应为无穷大；控制驾驶员侧电动车窗上升时，端子 1 与端子 6 之间应导通；控制驾驶员侧电动车窗下降时，端子 1 与端子 3 之间应导通；控制驾驶员侧电动车窗一键上升和一键下降时，端子 1 与端子 2 之间应导通。只要有一项导通性检测判定结果不正常，即可判定电动车窗升降器开关 S79D 损坏，需更换。

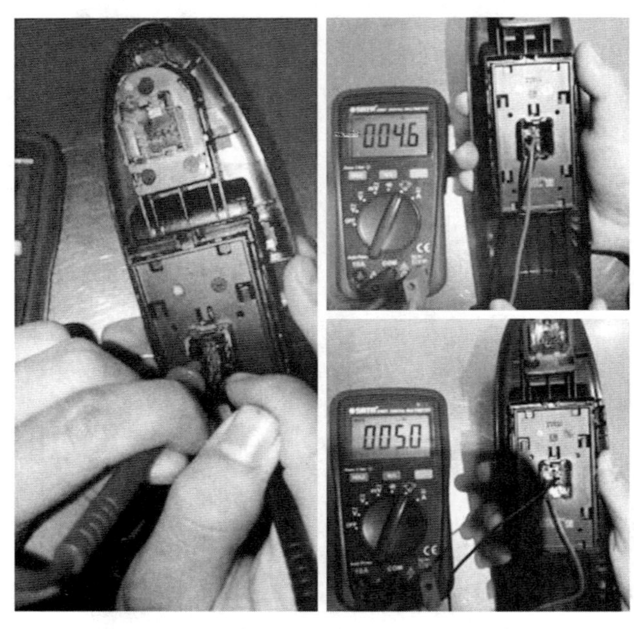

图 8-2-7　检查 S79D 各端子之间的导通性

表 8-2-2　　　　检查 S79D 各端子之间的导通性

S79D 动作情况	检测端子	检测结果	结果判定
静态	S79D（1—2）	导通打“√”，不导通打“×”	对照正文表述，填写“正常”或“本体损坏”
一键上升			
一键下降			
静态	S79D（1—3）		
上升			
下降			
任意操作	S79D（1—4）		
静态	S79D（1—6）		
上升			
下降			

3．电动车窗升降器开关的更换

（1）安装 S79D 连接器 ，如图 8-2-8 所示，注意：应确保连接器安装到位 。

图 8-2-8　安装 S79D 连接器

（2）将 S79D 安装至车门内饰板槽口内，使用套筒工具紧固 S79D 的固定螺钉（力矩为 2.5 N·m），注意 避免漏装螺栓盖，并确保 S79D 安装位置正确 ，如图 8-2-9 所示。至此，电动车窗升降器开关更换完毕。

图 8-2-9　固定 S79D

六、学习活动评价

学习活动评价见表 8–2–3。

表 8–2–3　　学习活动评价表

<table>
<tr><td>班级</td><td></td><td>姓名</td><td></td><td>学号</td><td></td><td>日期</td><td>年　月　日</td></tr>
<tr><td>序号</td><td colspan="4">评价要点</td><td>配分</td><td>得分</td><td>总评</td></tr>
<tr><td>1</td><td colspan="4">能正确识读和填写工作页，明确学习活动要求</td><td>10</td><td></td><td rowspan="10">A □（86 ~ 100 分）
B □（76 ~ 85 分）
C □（60 ~ 75 分）
D □（60 分以下）</td></tr>
<tr><td>2</td><td colspan="4">能查阅资料，写出电动车窗升降器开关的作用及安装位置</td><td>10</td><td></td></tr>
<tr><td>3</td><td colspan="4">能查阅资料，完成电动车窗升降器开关电路的识读</td><td>10</td><td></td></tr>
<tr><td>4</td><td colspan="4">能查阅资料，完成电动车窗升降器开关相关信息的收集</td><td>10</td><td></td></tr>
<tr><td>5</td><td colspan="4">能查阅资料，写出电动车窗升降器开关常见故障的原因</td><td>10</td><td></td></tr>
<tr><td>6</td><td colspan="4">能按规范流程完成电动车窗升降器开关的拆卸、检查与更换</td><td>20</td><td></td></tr>
<tr><td>7</td><td colspan="4">能遵守劳动纪律，以积极的态度接受工作任务</td><td>10</td><td></td></tr>
<tr><td>8</td><td colspan="4">能积极参与小组讨论，发挥团队合作精神</td><td>10</td><td></td></tr>
<tr><td>9</td><td colspan="4">能及时完成教师布置的任务</td><td>10</td><td></td></tr>
<tr><td colspan="5">总　分</td><td>100</td><td></td></tr>
<tr><td>小结
建议</td><td colspan="7"></td></tr>
</table>

学习活动 3 电动车窗升降器的检查与更换

学习目标

1. 能描述电动车窗升降器的作用及安装位置。
2. 能描述电动车窗升降器的组成、类型及工作原理。
3. 能进行电动车窗升降器相关信息的收集。
4. 能分析并确定电动车窗升降器常见故障的原因。
5. 能进行驾驶员侧电动车窗升降器的检查与更换。

建议学时：4 学时。

学习过程

一、电动车窗升降器的作用及安装位置

电动车窗升降器是一个__执行__机构，它通过__执行驾驶员或乘员的指令__使电动车窗升降。

电动车窗升降器安装在__汽车车门内部中间位置__处，如图 8-3-1 所示。

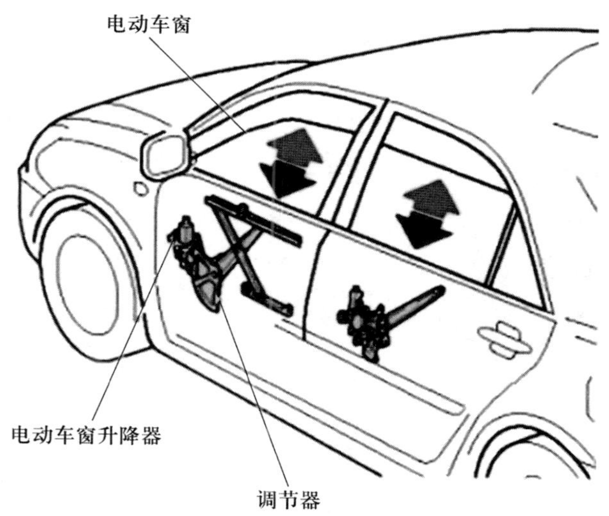

图 8-3-1 电动车窗升降器的安装位置

二、电动车窗升降器的组成、类型及工作原理

1．电动车窗升降器的组成

电动车窗升降器一般由<u>操纵机构</u>、<u>传动机构</u>、<u>玻璃升降机构</u>、<u>玻璃托架</u>及<u>止动弹簧</u>、<u>平衡弹簧</u>组成，其中平衡弹簧用以<u>平衡玻璃的重力</u>，无论电动车窗是上升还是下降，都能使操纵机构的负荷基本相同。当电动车窗下降时，<u>平衡弹簧收缩</u>吸收能量；当电动车窗上升时，<u>平衡弹簧伸展</u>释放能量，以减轻电动机的负荷。

2．电动车窗升降器的类型及工作原理

根据电动车窗升降机构不同，电动车窗升降器可分为绳轮式、臂式、软轴式等类型。

（1）绳轮式升降器

绳轮式升降器主要由<u>升降器电动机</u>、<u>升降器托架</u>、<u>绳索</u>、<u>升降器拉索</u>和<u>夹持器</u>组成，主要应用于<u>乘用车</u>，如图 8–3–2 所示。

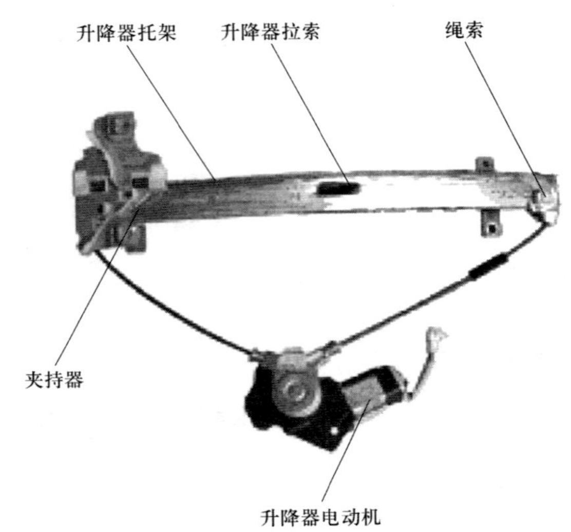

图 8–3–2　绳轮式升降器

如图 8–3–3 所示，电动车窗升降器电动机的输出部分与<u>卷丝筒</u>连接着升降器托架。电动车窗升降器电动机驱动<u>卷丝筒转动来卷动钢丝绳</u>，从而达到升降电动车窗的目的。

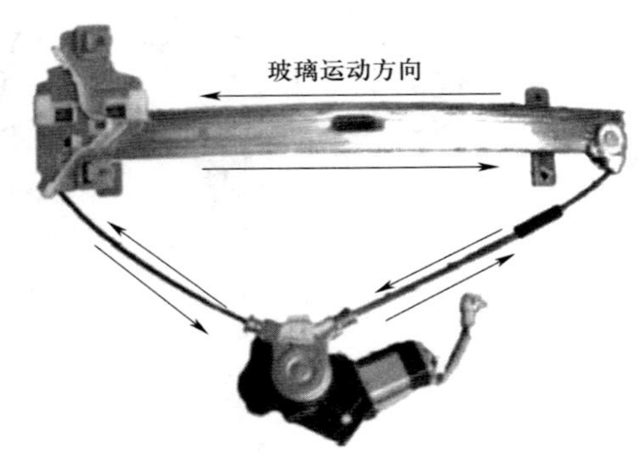

图 8–3–3　绳轮式升降器的工作过程示意图

（2）臂式升降器

臂式升降器的传动部分包括＿小齿轮＿、＿扇形齿板＿和传动臂。按照传动臂不同，臂式升降器可分为＿单臂式＿（见图 8-3-4a）、＿平行双臂式＿（见图 8-3-4b）和＿交叉双臂式＿（见图 8-3-4c）三种。查阅资料，在图 8-3-4 下方的横线上填写臂式升降器各组成部件的名称。

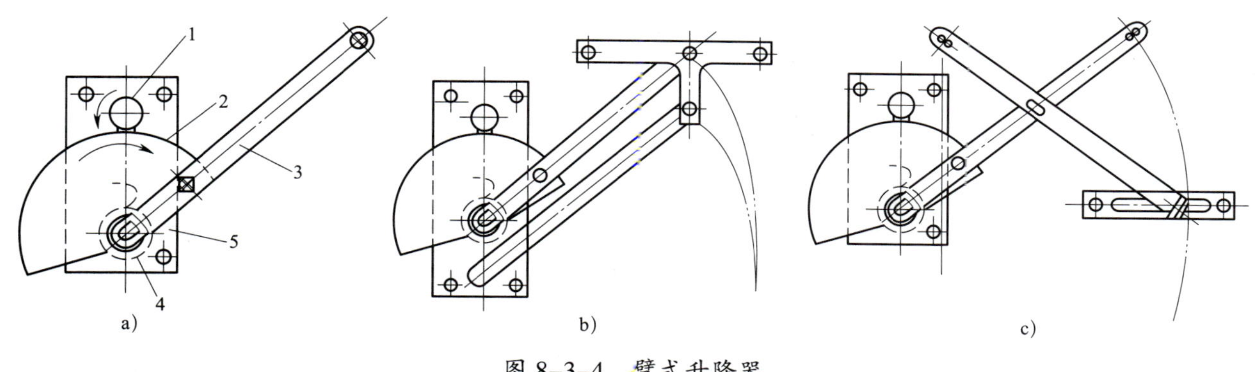

图 8-3-4 臂式升降器

a）＿单臂式＿ b）＿平行双臂式＿ c）＿交叉双臂式＿

1—＿小齿轮＿ 2—＿扇形齿板＿ 3—＿传动臂＿ 4—＿转轴＿ 5—＿固定底板＿

如图 8-3-5 所示，交叉双臂式升降器的输出部分小齿轮与传动机构的＿一块扇形齿板＿啮合。电动机驱动小齿轮旋转带动扇形齿轮转动，通过交叉臂结构的杠杆臂带动玻璃托架＿上下＿运动，从而达到升降电动车窗的目的。

查阅资料，在图 8-3-5 下方的横线上填写交叉双臂式升降器各组成部件的名称。

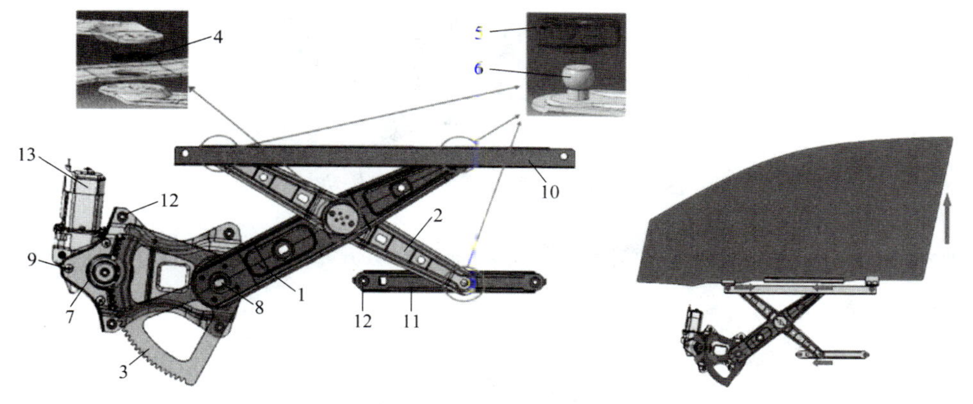

图 8-3-5 交叉双臂式升降器

1—＿主臂＿ 2—＿副臂＿ 3—＿扇形齿＿ 4—＿垫片＿ 5—＿滑块＿ 6—＿滑块转轴＿ 7—＿基板＿

8—＿转轴＿ 9—＿螺钉＿ 10—＿主导轨＿ 11—＿副导轨＿ 12—＿压铆螺母＿ 13—＿电动机＿

（3）软轴式升降器

如图 8-3-6 所示，软轴式升降器电动机的输出部分小齿轮与一根外形轮廓类似于弹簧的＿软轴＿啮合，＿软轴＿装在轴套内且与＿玻璃托架＿相连。电动机驱动小齿轮旋转，带动软轴在轴套内移动，从而使传动臂在导轨中＿上下＿运动，达到升降电动车窗的目的。

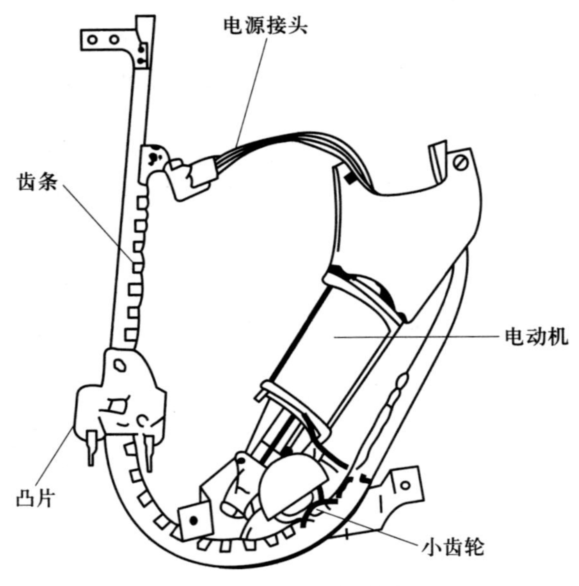

图 8-3-6　软轴式升降器

三、电动车窗升降器相关信息的收集

电动车窗升降器一般采用<u>　直流　</u>电动机，其内部装有<u>　减速装置　</u>，如图 8-3-7 所示。

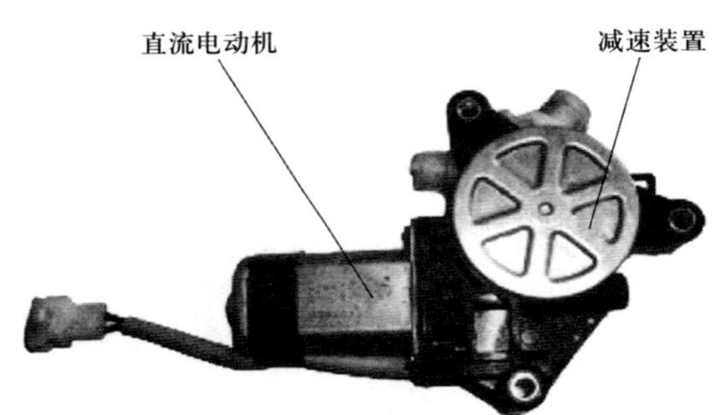

图 8-3-7　电动车窗升降器电动机

图 8-3-8 所示为别克威朗汽车驾驶员侧电动车窗升降器电动机 M74D 端子，查阅资料，在表 8-3-1 中填写 M74D 端子的相关信息。

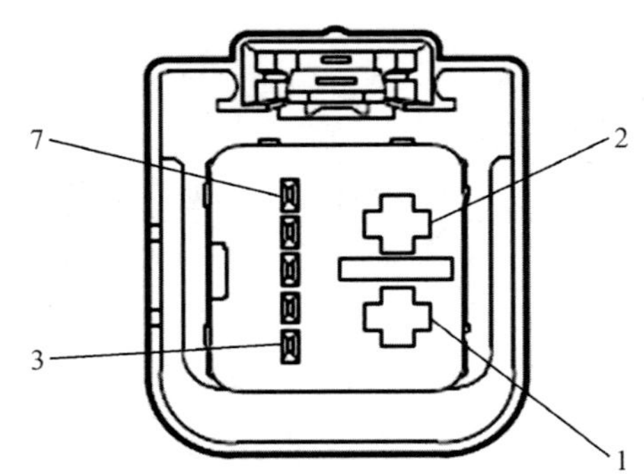

图 8-3-8　驾驶员侧电动车窗升降器电动机 M74D 端子

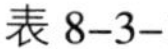

表 8-3-1　　M74D 端子的相关信息

端子号	截面积 /mm^2	颜色	功能
1	2	BK（黑色）	搭铁
2	2	RD/BN（红色 / 棕色）	蓄电池正极电压
3	0.5	GN/WH（绿色 / 白色）	驾驶员侧电动车窗开关上升信号
4	0.5	GN/YE（绿色 / 黄色）	线性互联网总线
5	0.5	GN（绿色）	驾驶员侧电动车窗开关快速信号
6	0.35	GY（灰色）	驾驶员侧车门未开开关信号
7	0.5	GY（灰色）	驾驶员侧电动车窗开关下降信号

四、电动车窗升降器的常见故障

电动车窗升降器的常见故障有：电动车窗升降器异响、电动车窗升降器工作缓慢或电动车窗玻璃卡死等。可能的故障原因有：电动车窗升降器部件损坏、升降机构连接松动或变形等。

五、电动车窗升降器的检查与更换

根据电动车窗升降器的常见故障及可能的故障原因，进行驾驶员侧电动车窗升降器的检查与更换。

1．电动车窗升降器的拆卸

（1）拆卸车门装饰板，如图 8-3-9 所示，拆卸步骤见表 8-3-2。

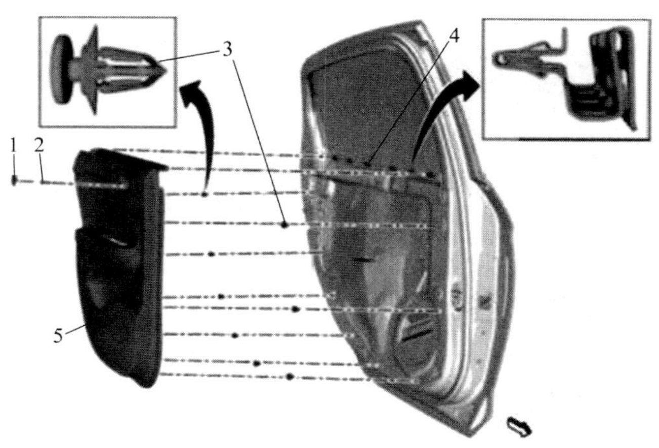

图 8-3-9　拆卸车门装饰板示意图

1—门内把手螺栓盖　2—门内把手紧固件　3—车门装饰板卡夹

4—车门装饰板固定件　5—车门装饰板

表 8-3-2　　车门装饰板的拆卸步骤

图示	拆卸步骤
	将电动车窗玻璃下降 至中下位置 ，为拆卸电动车窗玻璃提前做好准备
 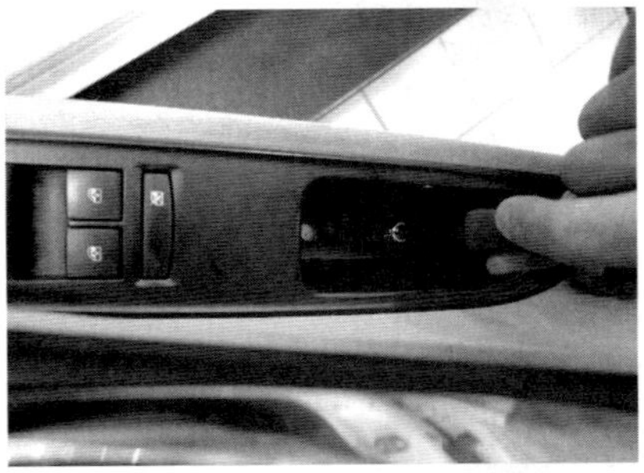	使用套筒工具（7 号）拆卸 2 个 车门装饰板固定螺栓
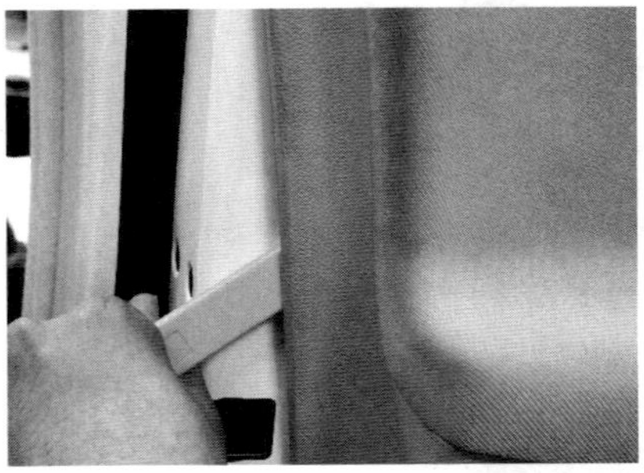	使用撬板沿车门装饰板四周均匀撬动，使 卡扣脱离车门装饰板 ，严禁野蛮操作，避免损坏卡扣，若有损坏应及时更换
	将车门装饰板向上提，并将其取下

续表

图示	拆卸步骤
	取下<u>门锁拉线，断开3个线束连接器</u>，将车门装饰板完全取下，至此车门装饰板拆卸完毕
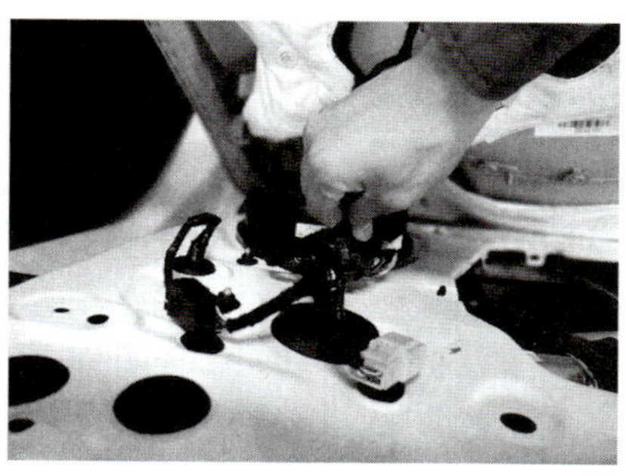	

（2）拆卸电动车窗玻璃，如图8-3-10所示，拆卸步骤见表8-3-3。

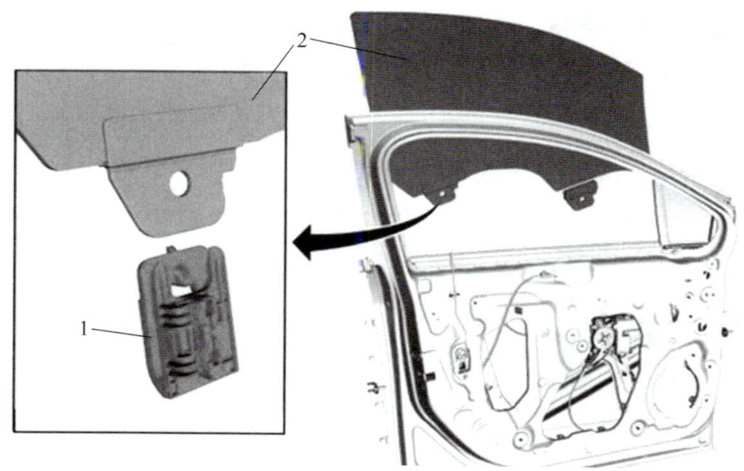

图8-3-10　拆卸电动车窗玻璃示意图

1—电动车窗升降器窗框固定件　2—电动车窗玻璃

（3）拆卸电动车窗升降器总成，拆卸步骤见表8-3-4。

表 8-3-3　　电动车窗玻璃的拆卸步骤

图示	拆卸步骤
	通过预先调整的电动车窗玻璃位置，确保 电动车窗升降器窗框固定件处于图示位置 。使用 一字旋具推动电动车窗升降器窗框固定件，并将电动车窗玻璃一端向上提起 ，使固定件与电动车窗玻璃分离
	另一侧操作步骤同上
	将固定件与电动车窗玻璃完全分离后，取出电动车窗玻璃，注意：玻璃要轻拿轻放，防止损坏。至此电动车窗玻璃拆卸完毕

表 8-3-4　　电动车窗升降器总成的拆卸步骤

图示	拆卸步骤
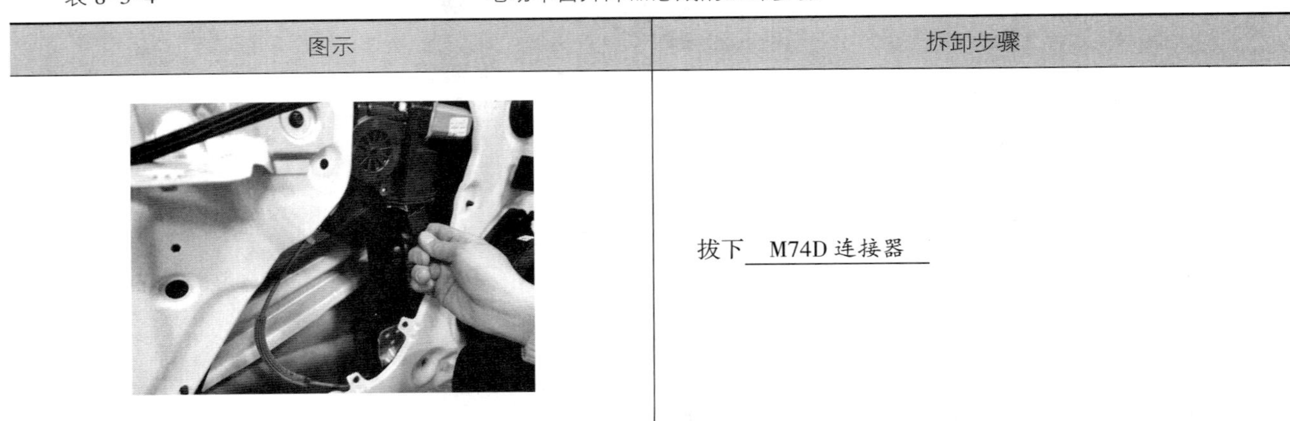	拔下 M74D 连接器

续表

图示	拆卸步骤
	使用套筒工具（10号）拆卸 4个紧固螺母
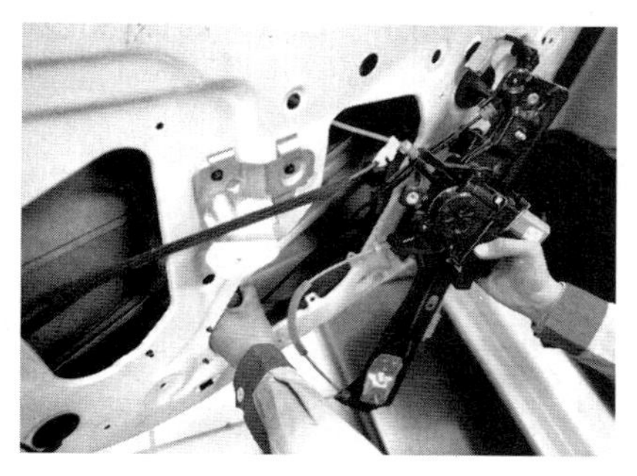	取下电动车窗升降器总成

（4）使用 花键工具（T30）拆卸3个螺钉 ，将电动车窗升降器电动机从电动车窗升降器总成上分解下来，如图8-3-11所示，至此电动车窗升降器拆卸完毕。

图8-3-11　拆卸电动车窗升降器总成

2．电动车窗升降器的检查

进行电动车窗升降器的外观检查，将检查情况填写在表8-3-5中。

表 8-3-5　　电动车窗升降器的外观检查

检查项目	检查情况	结果判定
电动车窗升降器	根据实际情况填写	

3．电动车窗升降器的更换

（1）将<u>电动车窗升降器电动机</u>安装到电动车窗升降器总成（紧固力矩为 11 N·m）上，如图 8-3-12 所示。

（2）安装<u>电动车窗升降器总成到车门装饰板上</u>。

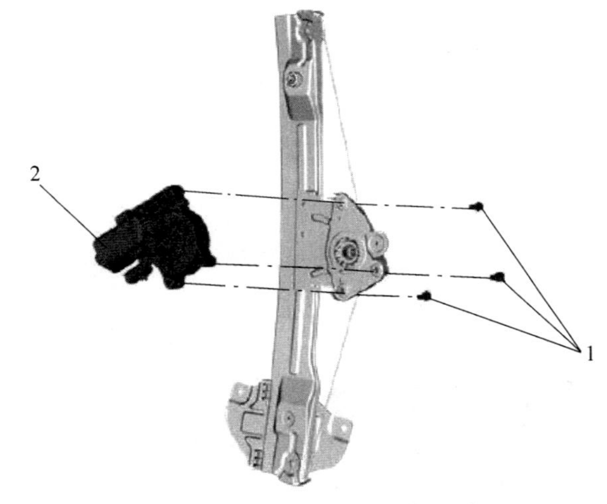

图 8-3-12　安装电动车窗升降器

1—电动车窗升降器电动机固定螺栓　2—电动车窗升降器电动机

（3）安装<u>电动车窗玻璃</u>，注意：<u>固定件应保持拆卸时的高度，安装电动车窗玻璃时应保证玻璃完全落入卡槽内</u>。

（4）连接车门装饰板与车门之间的<u>线束连接件</u>，将车门装饰板装到车门上，注意：<u>①安装位置要正确，所有卡件都应对准安装孔；②若卡件损坏，应及时更换；③安装时应梳理好线束，防止损坏</u>。

（5）调试电动车窗升降器至工作正常，至此电动车窗升降器安装完毕。

六、学习活动评价

学习活动评价见表 8-3-6。

表 8-3-6　学习活动评价表

<table>
<tr><td>班级</td><td></td><td>姓名</td><td></td><td>学号</td><td></td><td>日期</td><td>年　月　日</td></tr>
<tr><td>序号</td><td colspan="5">评价要点</td><td>配分</td><td>得分</td><td>总评</td></tr>
<tr><td>1</td><td colspan="5">能正确识读和填写工作页，明确学习活动要求</td><td>10</td><td></td><td rowspan="10">A □（86～100 分）
B □（76～85 分）
C □（60～75 分）
D □（60 分以下）</td></tr>
<tr><td>2</td><td colspan="5">能查阅资料，写出电动车窗升降器的作用和安装位置</td><td>10</td><td></td></tr>
<tr><td>3</td><td colspan="5">能查阅资料，写出电动车窗升降器的组成、类型及工作原理</td><td>10</td><td></td></tr>
<tr><td>4</td><td colspan="5">能查阅资料，完成电动车窗升降器相关信息的收集</td><td>10</td><td></td></tr>
<tr><td>5</td><td colspan="5">能查阅资料，写出电动车窗升降器常见故障的原因</td><td>10</td><td></td></tr>
<tr><td>6</td><td colspan="5">能按规范流程完成电动车窗升降器的检查与更换</td><td>20</td><td></td></tr>
<tr><td>7</td><td colspan="5">能遵守劳动纪律，以积极的态度接受工作任务</td><td>10</td><td></td></tr>
<tr><td>8</td><td colspan="5">能积极参与小组讨论，发挥团队合作精神</td><td>10</td><td></td></tr>
<tr><td>9</td><td colspan="5">能及时完成教师布置的任务</td><td>10</td><td></td></tr>
<tr><td colspan="6">总　分</td><td>100</td><td></td></tr>
<tr><td>小结
建议</td><td colspan="8"></td></tr>
</table>

学习活动4　电动车窗升降系统控制电路简单故障检修

学习目标

1. 能描述电动车窗升降系统控制电路的分类、组成和工作原理。

2. 能进行电动车窗升降系统控制电路的识读。

3. 能进行电动车窗升降系统相关信息的收集。

4. 能分析并确定电动车窗升降系统控制电路常见故障的原因，制定检修方案。

5. 能进行电动车窗升降系统控制电路简单故障检修。

建议学时：6学时。

学习过程

一、电动车窗升降系统控制电路的分类、组成和工作原理

电动车窗升降系统控制电路分为普通电动车窗升降系统控制电路和单片机控制电动车窗升降系统控制电路两大类。

1．普通电动车窗升降系统控制电路的组成和工作原理

普通电动车窗升降系统控制电路主要由<u>电动车窗主开关（驾驶员侧电动车窗控制按钮）</u>、<u>电动车窗分开关（乘员侧电动车窗控制按钮）</u>和<u>电动车窗升降器电动机</u>等组成。根据电动机及控制电路的差异，普通电动车窗升降系统控制电路又可分为直接搭铁式和控制搭铁式两种。

（1）图8-4-1所示为普通电动车窗升降系统直接搭铁式控制电路，查阅资料，在图8-4-1下方的横线上填写各组成部件的名称。

普通电动车窗升降系统直接搭铁式控制电路的工作原理为：<u>将电动机的一端直接搭铁，电动机内部有两组线圈，通过接通不同的线圈，使电动机的转向不同，实现电动车窗的上升和下降</u>。

按图8-4-1所示，操作电动车窗升降器开关，使汽车右前侧电动车窗上升，其电流流向为：<u>12 V电源→电动车窗主开关→右前侧电动车窗分开关（上）→右前侧电动车窗电动机→搭铁</u>。

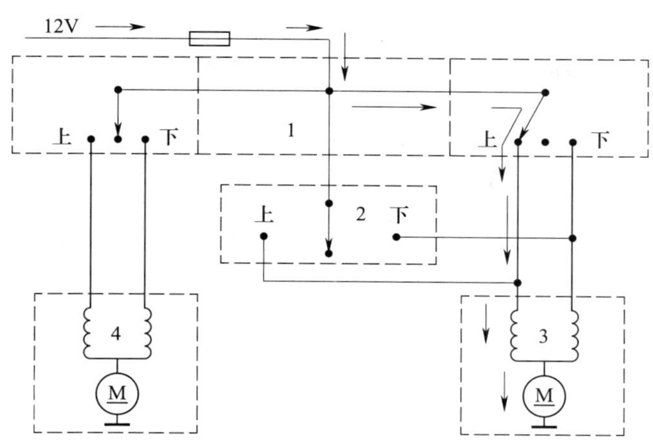

图 8-4-1　普通电动车窗升降系统直接搭铁式控制电路

1—<u>电动车窗主开关</u>　2—<u>右前侧电动车窗分开关</u>　3—<u>右前侧电动车窗电动机</u>　4—<u>左前侧电动车窗电动机</u>

（2）图 8-4-2 所示为普通电动车窗升降系统控制搭铁式控制电路，查阅资料，在图 8-4-2 下方的横线上填写各组成部件的名称。

按图 8-4-2 所示，操作电动车窗升降器开关，使汽车左后侧电动车窗下降，其电流流向为：<u>12 V 电源→电动车窗主开关组件→电动车窗主开关组件（左后侧电动车窗上）→左后侧电动车窗开关（上）→左后侧电动车窗电动机→左后侧电动车窗开关（下）→电动车窗主开关组件（左后侧电动车窗下）→搭铁</u>。

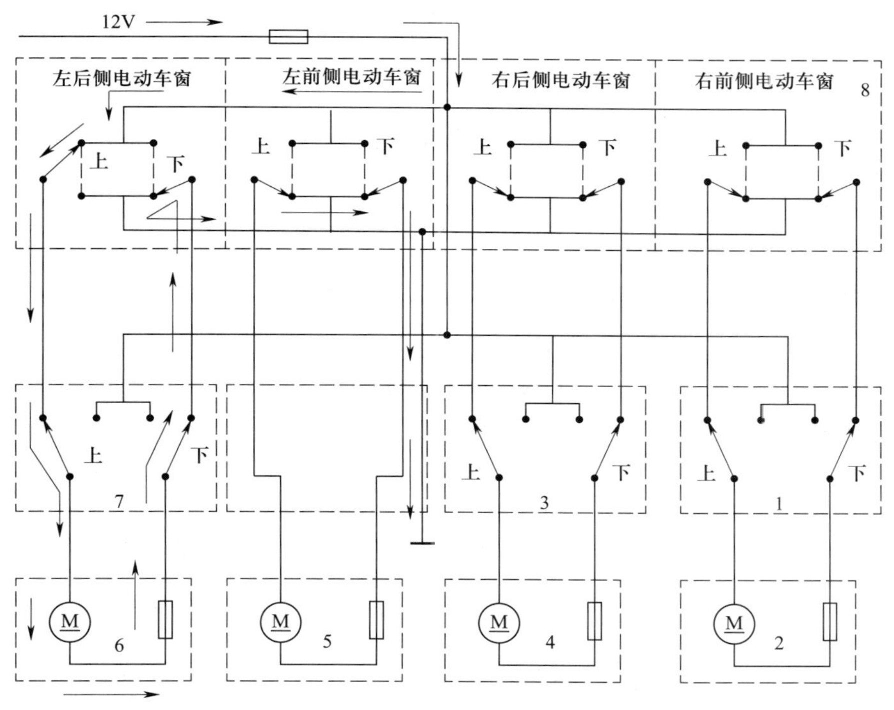

图 8-4-2　普通电动车窗升降系统控制搭铁式控制电路

1—<u>右前侧电动车窗开关</u>　2—<u>右前侧电动车窗电动机</u>　3—<u>右后侧电动车窗开关</u>

4—<u>右后侧电动车窗电动机</u>　5—<u>左前侧电动车窗电动机</u>　6—<u>左后侧电动车窗电动机</u>

7—<u>左后侧电动车窗开关</u>　8—<u>电动车窗主开关组件</u>

2．单片机控制电动车窗升降系统控制电路的组成和工作原理

图 8–4–3 所示为单片机控制电动车窗升降系统控制电路。电动车窗升降器电动机通过单片机指令控制＿继电器 A＿和＿继电器 B＿动作，控制电路是否形成搭铁回路。单片机的指令是根据控制开关指令、电动车窗玻璃防夹力的大小或＿中控门锁系统发出的自动关闭所有车窗的信号发出的＿。

电压调节器将＿汽车 12 V 系统电压＿调节到单片机所需要的＿5 V 工作电压＿。

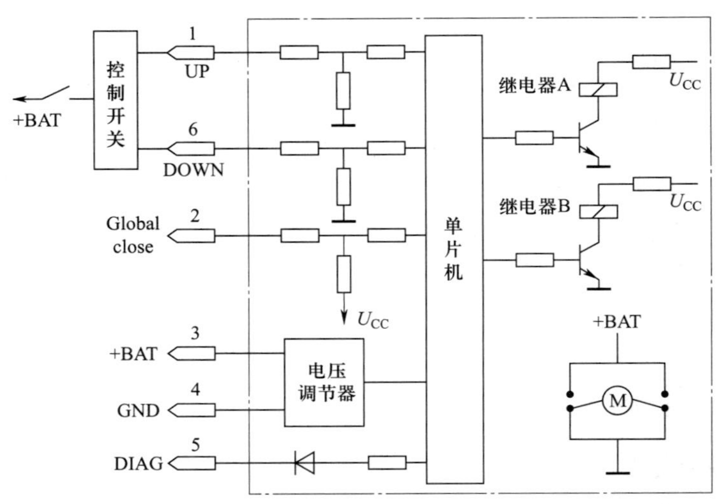

图 8–4–3　单片机控制电动车窗升降系统控制电路

1—电动车窗上升信号　2—集控上升信号　3—电源正极　4—搭铁　5—在线诊断　6—电动车窗下降信号

二、电动车窗升降系统控制电路的识读

根据图 8–4–4 所示别克威朗汽车驾驶员侧电动车窗升降系统控制电路，查阅相关资料，可以分析得出以下结论。

1．电源电路

（1）电动车窗升降器开关电源电路的电流流动方向为：电源→＿F8DA＿→ S79D 的端子 4 → S79D →＿S79D 的端子 1＿→ G201 搭铁点，形成回路。

（2）电动车窗升降器电动机电源电路的电流流动方向为：电源→＿F5DA＿→ M74D 的端子 2 → M74D →＿M74D 的端子 1＿→ G201 搭铁点，形成回路。

2．控制电路

（1）电动车窗上升控制电路：将驾驶员侧电动车窗升降控制按钮向上按一挡→ S79D 的端子 6 → M74D 的端子＿3＿→ M74D → M74D 的端子 1 → G201 搭铁点，形成回路，驱动 M74D 转动，使电动车窗上升。若要使电动车窗停止上升，则在＿电动车窗上升至指定位置后松手即可＿。

（2）电动车窗下降控制电路：将驾驶员侧电动车窗升降控制按钮向下按一挡→ S79D 的端子 3 → M74D 的端子＿7＿→ M74D → M74D 的端子 1 → G201 搭铁点，形成回路，驱动 M74D 转动，使电动车窗下降。若要使电动车窗停止下降，则在＿电动车窗下降至指定位置后松手即可＿，此时 M74D 的运转方向应与电动车窗下降控制＿相反＿。

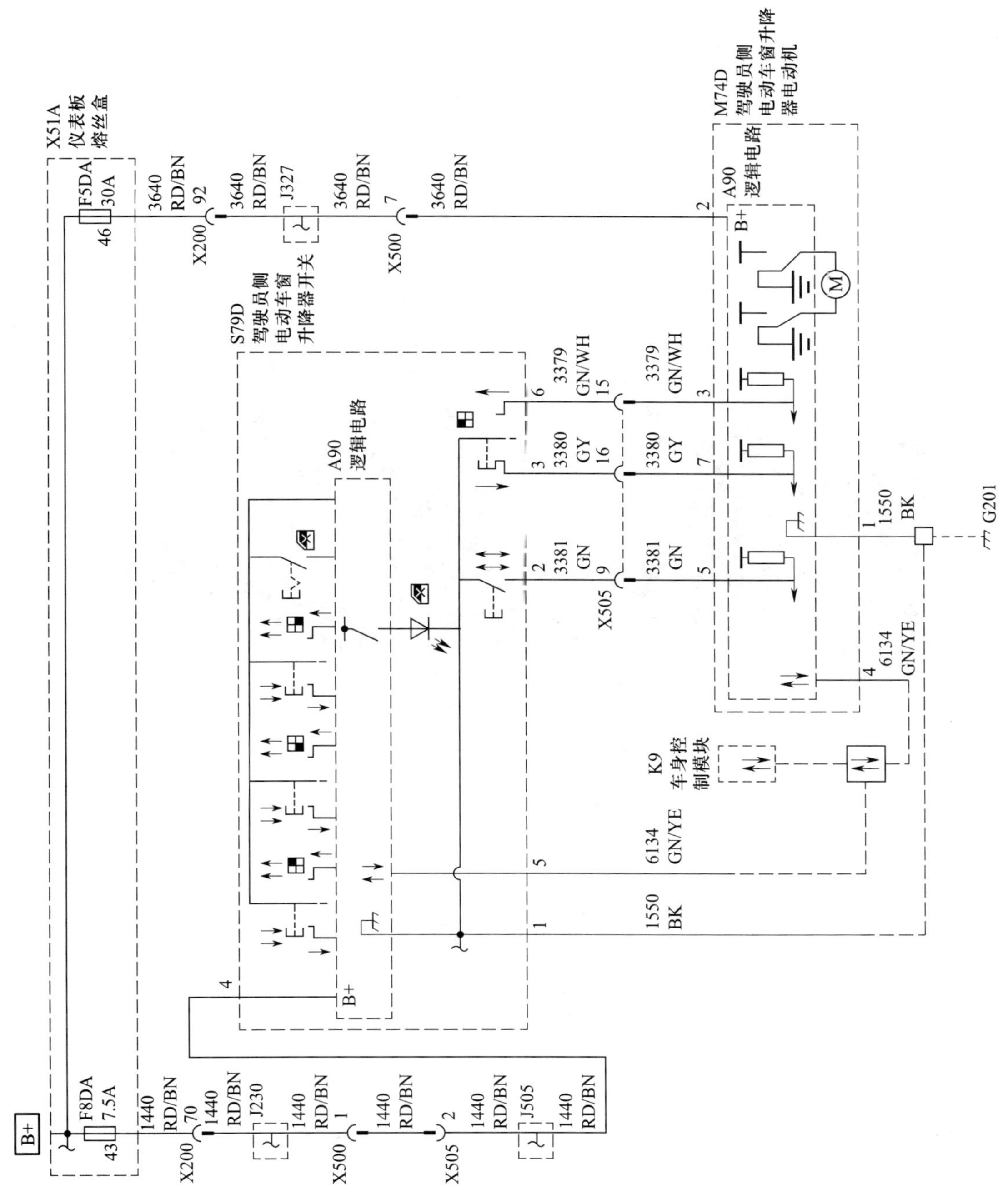

图 8-4-4　别克威朗汽车驾驶员侧电动车窗升降系统控制电路

（3）电动车窗一键升降控制电路：将驾驶员侧电动车窗升降控制按钮向上或向下拨动两个挡位→S79D的端子2→M74D的端子 5 →M74D→M74D的端子1→G201搭铁点，形成回路。此时，无须通过手动持续控制，M74D驱动电动车窗 自动上升或下降 。

（4）电动车窗锁止控制电路的控制原理为： 锁止开关将信号传给A90逻辑电路，A90逻辑电路通过通信将锁止信号传递至乘员侧车门，使电动车窗锁止 。

三、电动车窗升降系统相关信息的收集

通过查阅资料可知，K9位于 仪表板左下侧 ，如图8–4–5所示。其中，X1为 白 色，X2为 蓝 色，X3为 绿 色，X4为 黑 色，X5为 棕 色，X6为 粉 色，X7为 灰 色。

通过查阅资料可知，K9的X6端子10与驾驶员侧电动车窗升降器开关S79D、驾驶员侧电动车窗升降器电动机M74D的信息相关。根据图8–4–6所示的连接信息，在表8–4–1中填写电动车窗升降系统相关端子的信息。

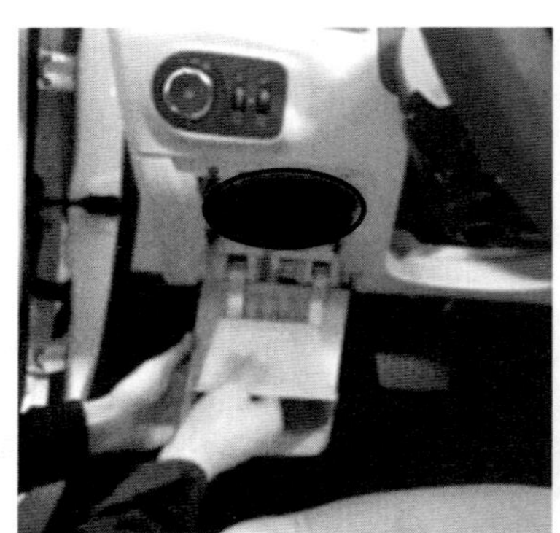

图8–4–5 K9的安装位置

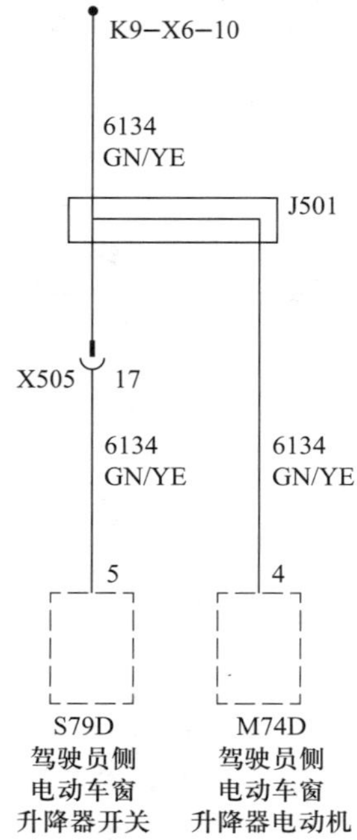

图8–4–6 K9的X6连接信息

表 8-4-1　电动车窗升降系统相关端子的信息

名称	端子号	截面积 /mm^2	颜色	功能	图示
K9（X6）	10	0.35	GN/YE（绿色 / 黄色）	线性互联网总线	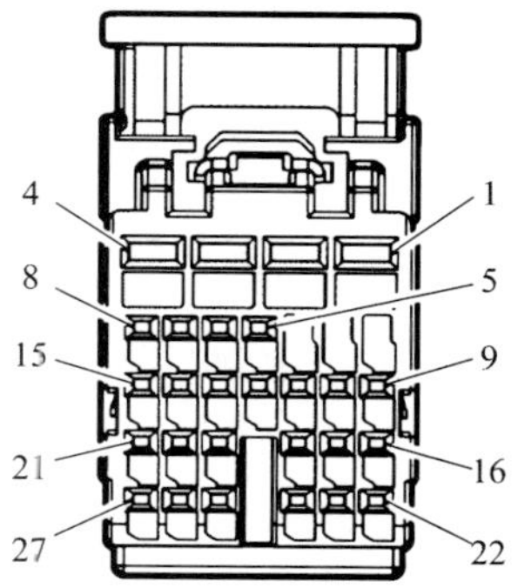 4 1 8 5 15 9 21 16 27 22

四、电动车窗升降系统控制电路的常见故障

1．分析故障原因

查阅资料，在表 8-4-2 中写出电动车窗升降系统控制电路常见故障可能的故障原因。

表 8-4-2　电动车窗升降系统控制电路常见故障原因分析

故障现象	可能的故障原因
电动车窗不能升降	供电电路故障
	控制电路故障
	线束或元器件本体故障

2．制定检修方案

根据任务要求，制定故障检修方案。

（1）根据具体工作内容，明确小组成员分工，填写在表 8-4-3 中。

表 8-4-3　小组成员分工

姓名	分工
	根据实际情况填写

（2）根据要求列出检修所需主要工具及材料清单，填写在表 8–4–4 中。

表 8–4–4　　检修所需主要工具及材料清单

序号	工具及材料名称	单位	数量	备注
	根据实际情况填写			

（3）根据小组分工情况及客户要求，制定具体的检修工序，填写在表 8–4–5 中。

表 8–4–5　　检修工序安排

序号	检修工序内容	备注
	根据实际情况填写	

五、电动车窗升降系统控制电路简单故障检修

1．电源电路的检查

（1）驾驶员侧电动车窗升降器开关电源电路的检查

1）拆卸 驾驶员 侧电动车窗升降器开关 S79D，拔下 S79D 连接器，如图 8–4–7 所示。

图 8-4-7 拔下 S79D 连接器

2）在确保蓄电池连接正常的情况下，使用万用表电压挡检测 S79D 的端子 4 的对地电压，应为接近 12 V，如图 8-4-8 所示。

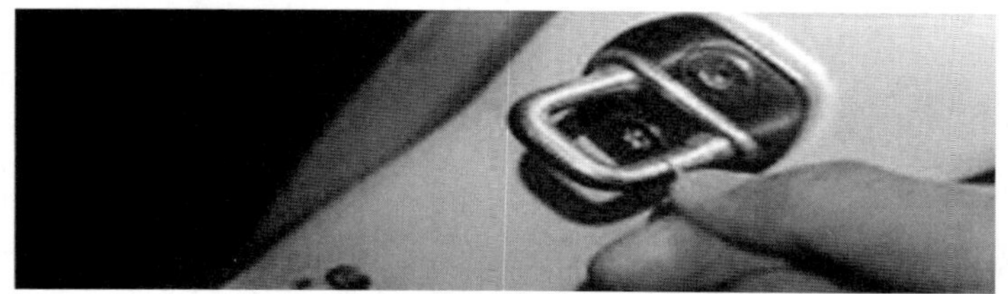

图 8-4-8 检查 S79D 电源电路

如果测得端子 4 的对地电压为 0，说明 S79D 供电电路出现故障，需拆卸 前地板控制台（X51A 熔丝盒外部饰件） 进一步检查，以确认是否存在故障，如图 8-4-9 所示。

①拔下 F8DA 熔丝，目测检查熔丝 是否熔断 和使用万用表电阻挡检查熔丝 阻值 ，判断熔丝是否正常，如图 8-4-10 所示。

②如 F8DA 熔丝断路，应 更换熔丝 ，同时需排除熔丝损坏是由于 F8DA 下游线路对地短路或过载 造成的。因此，还需使用万用表电阻挡检查 F8DA 输出端至 S79D 的端子 4 之间的对地电阻（检查前应确认点火开关关闭） ，如图 8-4-11 所示。如果测得电阻为 0 或为线阻，说明 F8DA 输出端至 S79D 的端子 4 之间线路对地短路或 S79D 的端子 4 与本体发生对地短路 ；如果测得电阻为无穷大，说明 故障原因仅为 F8DA 损坏，直接更换即可 。

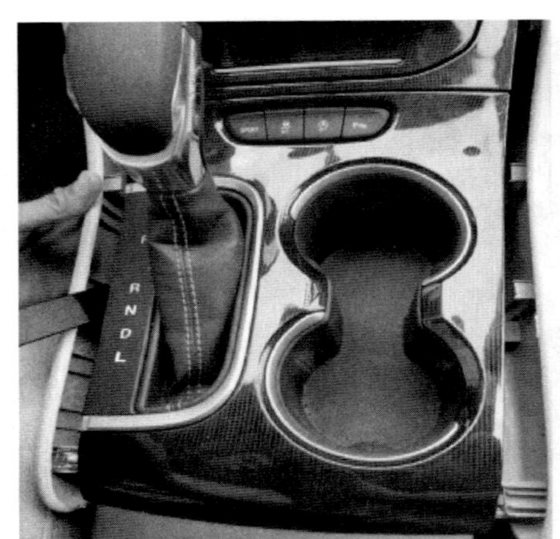

图 8-4-9　拆卸仪表板熔丝盒 X51A

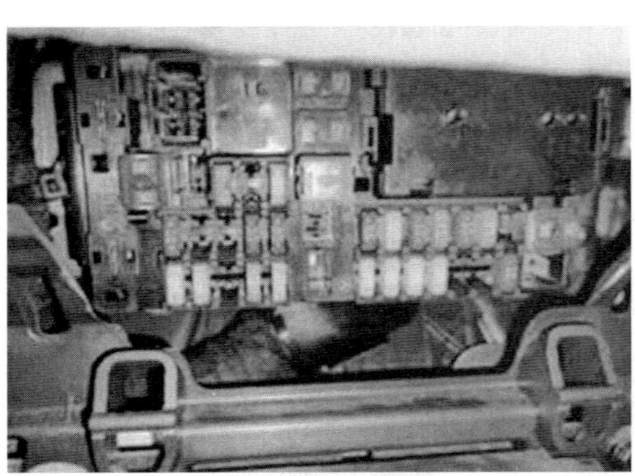

图 8-4-10　检查 F8DA 熔丝阻值

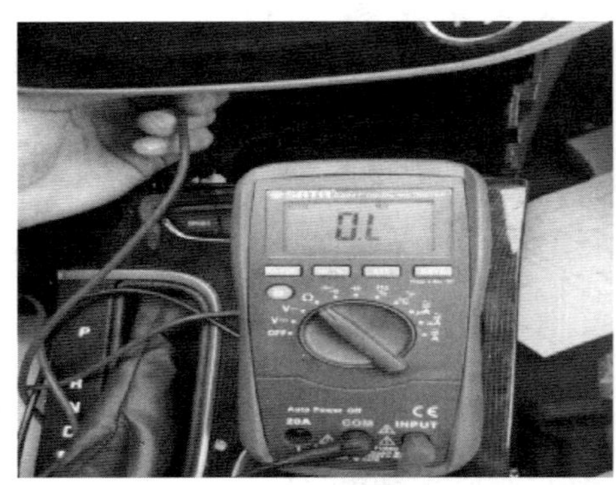

图 8-4-11　检查电源电路对地短路情况

③如果 F8DA 熔丝未损坏，则使用万用表电压挡测量 F8DA 熔丝在蓄电池连接完好时的对地电压，若测得电压为<u>　0　</u>，说明上游供电端出现故障，应立即排除；若测得电压约为<u>　12　</u>V，说明上游供电线路正常，如图 8-4-12 所示。需使用万用表电阻挡检查<u>　F8DA 输出端至 S79D 的端子 4 之间线路的电阻（检查前应确认点火开关关闭）</u>，如果测得电阻为<u>　线阻　</u>，说明电路正常；若测得电阻为无穷大，则需排除<u>　线路断路　</u>故障。

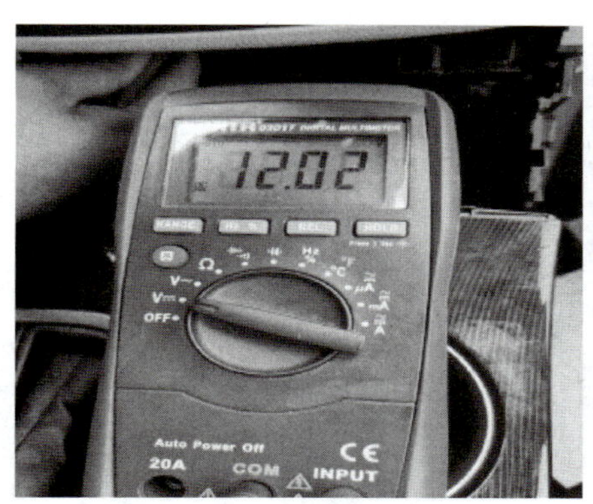

图 8-4-12　检查 F8DA 的对地电压

（2）驾驶员侧电动车窗升降器电动机 M74D 电源电路的检查

1）拆卸并拔下驾驶员侧电动车窗升降器电动机 M74D 连接器，如图 8-4-13 所示。

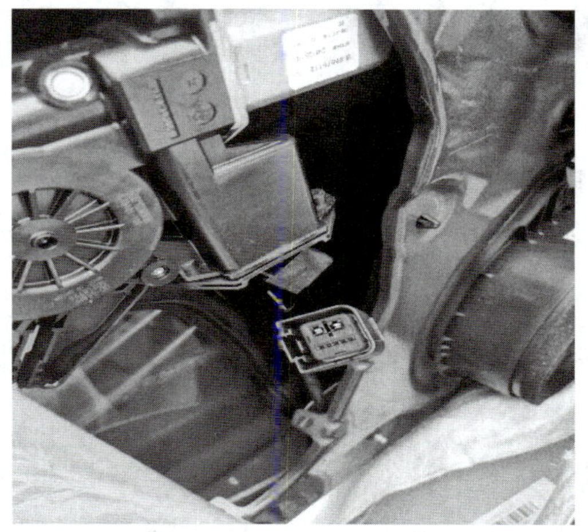

图 8-4-13　拔下 M74D 连接器

2）在确保蓄电池连接正常的情况下，使用万用表电压挡测量 M74D 的端子 2 的对地电压，应约为 12 V，如图 8-4-14 所示。

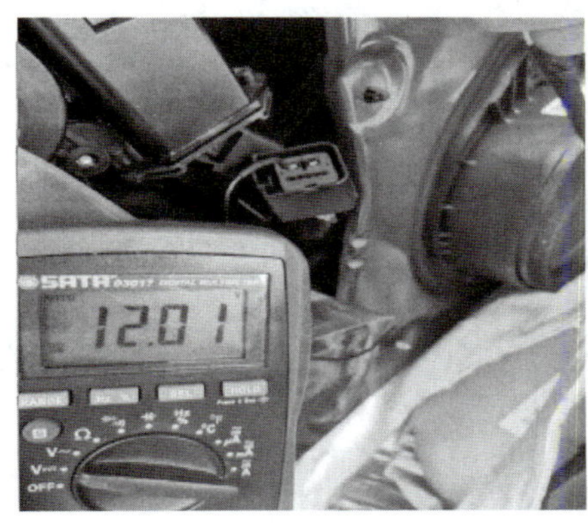

图 8-4-14　接通点火开关，检查 M74D 电源电路

如果测得电压为 0，说明 M74D 电源电路故障，需拆卸熔丝盒 X51A 外围附件，进一步检查确认故障并排除故障。

①拔下 F5DA 熔丝，目测检查熔丝 是否熔断 和使用万用表电阻挡检查熔丝 阻值 ，判断熔丝是否正常，如图 8-4-15 所示。

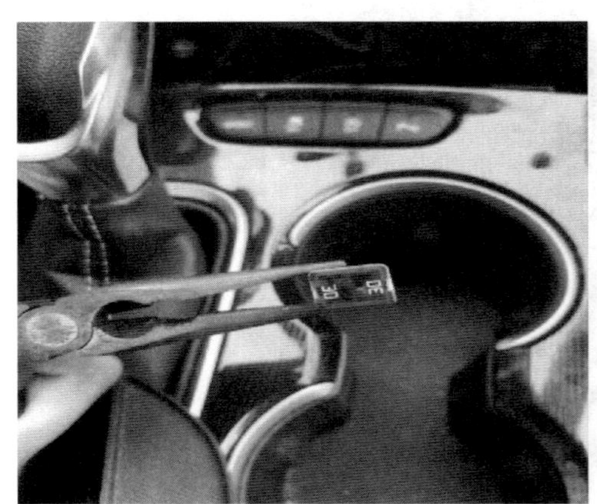

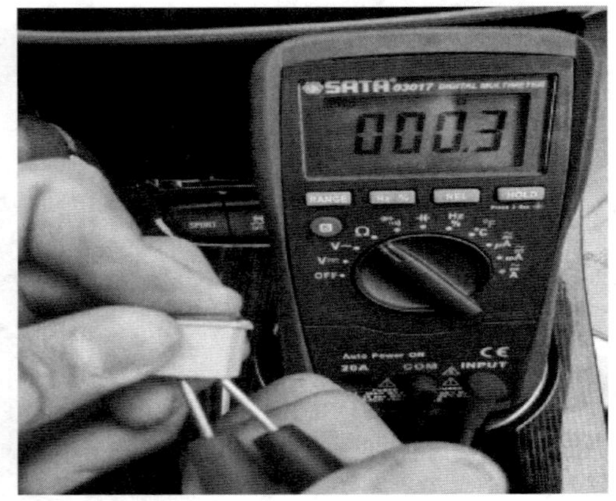

图 8-4-15　检查熔丝 F5DA 阻值

②如果 F5DA 熔丝断路，需排除熔丝损坏是由于 下游线路对地短路或过载 造成的。因此，还需使用万用表电阻挡检查 F5DA 输出端至 M74D 的端子 2 之间的对地电阻（检查前应确认点火开关关闭） ，如图 8-4-16 所示。如果测得电阻为线阻，说明 F5DA 输出端至 M74D 的端子 2 之间对地短路 ；如果测得电阻为无穷大，说明 故障原因仅为 F5DA 熔丝本体损坏 ，应更换 F5DA 熔丝。

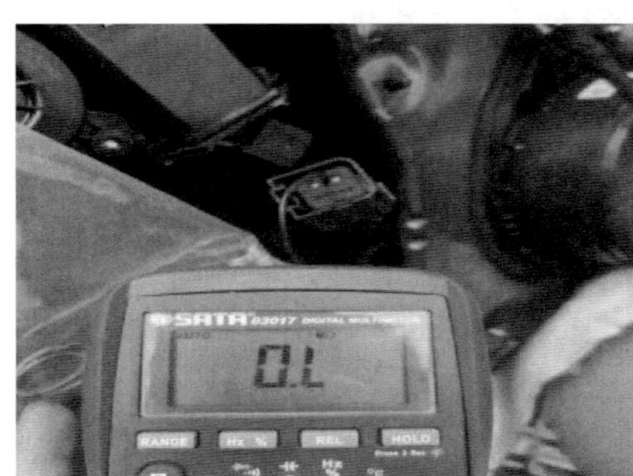

图 8-4-16　检查电源电路对地短路情况

③如果 F5DA 熔丝未损坏，则使用万用表电压挡测量 F5DA 熔丝在蓄电池连接正常时的对地电压。如果测得电压为 0 ，说明上游供电端出现故障，应立即排除；如果测得电压为 12 V，说明上游供电正常，则需使用万用表电阻挡检查 F5DA 输出端至 M74D 的端子 2 之间线路是否断路（检查前应确认点火开关关闭） ，如果测得电阻为 线阻 ，说明电路正常导通。

（3）电动车窗升降系统搭铁电路的检查

在确认点火开关关闭的情况下使用万用表电阻挡分别检查 M74D 的端子 1 和 S79D 的端子 1 的对地电阻，

如果测得电阻均为＿线阻＿，说明搭铁电路正常，如图 8-4-17 所示；如果测得电阻过大或为无穷大，则说明存在＿搭铁线路故障＿。

图 8-4-17　检查搭铁电路

2．工作电路的检查

（1）在确认点火开关关闭的情况下用万用表电阻挡测量 K9 的 X6 端子 10 与 M74D 的端子＿4＿之间的电阻为＿线阻＿、K9 的 X6 端子 10 与 S79D 的端子＿5＿之间的电阻为＿线阻＿，如图 8-4-18 所示。若测得电阻为＿无穷大＿，说明存在＿断路＿故障，应予以排除。

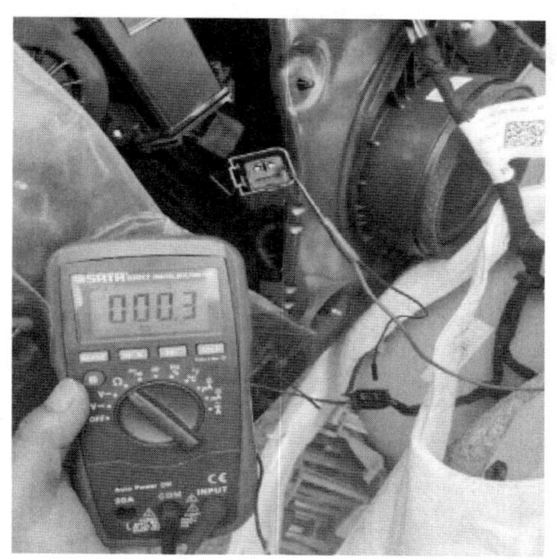

图 8-4-18　检查电路的导通性

（2）在确认点火开关关闭的情况下使用万用表电阻挡分别测量 M74D 的端子 5 与 S79D 的端子＿2＿之间的电阻、M74D 的端子 7 与 S79D 的端子＿3＿之间的电阻、M74D 的端子 3 与 S79D 的端子＿6＿之间的电阻，若测得 3 个电阻如图 8-4-19 所示，说明＿线路正常，未发生断路故障＿；若测得 3 个电阻如图 8-4-20 所示，说明＿线路发生断路故障＿，应予以排除。

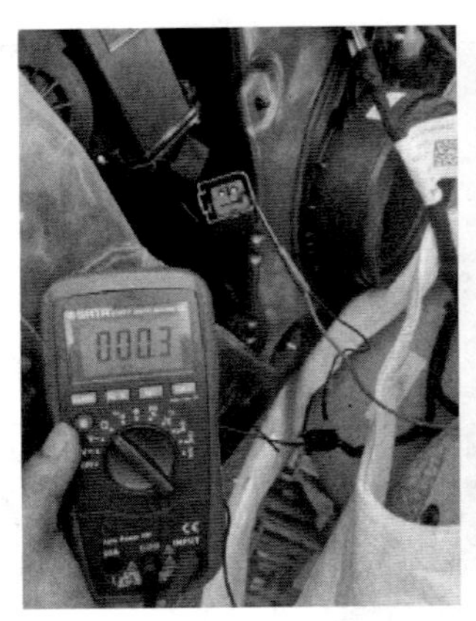

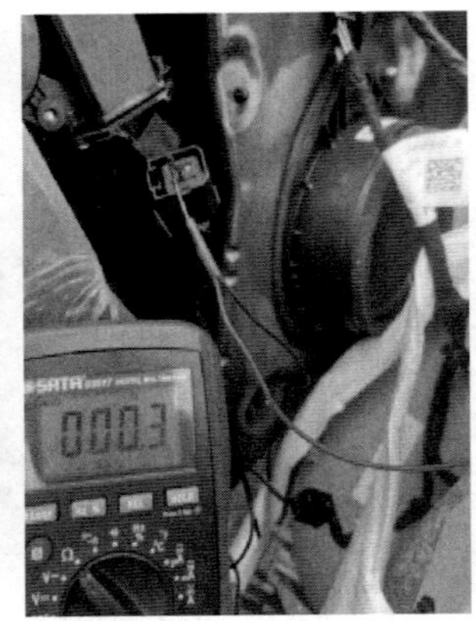

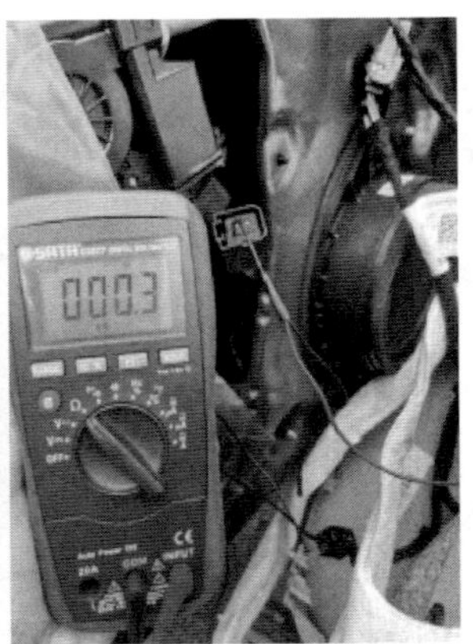

图 8-4-19　检查电路导通情况一

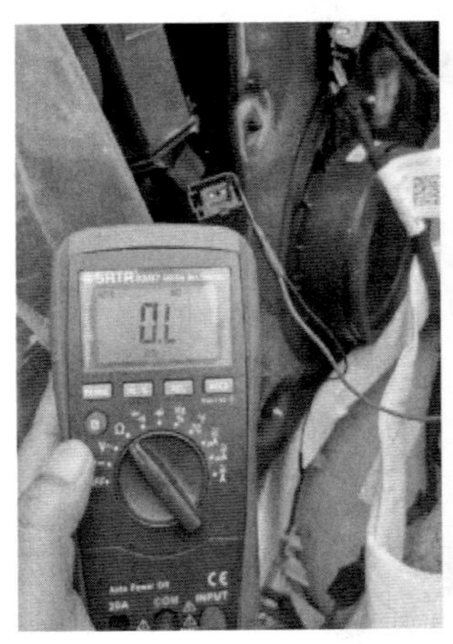

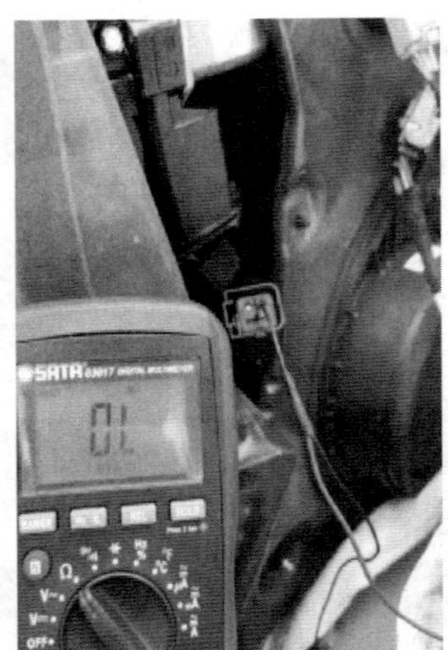

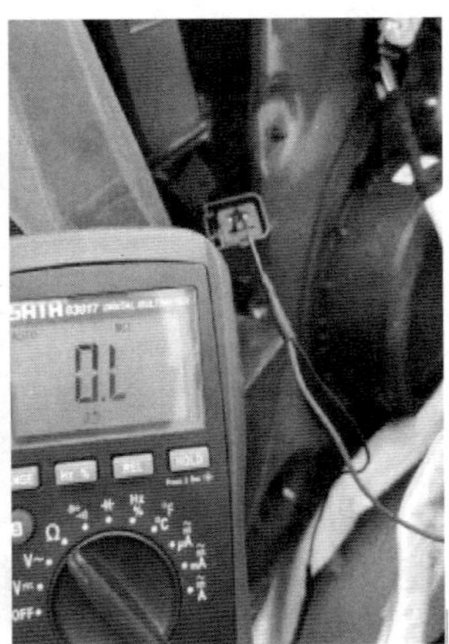

图 8-4-20　检查电路导通情况二

六、学习活动评价

学习活动评价见表 8-4-6。

表 8-4-6　学习活动评价表

班级		姓名		学号		日期	年　月　日
序号	评价要点				配分	得分	总评
1	能正确识读和填写工作页，明确学习活动要求				10		A □（86 ~ 100 分） B □（76 ~ 85 分） C □（60 ~ 75 分） D □（60 分以下）
2	能查阅资料，写出电动车窗升降系统控制电路的分类、组成和工作原理				10		
3	能查阅资料，完成电动车窗升降系统控制电路的识读				10		
4	能查阅资料，完成电动车窗升降系统相关信息的收集				10		
5	能查阅资料，写出电动车窗升降系统控制电路常见故障的原因，制定检修方案				10		

续表

<table>
<tr><th>序号</th><th>评价要点</th><th>配分</th><th>得分</th><th>总评</th></tr>
<tr><td>6</td><td>能按规范流程完成电动车窗升降系统控制电路简单故障检修</td><td>20</td><td></td><td rowspan="5">A □（86 ~ 100 分）
B □（76 ~ 85 分）
C □（60 ~ 75 分）
D □（60 分以下）</td></tr>
<tr><td>7</td><td>能遵守劳动纪律，以积极的态度接受工作任务</td><td>10</td><td></td></tr>
<tr><td>8</td><td>能积极参与小组讨论，发挥团队合作精神</td><td>10</td><td></td></tr>
<tr><td>9</td><td>能及时完成教师布置的任务</td><td>10</td><td></td></tr>
<tr><td colspan="2">总　分</td><td>100</td><td></td></tr>
<tr><td>小结建议</td><td colspan="4"></td></tr>
</table>

学习活动 5　工作总结与评价

学习目标

1. 能以小组形式，对学习过程和成果进行总结。
2. 能完成对学习过程的综合评价。

建议学时：2 学时。

学习过程

一、工作总结

在世界技能大赛中，选手应具有一定的组织规划、沟通、创新等能力，这在实际的生产工作中是十分必要的。以小组为单位，选择演示文稿、展板、海报、视频等形式中的一种或几种，向全班展示、汇报学习成果。

二、综合评价

针对本任务的学习情况，根据表 8–5–1 所列综合评价标准进行评分。

表 8–5–1　综合评价标准

评价项目	评价内容及标准	配分	评分		
			自我评价	小组评价	教师评价
工作组织和管理	团队合作，合理计划，高效管理时间	3			
	定期检查工作进展和效果	3			
	保证高质量完成工作	4			
沟通能力	深度咨询客户，完全理解其要求	10			
	提供明确说明，准确回答客户的疑问	10			
计划创新能力	及时处理工作中遇到的问题	10			
	提出创新性、可行性建议，提高客户满意度	10			

续表

评价项目	评价内容及标准	配分	评分		
			自我评价	小组评价	教师评价
专业知识	具备电动车窗升降系统的组成、作用和原理等知识	10			
	具备电动车窗不升降故障检修知识	10			
实践能力	具备电动车窗升降器开关的检查与更换技能	10			
	具备电动车窗升降器的检查与更换技能	10			
	具备电动车窗升降系统控制电路的检修技能	10			
学生姓名		综合评价得分			
指导教师		日期			

三、学习任务八整体评价

学习任务八整体评价见表 8–5–2。

表 8–5–2　　学习任务八整体评价表

项目	自我评价			小组评价			教师评价		
	10～9 分	8～6 分	5～1 分	10～9 分	8～6 分	5～1 分	10～9 分	8～6 分	5～1 分
	占总评 10%			占总评 30%			占总评 60%		
学习活动 1									
学习活动 2									
学习活动 3									
学习活动 4									
学习活动 5									
协作精神									
纪律观念									
表达与分析能力									
工作态度									
任务总体表现									
小计分									
总评分									

世赛知识

新能源汽车在世赛汽车技术项目中的应用

当前全球汽车行业都面临着石油短缺、环境污染、气候变暖的巨大挑战，大力发展新能源汽车是解决这一问题的重要举措。世界各国都依据自己的资源条件和产业技术状况制定及实施国家交通能源发展战略，增加投入，制定各种政策和规划，加快本国的汽车产业发展。我国《新能源汽车产业发展规划（2021—2035年）》中提到，到2025年，我国新能源汽车市场竞争力明显增强，动力电池、驱动电机、车用操作系统等关键技术要取得重大突破，安全水平全面提升。纯电动乘用车新车平均电耗降至每百千米12.0 kW·h，新能源汽车新车销售量达到汽车新车销售总量的20%左右，高度自动驾驶汽车实现限定区域和特定场景商业化应用，充换电服务便利性显著提高。

2019年8月，在俄罗斯喀山举行的第45届世界技能大赛上，作为世界技能大赛常规竞赛项目，汽车技术赛项首次引入了新能源汽车元素。在原来的发动机管理，发动机诊断，车身电气，电气构建，制动系统，定位、转向与悬架，发动机测试，发动机测量等考核模块的基础上增加了新能源汽车模块。

以第45届世赛样题为例，新能源汽车模块要求选手在正确使用工具、全程佩戴安全护镜、做好个人防护的情况下，根据选手说明单，在混动模拟器上构建新能源汽车驱动方式，进行高低压电路基本检测及故障排除，完成一次高压系统关闭操作，最终将操作台恢复到原始状态，考核时长为30分钟，分值3分。该模块考核在图8-5-1所示新能源汽车实训台架NULLE CO3221-6X（非实车）上完成，考核内容包括新能源汽车组件的控制逻辑分析及零部件的检测，并对测量数据进行结果判断，重点考察选手对新能源汽车安全防护和元件检测的能力。该模块共3个任务，要求选手必须在开始任务2之前完成任务1，任务3只有在任务2完成之后才能进行，且只有正确地使用工具和个人防护设备才能在这个部分得到满分。

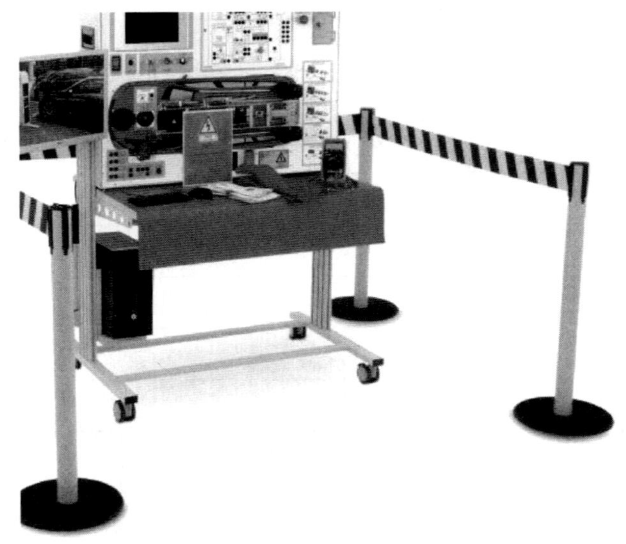

图8-5-1　新能源汽车实训台架NULLE CO3221-6X（非实车）

任务 1　系统描述和操作

1．接通点火开关，并确保车辆就绪模式已打开。根据触摸屏和覆盖面罩装置上提供的信息，确定新能源汽车驱动系统的类型为______________。

2．对照维修手册，识别台架上的部件，将对应部件的编号填在下方横线上。

高压检测点　　　　　　　　编号__________

维修插头　　　　　　　　　编号__________

带负极端子的 12 V 蓄电池　　编号__________

急停开关　　　　　　　　　编号__________

点火开关　　　　　　　　　编号__________

触摸屏　　　　　　　　　　编号__________

牵引蓄电池　　　　　　　　编号__________

3．在台架上以每小时 50 ~ 60 英里的速度模拟“试驾”车辆，检查车辆是否正常工作。

4．记录驱动电机能达到的最高速度。

5．将台架设置在平坦地形上行驶时，记录发电机的起动速度。

6．使用内置故障诊断仪检查车辆是否存在任何故障码或故障。

7．读取并记录屏幕上显示的蓄电池容量。

任务 2　对台架系统进行高压隔离

1．确保车辆停止。

2．设置安全屏障，用来警示旁观者。

3．将高压警告标志放在台架顶部。

4．取下点火钥匙，放入安全锁盒。

5．从 12 V 蓄电池上断开负极电缆。

6．选择并使用正确的测试程序测试需使用的手套。

7．拆下维修插头，放入安全锁盒。

8．将挂锁放在安全锁定箱上，将挂锁钥匙放在身上。

9．选择数字式万用表和用于测试系统的导线。

10．在检查点进行带电—断电—带电测试，并记录读数。

（1）第一个“带电”电压读数为________。

（2）在高压检测点测得的“死区”电压读数为________。

（3）第二个“带电”电压读数为__________。

（4）确认电压是否低于 1 V，是否安全。

11．向裁判表明车辆现在安全，可以让另一名技术人员进行操作。裁判确认并指示将车辆恢复至运行状态。

任务 3　使车辆恢复运行状态并进行路试

1．按相反顺序安装所有拆下的部件，使车辆恢复原状。

2．接通点火开关，并确认车辆处于就绪模式。

3．以每小时 50 英里的速度试驾车辆，记录系统是否按预期工作。

4．检查是否存在故障码。

5．断开故障诊断仪。

6．取下点火钥匙，放在工作台上。

7．拆除安全屏障，并更换工作台上的所有工具。

学习任务九　汽车中控门锁失效故障检修

学习目标

1. 能描述汽车中控门锁系统的作用。
2. 能描述汽车中控门锁系统的组成和各部件的安装位置。
3. 能描述汽车中控门锁系统的分类和工作原理。
4. 能进行汽车中控门锁系统的基本检查。
5. 能描述汽车中控门锁控制器的作用和安装位置。
6. 能描述汽车中控门锁控制器的类型和工作原理。
7. 能进行汽车中控门锁控制器相关信息的收集。
8. 能进行汽车中控门锁控制器的检查与更换。
9. 能描述汽车中控门锁电动机的作用和安装位置。
10. 能描述汽车中控门锁电动机的分类和组成。
11. 能描述汽车中控门锁电动机的工作原理。
12. 能进行汽车中控门锁电动机相关信息的收集。
13. 能进行汽车中控门锁电动机的检查与更换。
14. 能描述汽车中控门锁系统控制电路的组成。
15. 能进行汽车中控门锁系统控制电路的识读。
16. 能进行汽车中控门锁系统控制电路相关信息的收集。
17. 能分析并确定汽车中控门锁系统控制电路常见故障的原因，制定检修方案。
18. 能进行汽车中控门锁系统控制电路简单故障检修。
19. 能对维修场地设备进行日常维护保养，按 6S 管理规定要求清理现场。
20. 能对相关资料进行检索，完成检修工单和工作页的填写。
21. 能展示工作成果，进行任务评价，总结工作经验，优化检修方案。
22. 能在作业过程中严格执行企业操作规范、安全生产制度、环保管理制度，严格遵守从业人员的职业道德，具有吃苦耐劳、爱岗敬业的工作态度和职业责任感。

建议学时

20 学时。

工作情境描述

一辆别克威朗汽车在关闭车门的状态下，客户发现汽车中控门锁无法正常闭锁。经班组长检查，初步判断为汽车中控门锁不工作故障。汽车修理工需要根据维修手册相关要求，在规定时间内，参照维修资料完成汽车中控门锁系统的检查与零部件的更换工作，自检合格后交付班组长验收。

工作流程与活动

1. 汽车中控门锁系统的认知（4 学时）
2. 汽车中控门锁控制器的检查与更换（4 学时）
3. 汽车中控门锁电动机的检查与更换（4 学时）
4. 汽车中控门锁系统控制电路简单故障检修（6 学时）
5. 工作总结与评价（2 学时）

思维导图

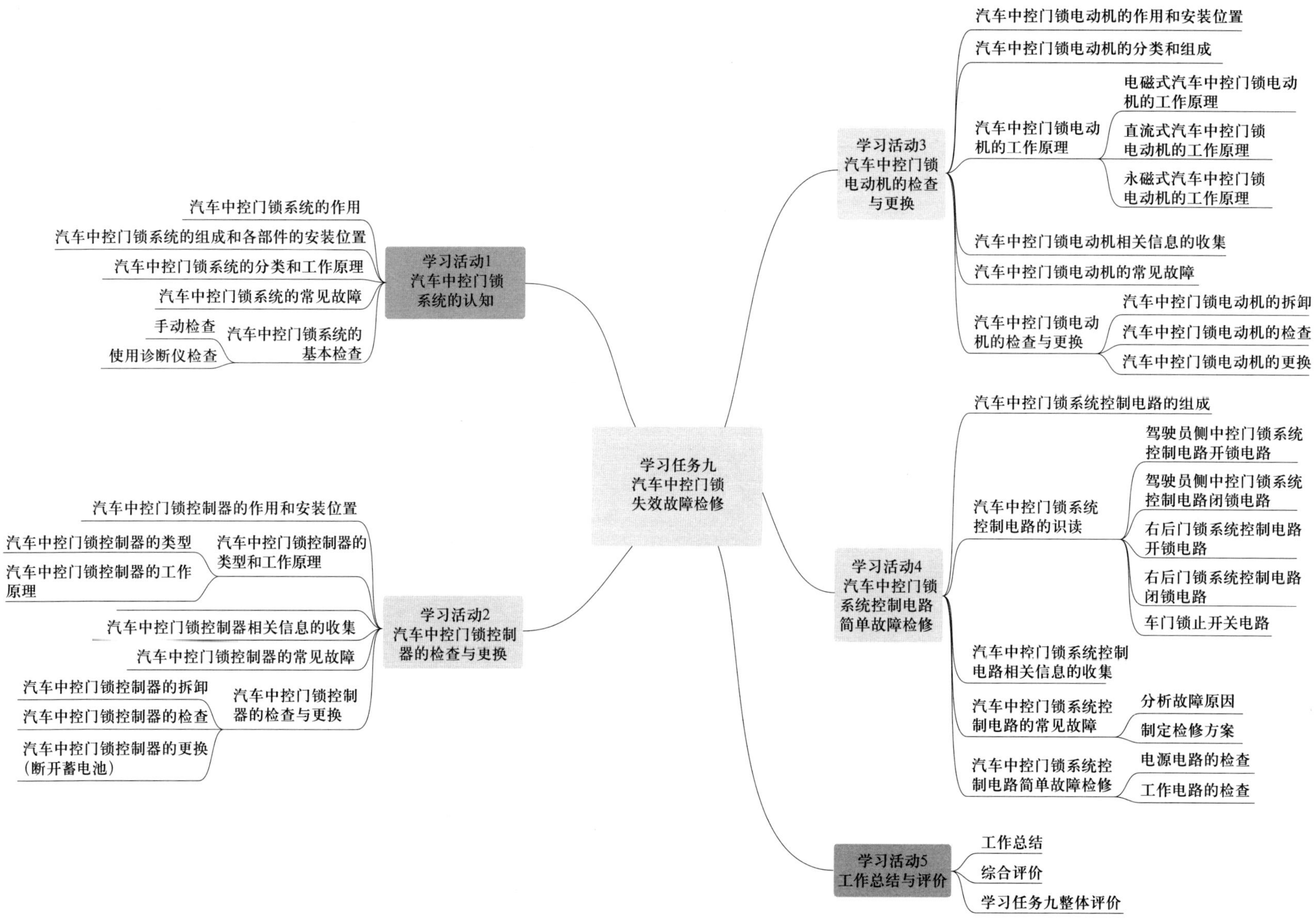

- 学习任务九 汽车中控门锁失效故障检修
  - 学习活动1 汽车中控门锁系统的认知
    - 汽车中控门锁系统的作用
    - 汽车中控门锁系统的组成和各部件的安装位置
    - 汽车中控门锁系统的分类和工作原理
    - 汽车中控门锁系统的常见故障
    - 汽车中控门锁系统的基本检查
      - 手动检查
      - 使用诊断仪检查
  - 学习活动2 汽车中控门锁控制器的检查与更换
    - 汽车中控门锁控制器的作用和安装位置
    - 汽车中控门锁控制器的类型和工作原理
      - 汽车中控门锁控制器的类型
      - 汽车中控门锁控制器的工作原理
    - 汽车中控门锁控制器相关信息的收集
    - 汽车中控门锁控制器的常见故障
    - 汽车中控门锁控制器的检查与更换
      - 汽车中控门锁控制器的拆卸
      - 汽车中控门锁控制器的检查
      - 汽车中控门锁控制器的更换（断开蓄电池）
  - 学习活动3 汽车中控门锁电动机的检查与更换
    - 汽车中控门锁电动机的作用和安装位置
    - 汽车中控门锁电动机的分类和组成
    - 汽车中控门锁电动机的工作原理
      - 电磁式汽车中控门锁电动机的工作原理
      - 直流式汽车中控门锁电动机的工作原理
      - 永磁式汽车中控门锁电动机的工作原理
    - 汽车中控门锁电动机相关信息的收集
    - 汽车中控门锁电动机的常见故障
    - 汽车中控门锁电动机的检查与更换
      - 汽车中控门锁电动机的拆卸
      - 汽车中控门锁电动机的检查
      - 汽车中控门锁电动机的更换
  - 学习活动4 汽车中控门锁系统控制电路简单故障检修
    - 汽车中控门锁系统控制电路的组成
    - 汽车中控门锁系统控制电路的识读
      - 驾驶员侧中控门锁系统控制电路开锁电路
      - 驾驶员侧中控门锁系统控制电路闭锁电路
      - 右后门锁系统控制电路开锁电路
      - 右后门锁系统控制电路闭锁电路
      - 车门锁止开关电路
    - 汽车中控门锁系统控制电路相关信息的收集
    - 汽车中控门锁系统控制电路的常见故障
      - 分析故障原因
      - 制定检修方案
    - 汽车中控门锁系统控制电路简单故障检修
      - 电源电路的检查
      - 工作电路的检查
  - 学习活动5 工作总结与评价
    - 工作总结
    - 综合评价
    - 学习任务九整体评价

学习活动 1　汽车中控门锁系统的认知

学习目标

1. 能描述汽车中控门锁系统的作用。
2. 能描述汽车中控门锁系统的组成和各部件的安装位置。
3. 能描述汽车中控门锁系统的分类和工作原理。
4. 能分析并确定汽车中控门锁系统常见故障的原因。
5. 能进行汽车中控门锁系统的基本检查。

建议学时：4 学时。

学习过程

一、汽车中控门锁系统的作用

查阅资料，写出汽车中控门锁系统的作用。

答：汽车中控门锁系统的作用是：在驾驶员控制中控门锁的同时，全车的门锁受中控门锁控制，与中控门锁同时开启和闭锁。

仅有驾驶员侧门锁具有中控门锁功能，其他的门锁在开启和闭锁的时候不会影响到别的门锁。

二、汽车中控门锁系统的组成和各部件的安装位置

汽车中控门锁系统主要由 门锁控制开关 、 点火开关 、 门锁总成 和 中控门锁控制器 等组成，各部件的安装位置如图 9–1–1 所示。

通过查阅资料，对照图 9–1–2 可知，图 9–1–2a 所示为 中控门锁开锁按钮 ，安装在 驾驶员侧车门内开把手 位置旁，其作用是 控制各车门和行李舱的开启 ；图 9–1–2b 所示为 中控门锁闭锁按钮 ，安装在 驾驶员侧车门内开把手 位置旁，其作用是 控制各车门和行李舱的闭锁 。

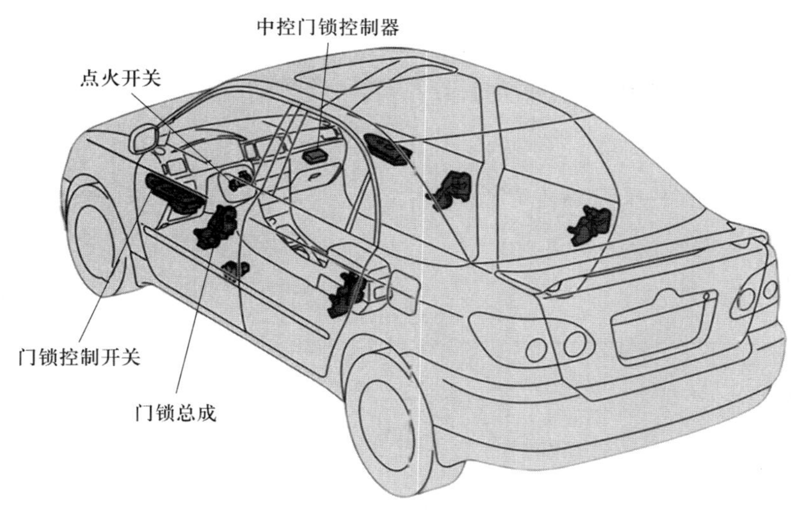

图 9-1-1　汽车中控门锁系统各部件的安装位置

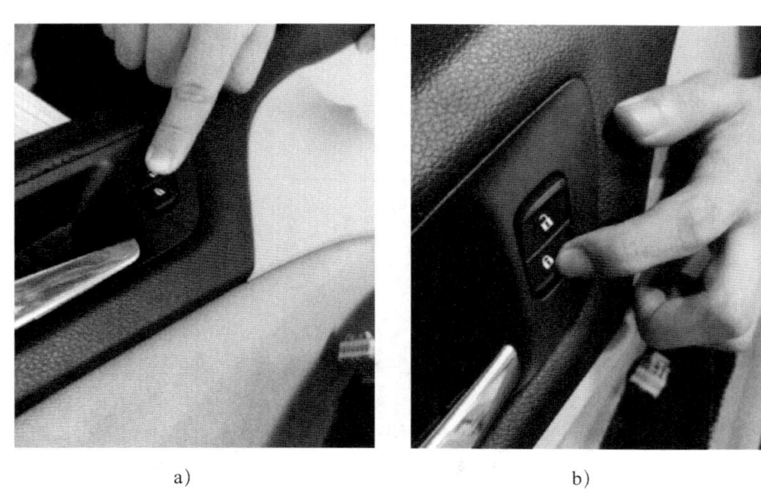

a)　　b)

图 9-1-2　操作汽车中控门锁

a）中控门锁开锁按钮　b）中控门锁闭锁按钮

三、汽车中控门锁系统的分类和工作原理

按照驱动方式不同，汽车中控门锁系统可分为<u>直流电动机式汽车中控门锁系统</u>、<u>电磁线圈式汽车中控门锁系统</u>和双向压力泵式汽车中控门锁系统。直流电动机式汽车中控门锁系统通过控制直流电动机的<u>正反转</u>来实现门锁的开关动作。当门锁电动机运转时，通过操纵连杆机构控制门锁动作，电动机的旋转方向由经过电动机电枢的<u>电流方向</u>决定。若开锁时电动机的电枢流过的是正向电流，那么闭锁时电动机电枢流过的则为<u>反向</u>电流，电动机即反向旋转，这样就可以利用电动机的正转或反转来完成车门的<u>开锁</u>和<u>闭锁</u>动作。

四、汽车中控门锁系统的常见故障

汽车中控门锁系统的常见故障有：汽车中控门锁系统无法工作、汽车中控门锁系统无法正常闭锁等。可能的故障原因有：<u>中控门锁电动机损坏、中控门锁控制器损坏、中控门锁线路损坏等</u>。

五、汽车中控门锁系统的基本检查

根据汽车中控门锁系统的常见故障及可能的故障原因，进行汽车中控门锁系统的基本检查。

1．手动检查

通过门锁按钮或遥控钥匙，检查汽车在开锁和闭锁情况下 4 个车门的状态，手动检查汽车中控门锁系统的工作情况，并将检查情况记录在表 9–1–1 中。

表 9–1–1　汽车中控门锁系统的检查情况

车门名称	车门状态	
	闭锁时	开锁时
左前车门	根据实际情况填写	
右前车门		
左后车门		
右后车门		

注：车门状态正常打“√”，车门状态不正常打“×”。

2．使用诊断仪检查

（1）使用诊断仪读取故障码

1）使用 KT720 故障诊断仪连接汽车诊断接口，接通点火开关，准备读取故障码，如图 9–1–3 所示。

图 9–1–3　KT720 故障诊断仪及应用软件

2）在选择对应车型后，选择“车体控制模块”，如图 9–1–4 所示。

3）在图 9–1–5 中选择“读取故障码”，读取车体控制模块的故障码，查看系统是否正常。

如果系统正常，如图 9–1–6 所示，则无任何故障码。如果系统不正常，则会出现相应的故障码，可以根据故障码提示排除故障。

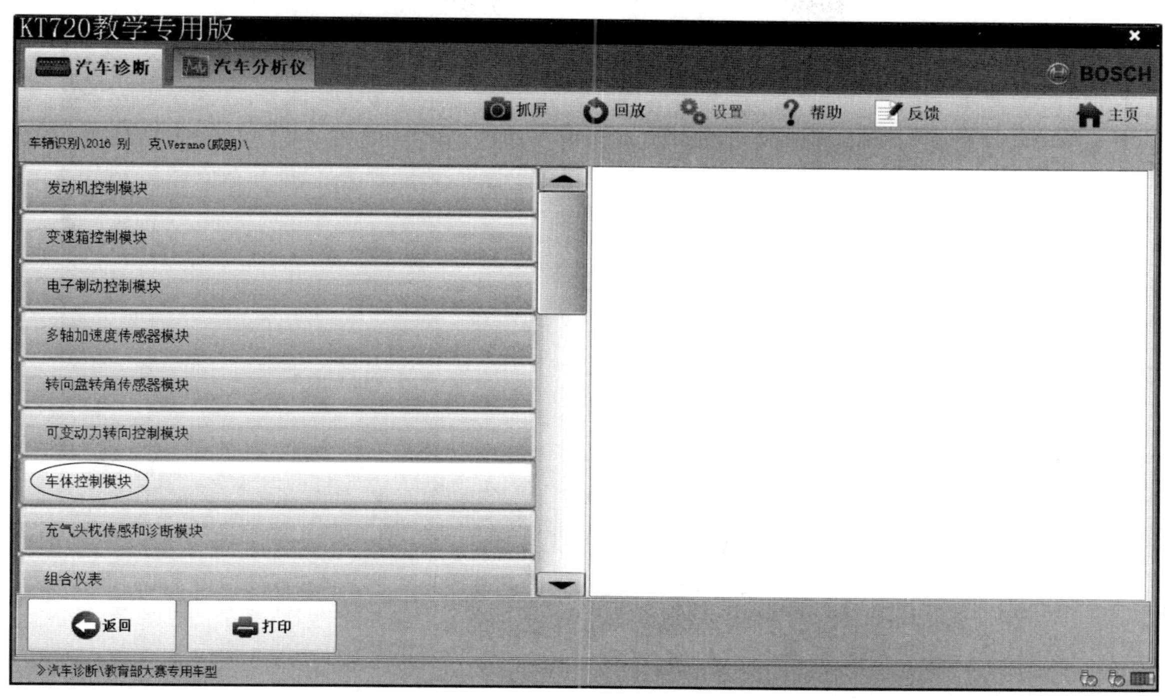

图 9-1-4　选择“ 车体控制模块 ”

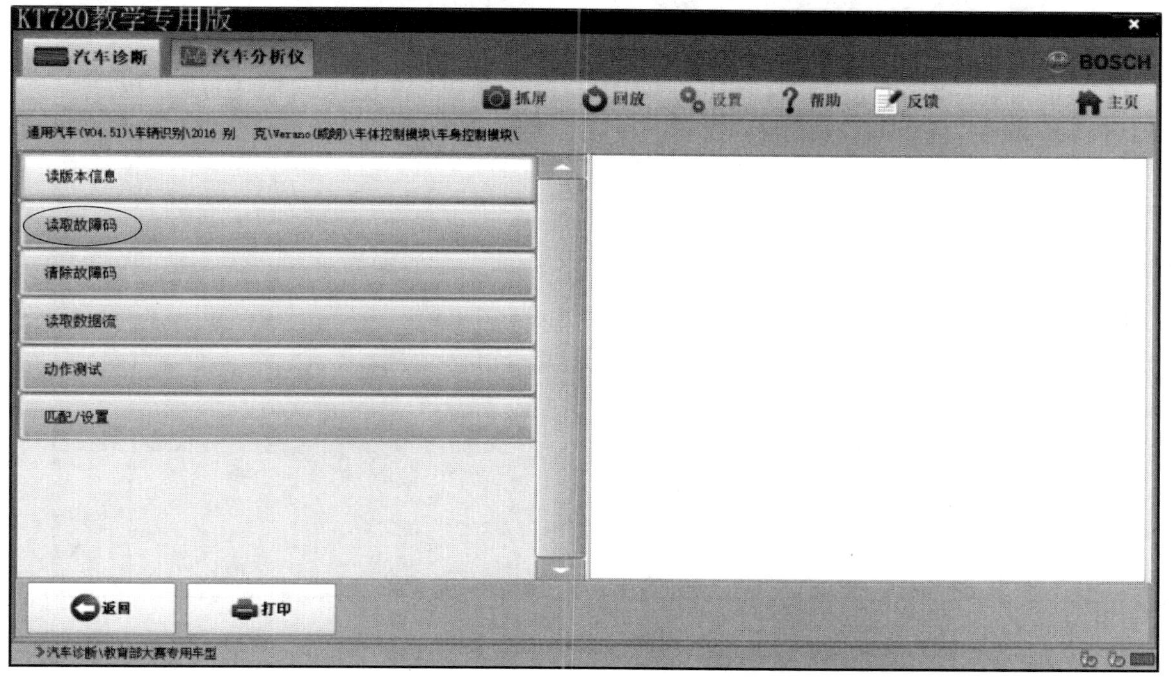

图 9-1-5　选择“ 读取故障码 ”

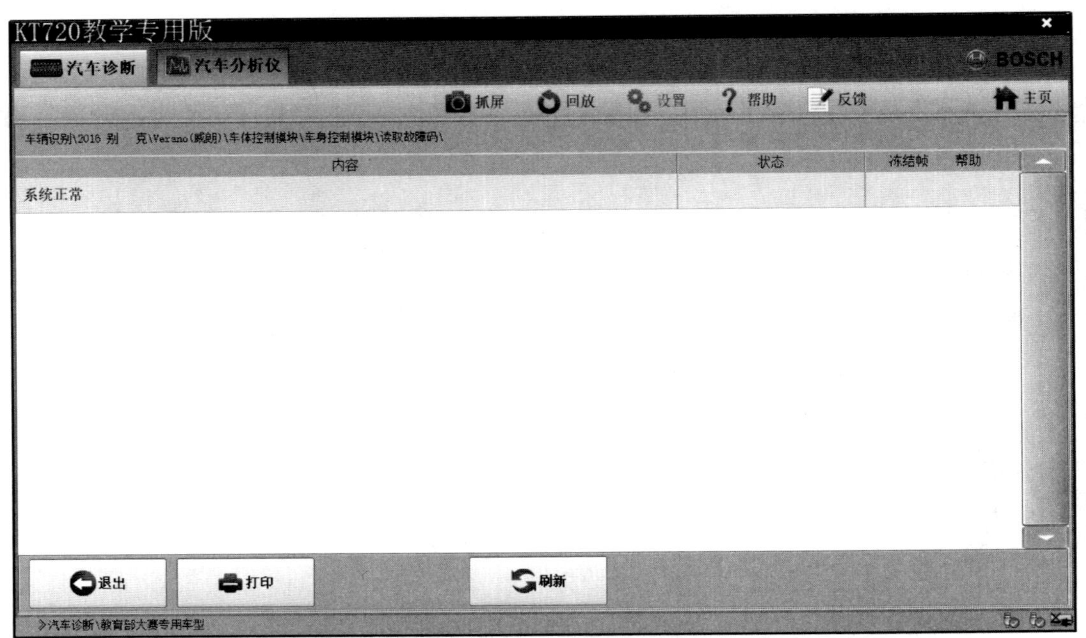

图 9-1-6　显示“系统正常”

（2）使用诊断仪读取数据流

在图 9-1-5 中选择“读取数据流”，读取车辆数据流信息，如图 9-1-7 所示。

图 9-1-7　读取数据流

在汽车处于静止状态下关闭所有车门的数据应为 不活动 ，即信号正常。若控制门锁工作或打开车门，即相应的信号应为 活动 或发生变化，若无变化则说明系统信号传输异常，应立即进行检修，并将汽车中控门锁系统的检查情况记录在表 9-1-2 中。

表 9-1-2　　汽车中控门锁系统检查情况

指令名称	数据流信息	判定结果
所有车门锁指令	根据实际情况填写	
驾驶员侧车门开锁指令		
乘员侧车门开锁指令		
乘员侧车门未关严开关		
左后车门未关严开关		
右后车门未关严开关		

六、学习活动评价

学习活动评价见表 9-1-3。

表 9-1-3　　学习活动评价表

班级		姓名		学号		日期	年　月　日
序号	评价要点				配分	得分	总评
1	能正确识读和填写工作页，明确学习活动要求				10		A □（86～100 分） B □（76～85 分） C □（60～75 分） D □（60 分以下）
2	能查阅资料，写出汽车中控门锁系统的作用				10		
3	能查阅资料，写出汽车中控门锁系统的组成和各部件的安装位置				10		
4	能查阅资料，写出汽车中控门锁系统的分类和工作原理				10		
5	能查阅资料，写出汽车中控门锁系统常见故障的原因				10		
6	能按规范流程完成汽车中控门锁系统的基本检查				20		
7	能遵守劳动纪律，以积极的态度接受工作任务				10		
8	能积极参与小组讨论，发挥团队合作精神				10		
9	能及时完成教师布置的任务				10		
总　分					100		
小结建议							

学习活动 2　汽车中控门锁控制器的检查与更换

学习目标

1. 能描述汽车中控门锁控制器的作用和安装位置。
2. 能描述汽车中控门锁控制器的类型和工作原理。
3. 能进行汽车中控门锁控制器相关信息的收集。
4. 能分析并确定汽车中控门锁控制器常见故障的原因。
5. 能进行汽车中控门锁控制器的检查与更换。

建议学时：4 学时。

学习过程

一、汽车中控门锁控制器的作用和安装位置

1．汽车中控门锁控制器的作用是<u>对遥控钥匙进行防盗识别，接收遥控钥匙的控制指令，以启用或解除安全防盗系统。同时，还监测各未关闭门锁开关的输入信号，以决定是否激活安全防盗系统的报警功能</u>。

2．图 9–2–1 所示为汽车中控门锁控制器系统示意图，汽车中控门锁控制器安装在汽车的<u>行李舱的后方</u>。

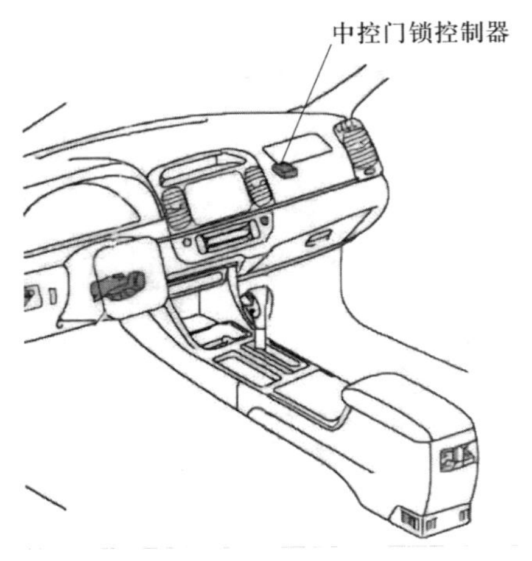

图 9–2–1　汽车中控门锁控制器的安装位置

二、汽车中控门锁控制器的类型和工作原理

1．汽车中控门锁控制器的类型

汽车中控门锁控制器的种类很多，按其控制原理不同，大致可分为晶体管式、电容式和车速感应式三大类。

2．汽车中控门锁控制器的工作原理

（1）晶体管式中控门锁控制器的工作原理

晶体管式中控门锁控制器内部有两个继电器，一个是＿解锁＿继电器，另一个是＿闭锁＿继电器。继电器由晶体管开关电路控制，利用电容器的充放电过程控制一定的脉冲电流持续时间，使执行机构完成锁门和开门动作。

（2）电容式中控门锁控制器的工作原理

电容式中控门锁控制器利用电容器的＿充放电＿特性，平时将电容器充足电，工作时将其接入控制电路，使电容器放电，继电器通电使触点短时吸合，待电容器完全放电后，通过继电器的电流中断而使其触点断开。

（3）车速感应式中控门锁控制器的工作原理

车速感应式中控门锁控制器内部装有一个车速为 10 km/h 的感应开关，当车速大于＿10＿km/h 时，若车门未上锁，驾驶员不需动手，车速感应式中控门锁控制器会自动将车门上锁。

三、汽车中控门锁控制器相关信息的收集

汽车车型不同，中控门锁控制器的安装位置也会不同。别克威朗汽车的中控门锁控制器集成在车身控制模块 K9 内部。因此，对汽车中控门锁控制器的检查是针对 K9 展开的。查阅维修手册，将 K9 与中控门锁控制器有关的端子信息填写在表 9-2-1 中。

表 9-2-1　　K9 与中控门锁控制器有关的端子信息

序号	名称	端子号	截面积 /mm²	颜色	功能	连接器图示
1	K9（X1）	1	2.5	BK（黑色）	搭铁	4 1 7 5 14 8 20 15 26 21
		2	1	RD/BU（红色 / 蓝色）	蓄电池正极电压	
		3	1	RD/GN（红色 / 绿色）	蓄电池正极电压	
		4	1	RD/YE（红色 / 黄色）	蓄电池正极电压	
2	K9（X2）	1	1	RD/BN（红色 / 棕色）	蓄电池正极电压	4 1 8 5 15 9 21 16 27 22
		2	2.5	BK（黑色）	搭铁	
		4	2.5	RD/BN（红色 / 棕色）	蓄电池正极电压	

续表

序号	名称	端子号	截面积 /mm²	颜色	功能	连接器图示
3	K9（X4）	26	0.75	BK（黑色）	搭铁	
4	K9（X5）	3	1	RD/GY（红色 / 灰色）	蓄电池正极电压	
		4	1	RD/WH（红色 / 白色）	蓄电池正极电压	
5	K9（X6）	3	2.5	BK（黑色）	搭铁	

四、汽车中控门锁控制器的常见故障

汽车中控门锁控制器的常见故障有：汽车中控门锁控制器不能控制单个车门工作、汽车中控门锁控制器不工作等。可能的故障原因有：中控门锁控制器控制电路损坏、中控门锁控制器本体损坏等。

五、汽车中控门锁控制器的检查与更换

根据汽车中控门锁控制器的常见故障及可能的故障原因，进行汽车中控门锁控制器的检查与更换。

1．汽车中控门锁控制器的拆卸

（1）断开蓄电池负极和车身控制模块 K9 连接器，记录并区分连接器，如图 9–2–2 所示。

图 9–2–2　断开 K9 连接器

（2）由于汽车中控门锁控制器集成在车身控制模块 K9 内部，因此，拆卸汽车中控门锁控制器就要拆卸车身控制模块 K9，如图 9–2–3 所示。

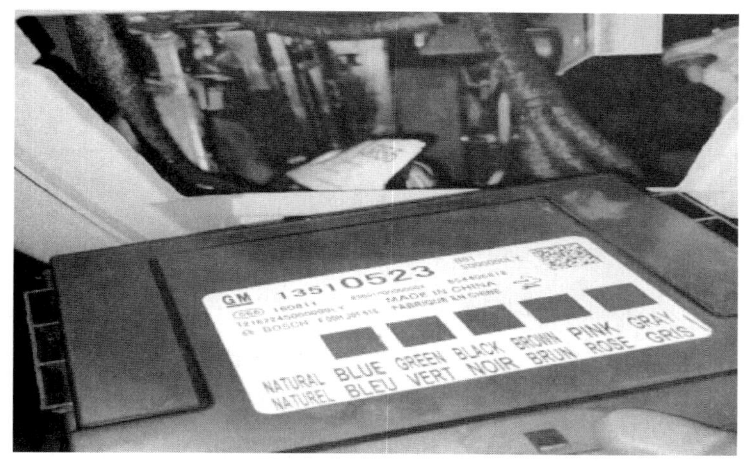

图 9–2–3 取下 K9

2．汽车中控门锁控制器的检查

（1）汽车中控门锁控制器外观的检查

如图 9–2–4、图 9–2–5 所示，检查汽车中控门锁控制器所在车身控制模块 K9 的外观，检查车身控制模块 K9 和连接器有无裂纹、针脚损坏、针脚锈蚀等情况。在表 9–2–2 中详细记录检查情况，并确认是否更换 K9。

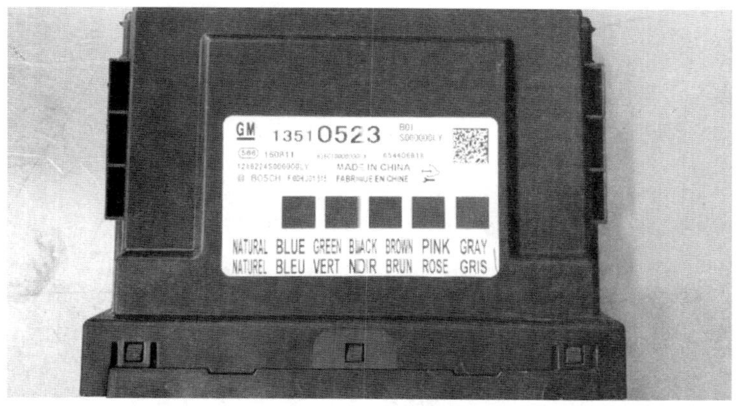

图 9–2–4 检查车身控制模块 K9 的外观

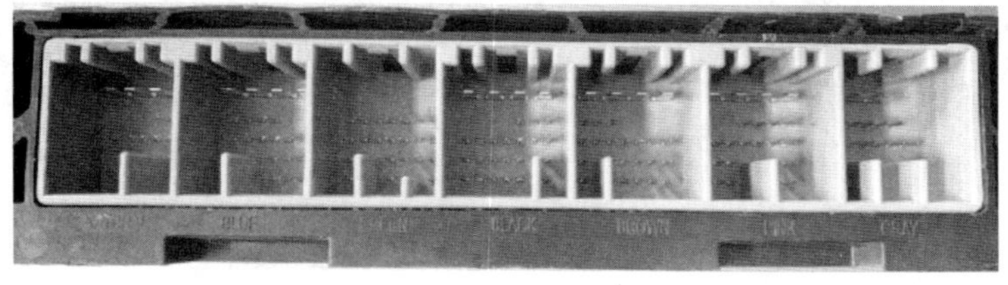

图 9–2–5 检查车身控制模块 K9 的针脚

表 9-2-2　　汽车中控门锁控制器外观的检查

检查内容	检查情况	结果判定
K9 外观		

（2）车身控制模块 K9 电源电路的检查（连接蓄电池）

1）根据图 9-2-6 所示电路，将 K9 连接器 X1 的端子 2、端子 3、端子 4 与车身搭铁，分别测量各端子与车身的搭铁电压是否正常，如图 9-2-7 所示，电压均应约为 12 V。如果测得电压均为 0，说明电路存在断路或短路故障，应检查熔丝和熔丝到 K9 的电路是否正常。如果不正常，应及时维修或更换。

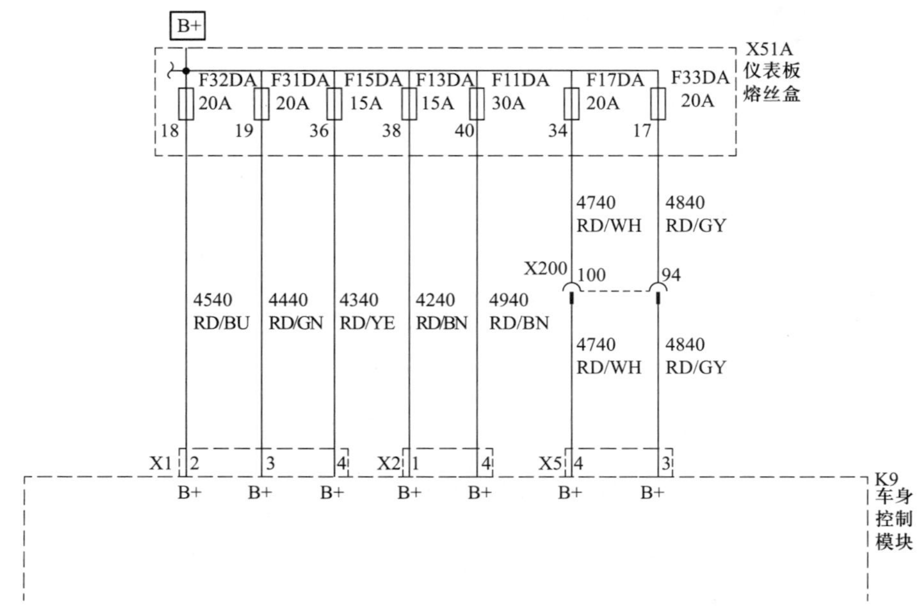

图 9-2-6　车身控制模块 K9 电源电路

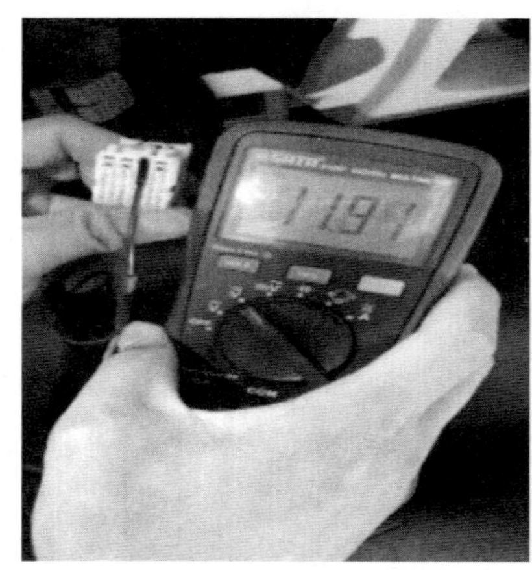
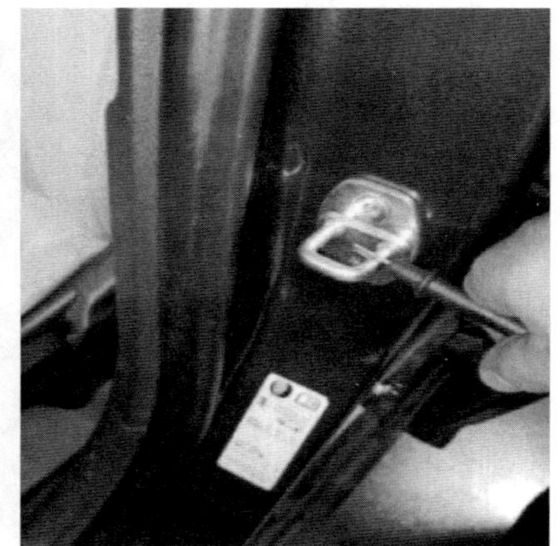

图 9-2-7　检查车身控制模块 K9 的 X1 电源电路

2）根据图 9-2-6 所示电路，分别测量 X2 的端子 1、端子 4 与<u>车身搭铁</u>之间的电压，如图 9-2-8 所示，测得这两个电压均应约为<u>12</u>V。如果测得这两个电压为 0，说明电路存在断路或短路故障，应检查熔丝和熔丝到车身控制模块 K9 的电路是否正常。如果不正常，应及时维修或更换。

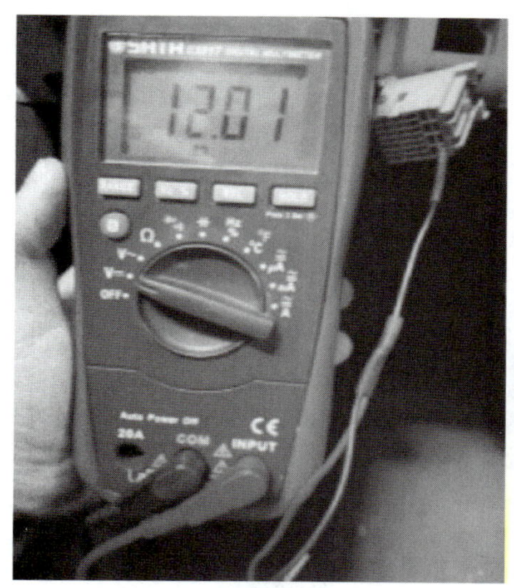

图 9-2-8　测量车身控制模块 K9 的 X2 电源电路

3）根据图 9-2-6 所示电路，分别测量 X5 的端子 3、端子 4 与<u>车身搭铁</u>之间的电压，如图 9-2-9 所示，测得这两个电压均应约为<u>12</u>V。如果测得这两个电压为 0，说明电路存在断路或短路故障，应检查熔丝和熔丝到车身控制模块 K9 的电路是否正常，如果不正常，应及时维修或更换。

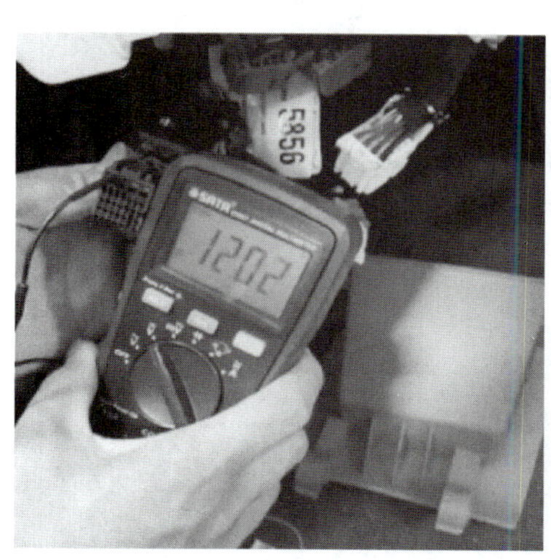

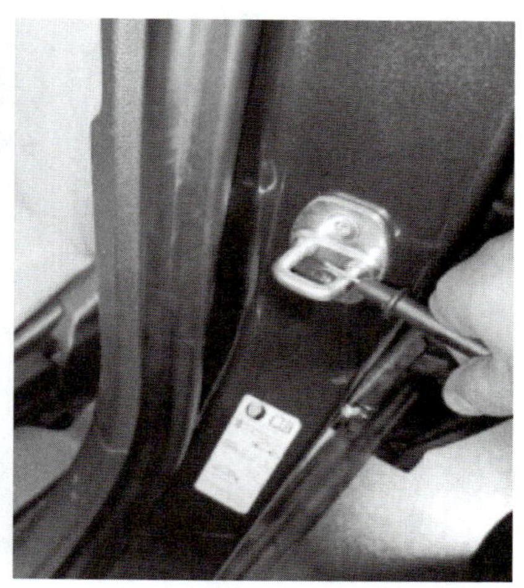

图 9-2-9　检查车身控制模块 K9 的 X5 电源电路

（3）车身控制模块 K9 的搭铁电路的检查

根据图 9-2-10 所示电路，分别测量车身控制模块 K9 连接器 X1 的端子 1、X2 的端子 2、X4 的端子 26、X6 的端子 3 与<u>车身搭铁</u>之间的电阻，如图 9-2-11 所示，测得这 4 个电阻均应为<u>线阻</u>。如果测得这 4 个电阻为无穷大，说明电路存在断路故障，应及时维修或更换。

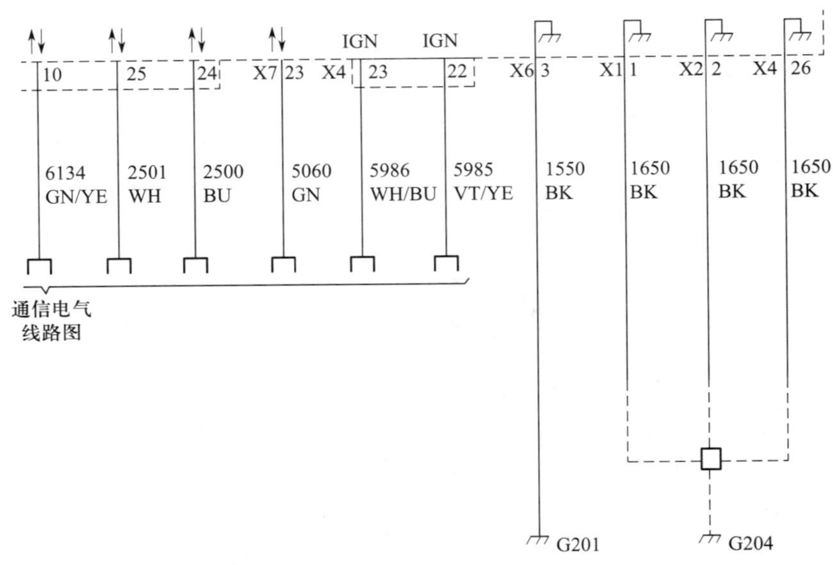

图 9-2-10　车身控制模块 K9 的搭铁电路

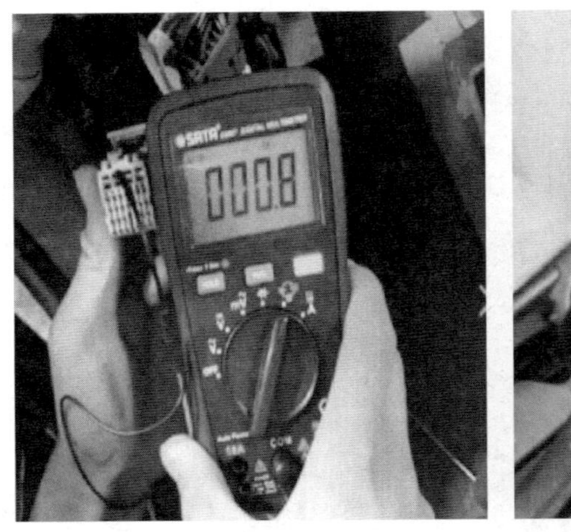

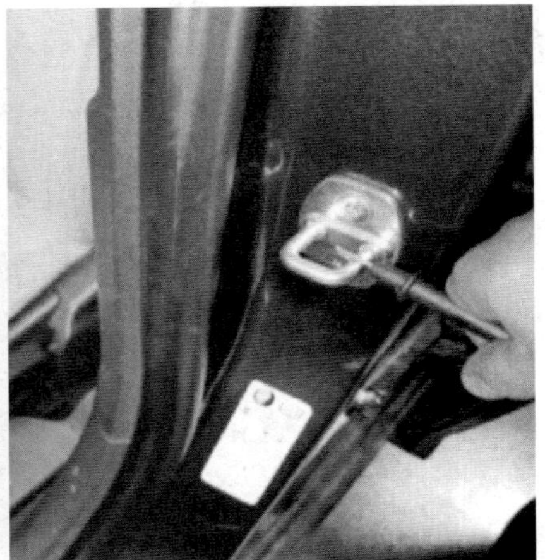

图 9-2-11　检查车身控制模块 K9 的搭铁电路

3．汽车中控门锁控制器的更换（断开蓄电池）

（1）安装集成有汽车中控门锁控制器的<u>车身控制模块 K9</u>，如图 9-2-12 所示。

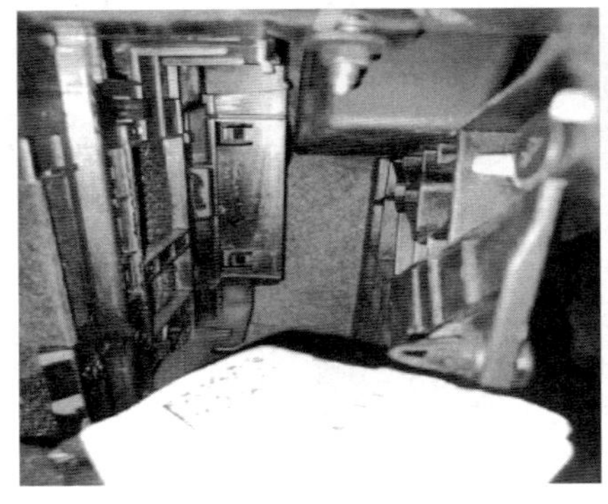
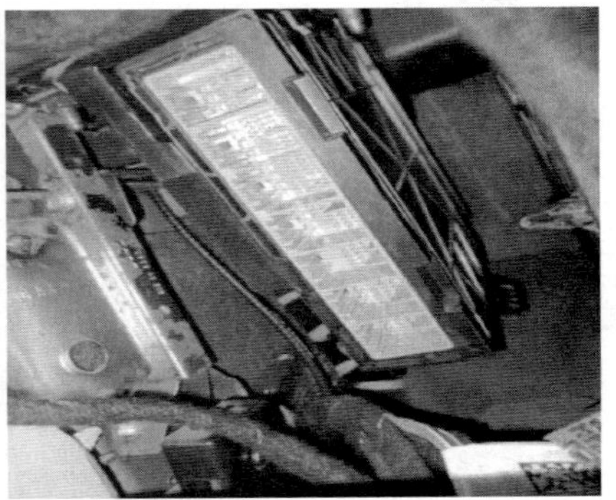

图 9-2-12　安装<u>车身控制模块 K9</u>

（2）连接<u>车身控制模块 K9 连接器</u>，注意连接器插头安装位置要正确，如图 9–2–13 所示。之后连接蓄电池，测试汽车中控门锁控制器的功能，使用解码器检查是否存在故障码，直至汽车中控门锁控制器所有功能正常。至此，汽车中控门锁控制器更换完毕。

图 9–2–13　连接<u>车身控制模块 K9 连接器</u>

六、学习活动评价

学习活动评价见表 9–2–3。

表 9–2–3　　学习活动评价表

<table>
<tr><td>班级</td><td></td><td>姓名</td><td></td><td>学号</td><td></td><td>日期</td><td>年　月　日</td></tr>
<tr><td>序号</td><td colspan="5">评价要点</td><td>配分</td><td>得分</td><td>总评</td></tr>
<tr><td>1</td><td colspan="5">能正确识读和填写工作页，明确学习活动要求</td><td>10</td><td></td><td rowspan="10">□ A（86 ~ 100 分）
□ B（76 ~ 85 分）
□ C（60 ~ 75 分）
□ D（60 分以下）</td></tr>
<tr><td>2</td><td colspan="5">能查阅资料，写出汽车中控门锁控制器的作用和安装位置</td><td>10</td><td></td></tr>
<tr><td>3</td><td colspan="5">能查阅资料，写出汽车中控门锁控制器的类型和工作原理</td><td>10</td><td></td></tr>
<tr><td>4</td><td colspan="5">能查阅资料，完成汽车中控门锁控制器相关信息的收集</td><td>10</td><td></td></tr>
<tr><td>5</td><td colspan="5">能查阅资料，写出汽车中控门锁控制器常见故障的原因</td><td>10</td><td></td></tr>
<tr><td>6</td><td colspan="5">能按规范流程完成汽车中控门锁控制器的检查与更换</td><td>10</td><td></td></tr>
<tr><td>7</td><td colspan="5">能遵守劳动纪律，以积极的态度接受工作任务</td><td>20</td><td></td></tr>
<tr><td>8</td><td colspan="5">能积极参与小组讨论，发挥团队合作精神</td><td>10</td><td></td></tr>
<tr><td>9</td><td colspan="5">能及时完成教师布置的任务</td><td>10</td><td></td></tr>
<tr><td colspan="6">总　分</td><td>100</td><td></td></tr>
<tr><td>小结
建议</td><td colspan="8"></td></tr>
</table>

学习活动 3　汽车中控门锁电动机的检查与更换

学习目标

1. 能描述汽车中控门锁电动机的作用和安装位置。
2. 能描述汽车中控门锁电动机的分类和组成。
3. 能描述汽车中控门锁电动机的工作原理。
4. 能分析并确定汽车中控门锁电动机常见故障的原因。
5. 能进行汽车中控门锁电动机的检查与更换。

建议学时：4 学时。

学习过程

一、汽车中控门锁电动机的作用和安装位置

汽车中控门锁电动机集成在驾驶员侧车门锁闩总成内，其作用是执行__中控门锁控制器__的指令，控制门锁__开锁__或__闭锁__。驾驶员侧车门锁闩总成安装在__车门装饰板内，在车门内开把手下方__，如图 9–3–1 所示。

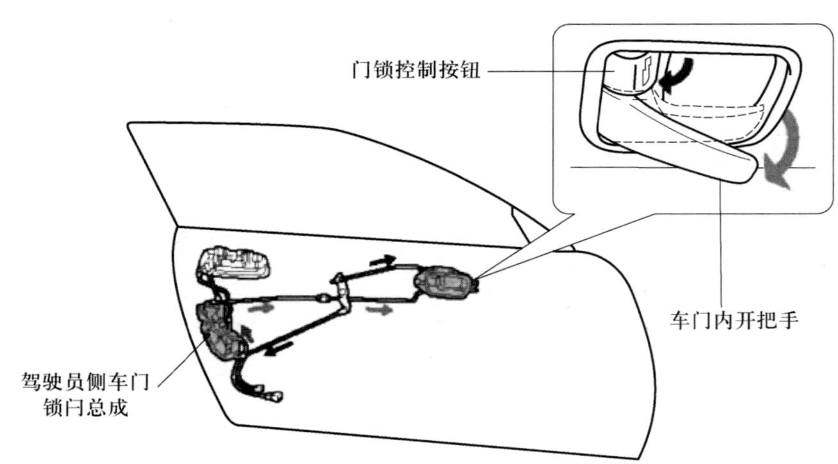

图 9–3–1　驾驶员侧车门锁闩总成的安装位置

二、汽车中控门锁电动机的分类和组成

汽车中控门锁电动机一般分为__电磁式__、__直流式__和__永磁式__三种类型。

电磁式汽车中控门锁电动机由__电源插头__、__电磁线圈__、__铁芯__、__托架__和__外壳__组成，如图 9–3–2 所示。

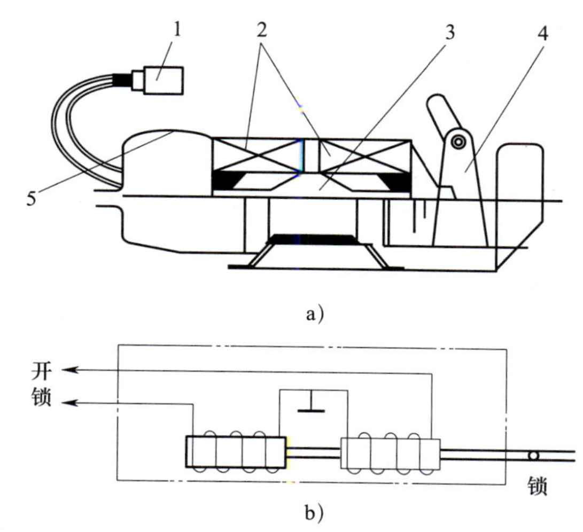

图 9–3–2　电磁式汽车中控门锁电动机的执行机构

a）结构　b）电路

1—电源插头　2—电磁线圈　3—铁芯　4—托架　5—外壳

根据图 9–3–3 所示直流式汽车中控门锁执行机构，写出执行机构各组件部件的名称。

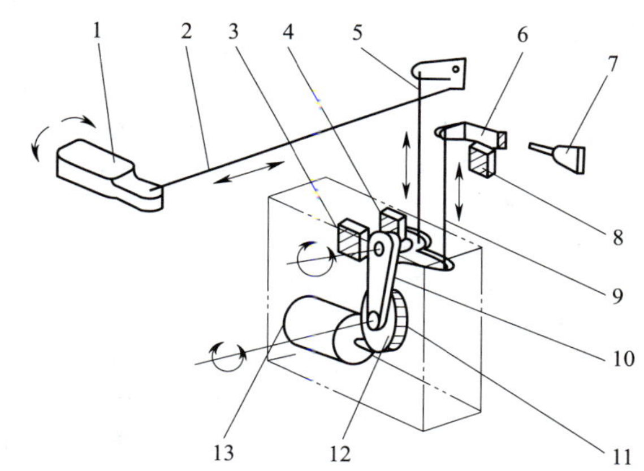

图 9–3–3　直流式汽车中控门锁执行机构

1—__车门按钮（设在车厢内）__　2、5、9—__连接杆__　3—__位置开关__

4、8—__门锁开关__　6—__门键筒体__　7—__钥匙__　10—__锁杆__

11—__齿条__　12—__传动齿轮__　13—__电动机__

三、汽车中控门锁电动机的工作原理

1．电磁式汽车中控门锁电动机的工作原理

电磁式汽车中控门锁内设有<u>两个</u>线圈，分别用来<u>开启</u>和<u>锁止</u>门锁，门锁集中操作按钮平时处于<u>中间</u>位置。

2．直流式汽车中控门锁电动机的工作原理

直流式汽车中控门锁电动机通过直流电动机转动并经传动装置<u>（传动装置有螺杆传动、齿条传动和直齿轮传动三种）</u>将动力传给门锁锁扣，使门锁锁扣<u>开启</u>或<u>锁止</u>。

3．永磁式汽车中控门锁电动机的工作原理

永磁电动机是指<u>永磁步进</u>电动机。当电流通过某一相位的线圈时，该线圈的铁芯产生<u>吸力</u>，吸引转子上的凸齿对准定子线圈的磁极，转子将转动到最小磁通处，即一步进位置。要使转子继续转动一个步进角，根据需要的转动方向向下一个相位的定子线圈输入<u>脉冲电流</u>，转子即可转动。转子转动时，通过连杆使门锁锁止或开启。

四、汽车中控门锁电动机相关信息的收集

查阅维修手册，完成驾驶员侧车门锁闩总成 A23D 端子相关信息的收集，填写在表 9–3–1 中。

表 9–3–1　A23D 端子相关信息

名称	端子号	截面积 /mm^2	颜色	功能	连接器图示
A23D	1	0.35	GY（灰色）	驾驶员侧车门微开开关信号	5　1　10　6
	2	0.35	WH/YE（白色 / 黄色）	驾驶员侧车门开启开关信号	
	3	0.35	BK（黑色）	搭铁	
	4	0.35	WH/VT（白色 / 紫罗兰色）	驾驶员侧门锁电动机状态	
	5	0.35	BU/VT（蓝色 / 紫罗兰色）	门锁钥匙开关解锁信号	
	6	—	—	未使用	
	7	0.75	GY（灰色）	门锁执行器锁止控制 2	
	8	0.75	BN/YE（棕色 / 黄色）	门锁执行器解锁控制	
	9、10	—	—	未使用	

五、汽车中控门锁电动机的常见故障

汽车中控门锁电动机的常见故障有：汽车中控门锁电动机卡滞、汽车中控门锁电动机不工作等。可能的故障原因有：<u>传动机构损坏、汽车中控门锁电动机损坏等</u>。

六、汽车中控门锁电动机的检查与更换

根据汽车中控门锁电动机的常见故障及可能的故障原因，进行汽车中控门锁电动机的检查与更换。

1．汽车中控门锁电动机的拆卸

（1）关闭点火开关，断开蓄电池，使用＿套筒工具（7号）＿拆卸左前侧车门装饰板＿固定螺栓＿，如图 9-3-4 所示。

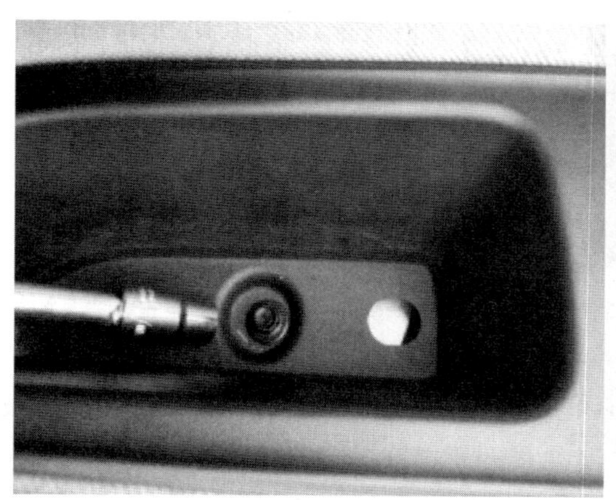

图 9-3-4　拆卸左前侧车门装饰板＿固定螺栓＿

（2）使用＿撬板＿拆卸左前侧车门装饰板，在取下车门装饰板前应将连接车门的其他＿线束连接器＿一并拔出，注意：＿拆卸时应左右均匀撬动，防止造成车门装饰板损坏＿，如图 9-3-5 所示。

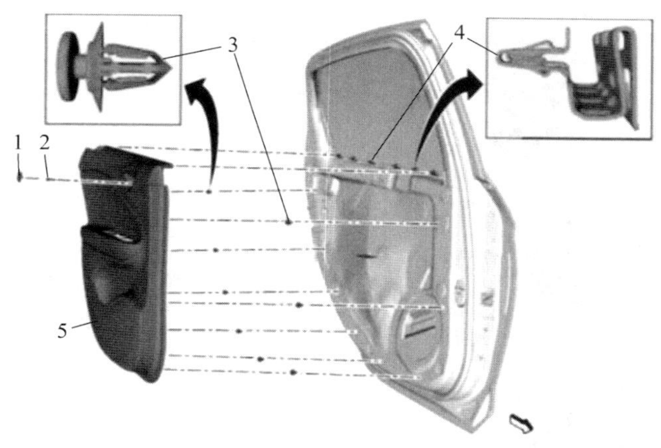

图 9-3-5　拔下车门装饰板固定卡销

1—车门内把手螺栓盖　2—车门内把手紧固件　3—车门装饰板卡夹
4—车门装饰板固定件　5—车门装饰板

（3）拆卸门把手，如图 9-3-6 所示，拆卸步骤见表 9-3-2。

图 9-3-6　拆卸门把手示意图

1—螺母　2—前侧门外把手螺栓

3—前侧门锁芯开口盖　4—前侧门外把手

表 9-3-2　门把手的拆卸步骤

图示	拆卸步骤
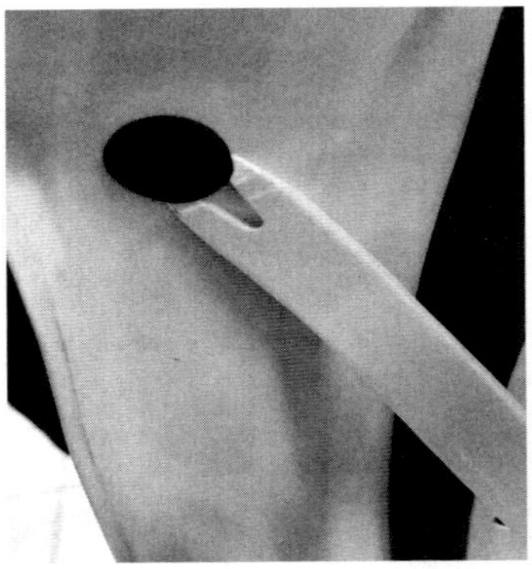	使用平刃塑料工具拆卸 螺栓检查口塞
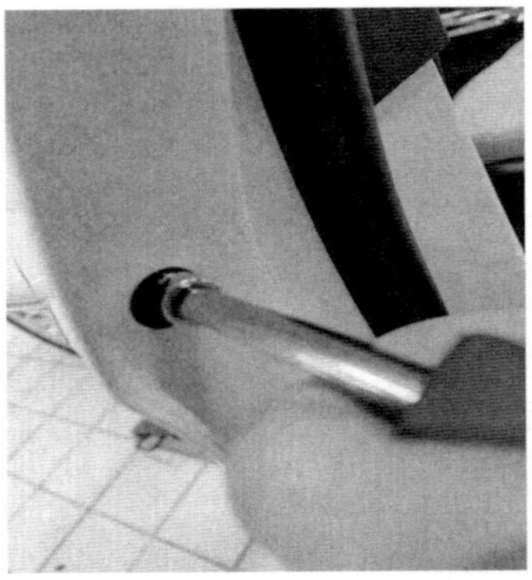	使用 花键工具（T25） 松开前侧门外把手螺栓

续表

图示	拆卸步骤
	拆卸前侧门 锁芯开口盖
	向后拉动前侧门外把手，使之从内把手罩中松开，至此门把手拆卸完毕

（4）拆卸前侧门外把手托架紧固件，如图 9-3-7 所示，拆卸步骤见表 9-3-3。拆卸驾驶员侧车门锁闩总成时需要拆卸电动车窗升降器总成，具体拆卸步骤可参照学习任务八相关内容。

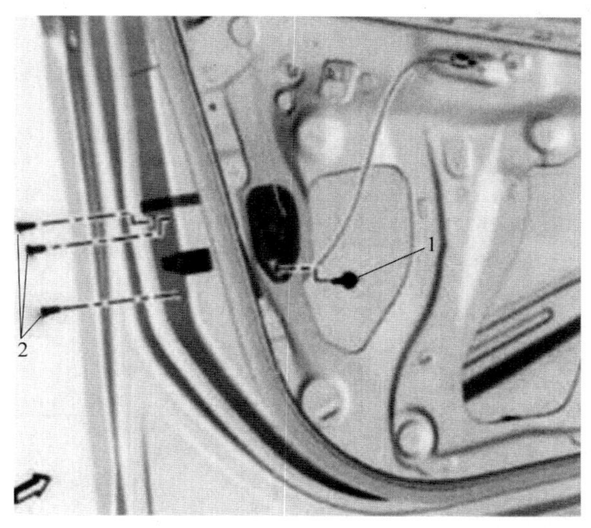

图 9-3-7　拆卸前侧门外把手托架紧固件

1、2—固定螺钉

表 9-3-3　　前侧门外把手托架紧固件的拆卸步骤

图示	拆卸步骤
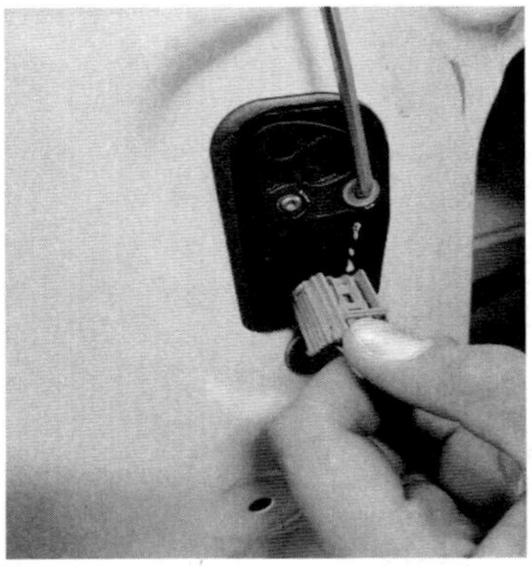	分离 中控门锁 连接器
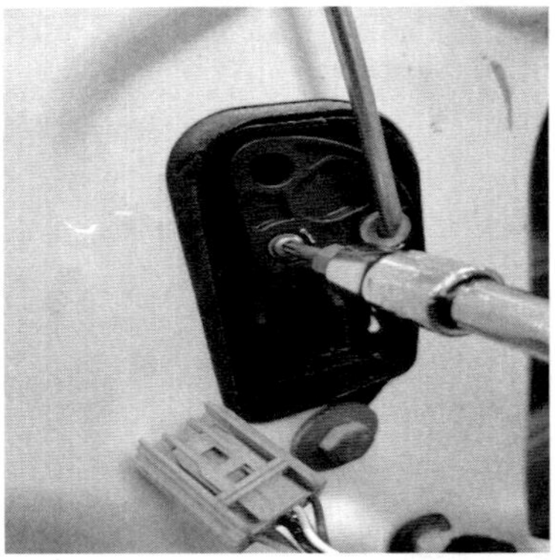	使用 花键工具（T10） 拆卸固定螺钉
	取下连接杆。注意：取下时应标记弹簧位置
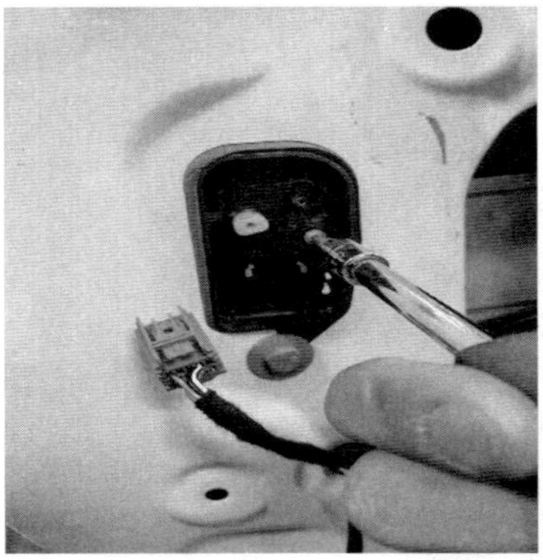	使用 花键工具（T10） 拆卸固定螺钉

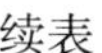
续表

图示	拆卸步骤
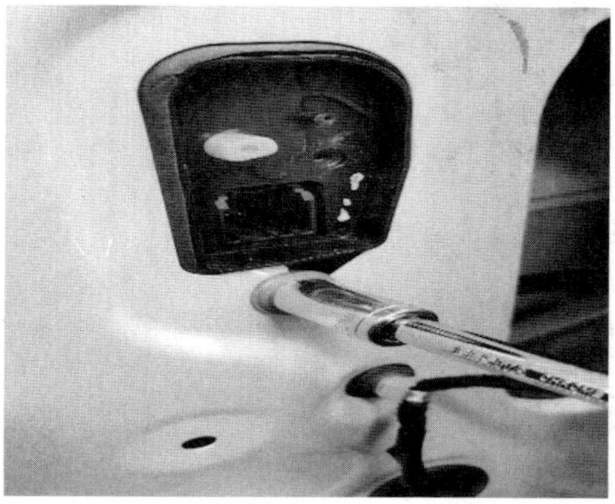	使用<u>套筒工具（10号）</u>拆卸固定螺钉
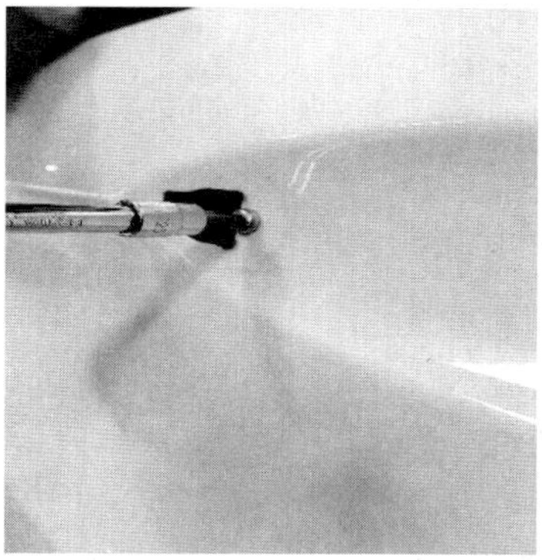	使用<u>花键工具（T25）</u>拆卸外把手固定螺钉
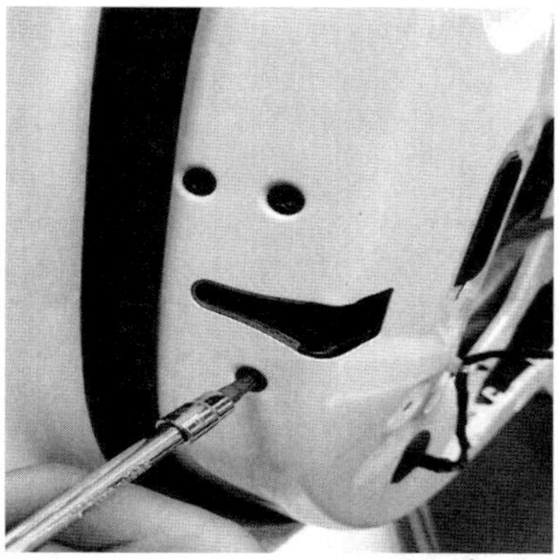	使用<u>花键工具（T30）</u>拆卸门锁固定螺钉
	取下中控门锁锁块

（5）取下驾驶员侧车门锁闩总成，如图 9-3-8 所示。至此，汽车中控门锁电动机拆卸完毕。

图 9-3-8　驾驶员侧车门锁闩总成

2．汽车中控门锁电动机的检查

（1）测量驾驶员侧车门锁闩总成 A23D 的端子 7 与端子 8 之间的电阻为 3.7 Ω（可根据实际车型填写），如图 9-3-9 所示。如果测得电阻为 ∞ ，说明驾驶员侧车门锁闩总成 A23D 内部断路，需更换驾驶员侧车门锁闩总成 A23D；如果测得电阻为 线阻 ，说明驾驶员侧车门锁闩总成 A23D 内部短路，也需更换驾驶员侧车门锁闩总成 A23D。

（2）在打开车门的情况下测量驾驶员侧车门锁闩总成 A23D 的端子 1 与端子 3 之间的电阻为 线阻 ，如图 9-3-10 所示。如果测得电阻为无穷大，说明驾驶员侧车门锁闩总成 A23D 内部损坏，需更换驾驶员侧车门锁闩总成 A23D。

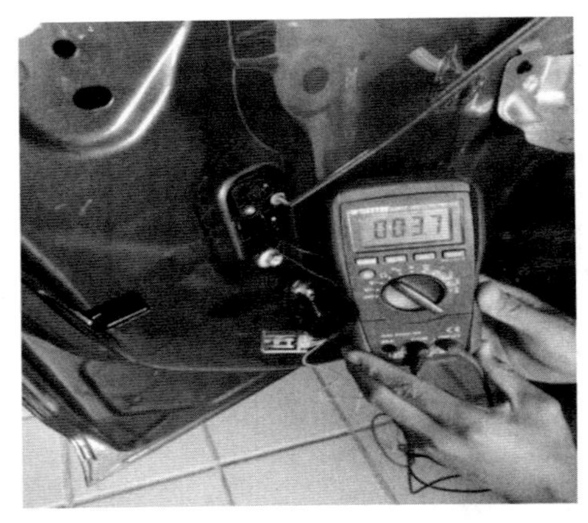

图 9-3-9　测量驾驶员侧车门锁闩总成 A23D 的端子 7 与端子 8 之间的电阻

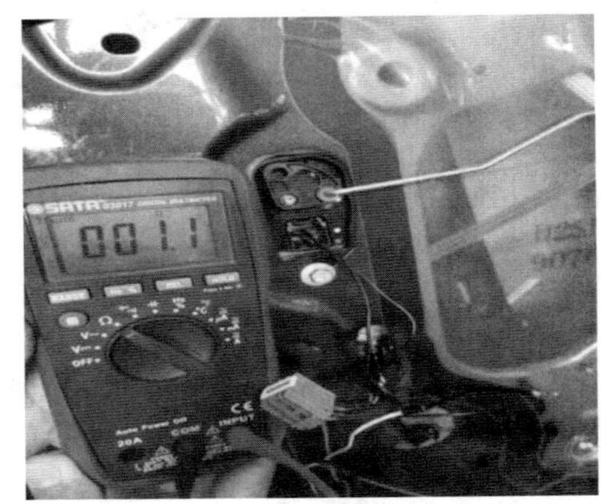

图 9-3-10　测量驾驶员侧车门锁闩总成 A23D 的端子 1 与端子 3 之间的电阻（打开车门）

（3）在关闭车门的情况下测量驾驶员侧车门锁闩总成 A23D 的端子 1 与端子 3 之间的电阻为 ∞ ，如图 9-3-11 所示。如果测得电阻为 线阻 ，说明驾驶员侧车门锁闩总成 A23D 内部开关损坏，需更换驾驶员侧车门锁闩总成 A23D。

图 9-3-11　测量端子 1 与端子 3 之间的电阻（关闭车门）

3．汽车中控门锁电动机的更换

（1）安装驾驶员侧车门锁闩总成 A23D，注意确保连接并固定好拉线，如图 9-3-12 所示。

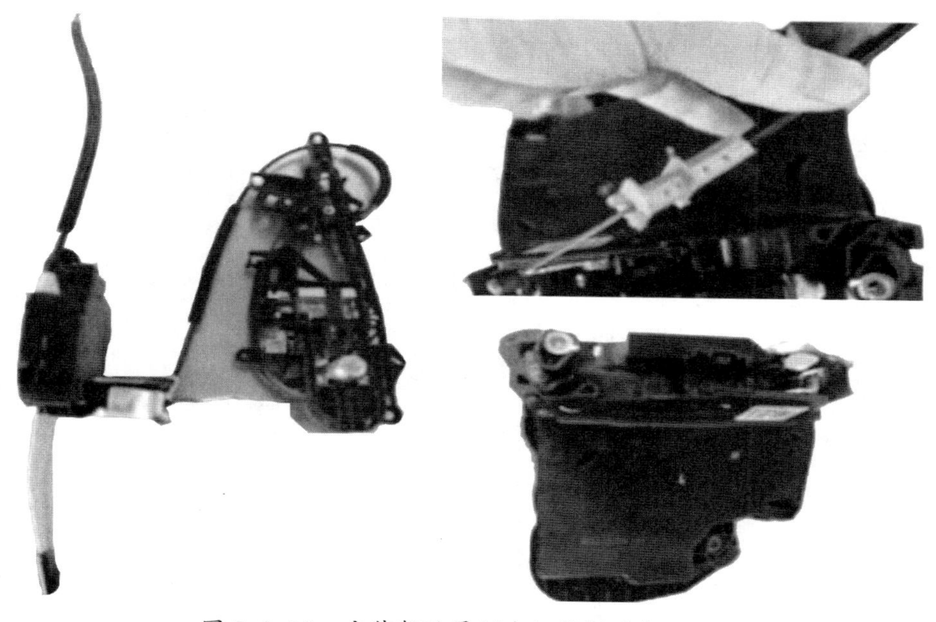

图 9-3-12　安装驾驶员侧车门锁闩总成

（2）安装前侧门外把手托架紧固件，设置紧固力矩为__9__N · m，拧紧固定螺栓，安装车门装饰板，如图 9-3-7 所示。

（3）安装前侧门外把手托架，设置紧固力矩为__4.7__N · m，拧紧前侧门外把手，安装螺栓检查口塞，如图 9-3-13 所示。

（4）安装__车门装饰板__，更换新的固定件。

（5）安装固定螺栓，设置紧固力矩为__2.5__N · m，拧紧固定螺栓。至此，驾驶员侧车门锁闩总成更换完毕。

图 9–3–13　安装前侧门外把手

七、学习活动评价

学习活动评价见表 9–3–4。

表 9–3–4　学习活动评价表

班级		姓名		学号		日期	年　月　日
序号	评价要点				配分	得分	总评
1	能正确识读和填写工作页，明确学习活动要求				10		A □（86 ~ 100 分） B □（76 ~ 85 分） C □（60 ~ 75 分） D □（60 分以下）
2	能查阅资料，写出汽车中控门锁电动机的作用和安装位置				10		
3	能查阅资料，写出汽车中控门锁电动机的分类和组成				10		
4	能查阅资料，写出汽车中控门锁电动机的工作原理				10		
5	能查阅资料，写出汽车中控门锁电动机常见故障的原因				10		
6	能按规范流程完成汽车中控门锁电动机的检查与更换				20		
7	能遵守劳动纪律，以积极的态度接受工作任务				10		
8	能积极参与小组讨论，发挥团队合作精神				10		
9	能及时完成教师布置的任务				10		
总　分					100		
小结建议							

学习活动 4　汽车中控门锁系统控制电路简单故障检修

学习目标

1. 能描述汽车中控门锁系统控制电路的组成。
2. 能进行汽车中控门锁系统控制电路的识读。
3. 能进行汽车中控门锁系统控制电路相关信息的收集。
4. 能分析并确定汽车中控门锁系统控制电路常见故障的原因，制定检修方案。
5. 能进行汽车中控门锁系统控制电路简单故障检修。

建议学时：6 学时。

学习过程

一、汽车中控门锁系统控制电路的组成

汽车中控门锁系统控制电路由<u>车身控制模块 K9</u>、<u>车门锁止开关</u>、<u>车窗电动机</u>、车门锁闩、车窗开关等组成。

二、汽车中控门锁系统控制电路的识读

根据图 9–4–1 和图 9–4–2 所示汽车中控门锁系统控制电路，查阅相关资料，可以分析得出以下结论。

1．驾驶员侧中控门锁系统控制电路开锁电路

驾驶员侧中控门锁系统控制电路开锁电路的电流流向为：K9 的 X6 端子 4 →连接器<u>X500 的端子 18</u>→ A23D 的端子 8 → A23D 的端子 7 →连接器 X500 的端子 17 →<u>K9 的 X6 端子 1</u>。

2．驾驶员侧中控门锁系统控制电路闭锁电路

驾驶员侧中控门锁系统控制电路闭锁电路的电流流向为：K9 的 X6 端子 1 →连接器<u>X500 的端子 17</u>→ A23D 的端子 7 → A23D 的端子 8 →连接器 X500 的端子 18 →<u>K9 的 X6 端子 4</u>。

3．右后门锁系统控制电路开锁电路

右后门锁系统控制电路开锁电路的电流流向为：K9 的 X6 端子 4 →连接器 J308 →连接器 X800 的端子 19 → A23RR 的端子 8 → A23RR 的端子 9 → X800 的端子 8 →连接器 J307 →<u>K9 的 X6 端子 2</u>。

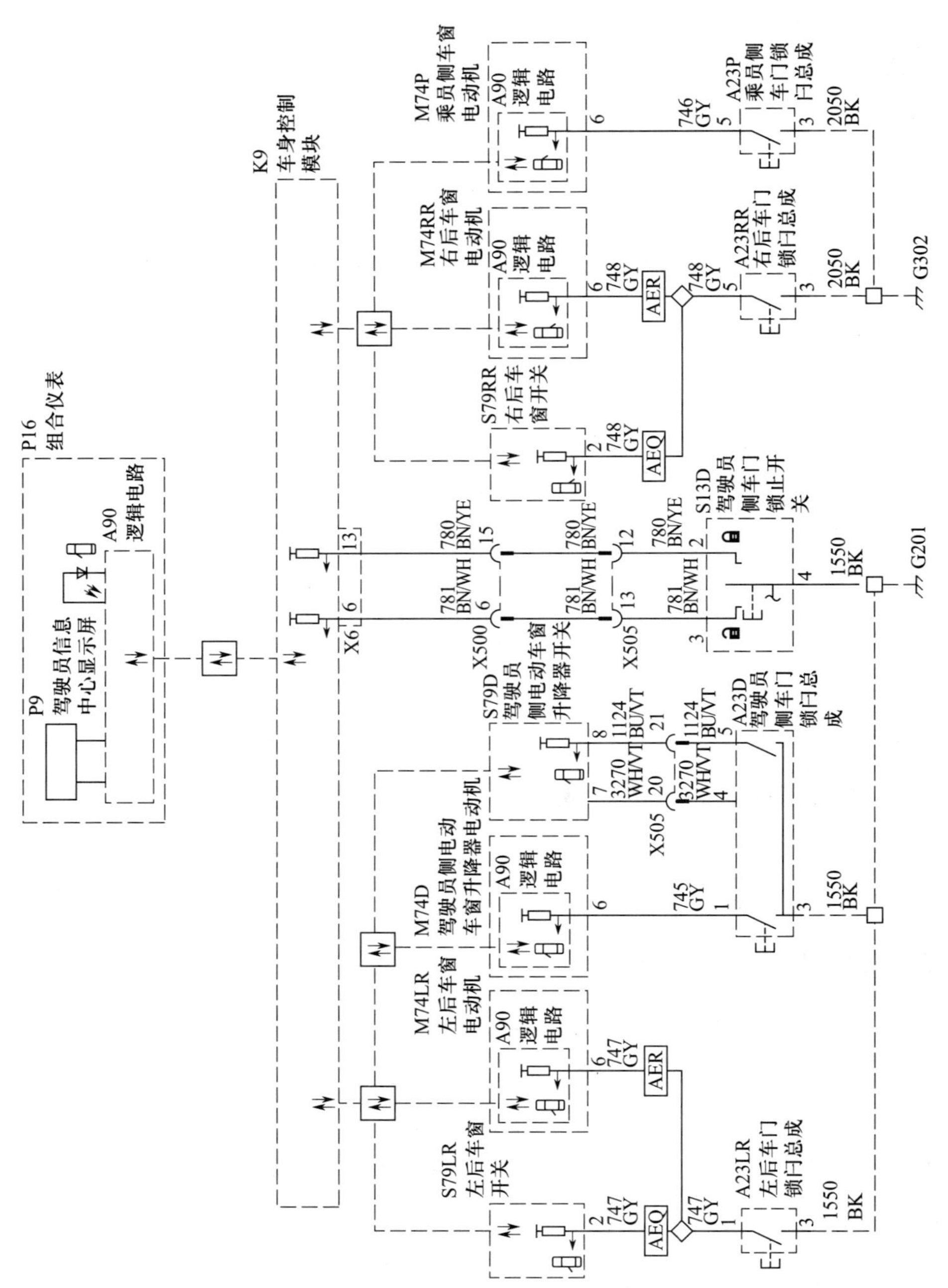

图 9-4-1　汽车中控门锁系统控制电路一

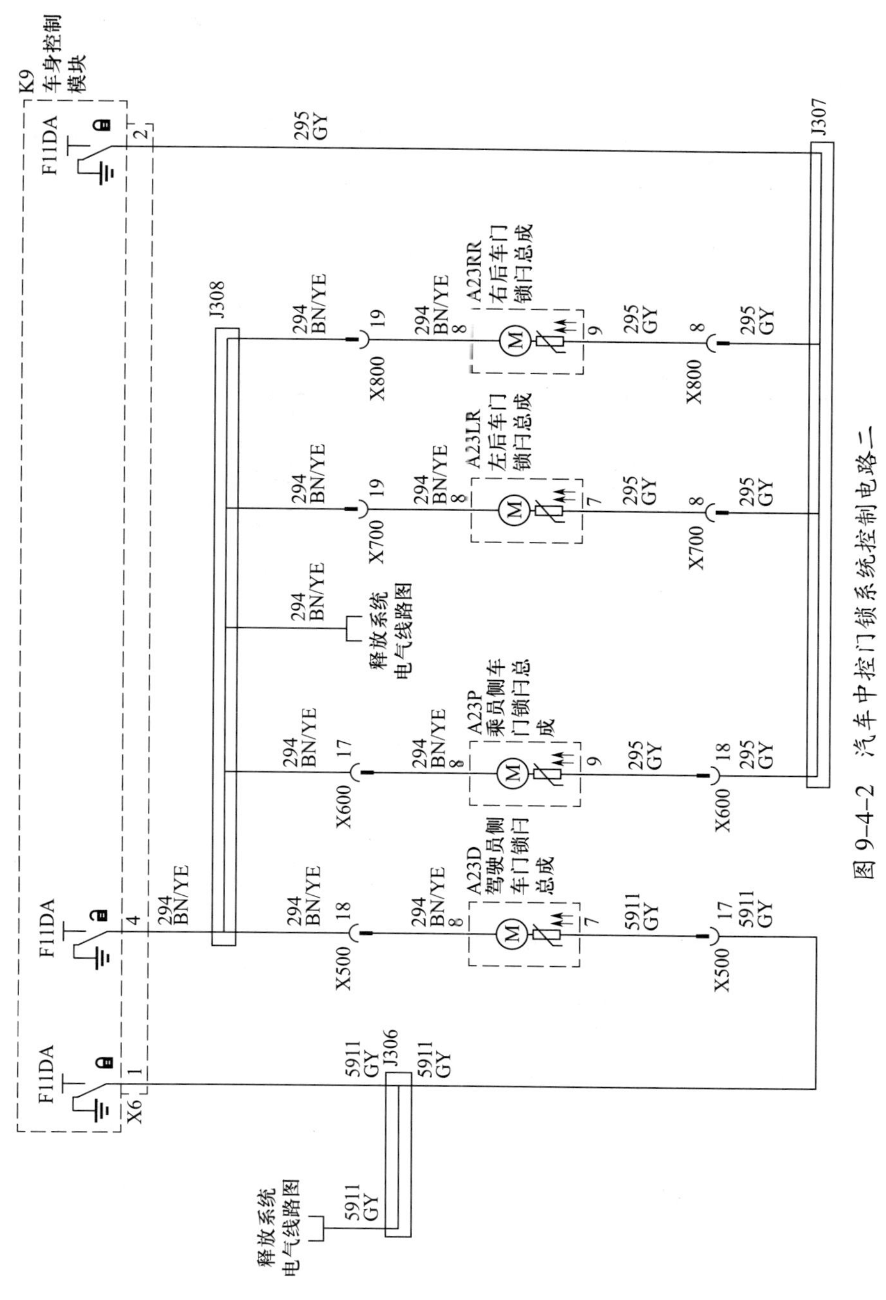

图 9-4-2　汽车中控门锁系统控制电路二

4．右后门锁系统控制电路闭锁电路

右后门锁系统控制电路闭锁电路的电流流向为：K9 的 X6 端子 2→连接器 J307→连接器 X800 的端子 8→A23RR 的端子 9→A23RR 的端子 8→X800 的端子 19→连接器 J308→ K9 的 X6 端子 4 。

5．车门锁止开关电路

（1）开锁电路的电流流向为：K9 的 X6 端子 6→连接器 X500 的端子 6→连接器 X505 的端子 13→S13D 的端子 3→S13D 的端子 4→搭铁点 G201。

（2）闭锁电路的电流流向为：K9 的 X6 端子 13→连接器 X500 的端子 15→连接器 X505 的端子 12→S13D 的端子 2→S13D 的端子 4→搭铁点 G201。

三、汽车中控门锁系统控制电路相关信息的收集

查阅相关资料，收集别克威朗汽车中控门锁系统控制电路端子的相关信息，填写在表 9-4-1 中。

表 9-4-1 汽车中控门锁系统控制电路端子的相关信息

序号	名称	端子号	截面积 / mm^2	颜色	功能	连接器图示
1	S13D	1	0.5	YE（黄色）	LED 背景灯变光控制	4 1
		2	0.5	BN/YE（棕色 / 黄色）	驾驶员侧车门锁开关锁止信号	
		3	0.5	BN/WH（棕色 / 白色）	驾驶员侧车门锁开关解锁信号	
		4	0.5	BK（黑色）	搭铁	
2	K9（X6）	1	1	GY（灰色）	门锁执行器锁止控制 2	4 1 8 5 15 9 21 16 27 22
		2	0.75	GY（灰色）	门锁执行器锁止控制	
		4	0.75	BN/YE（棕色 / 黄色）	门锁执行器解锁控制	
		6	0.5	BN/WH（棕色 / 白色）	驾驶员侧车门锁开关解锁信号	
		13	0.5	BN/YE（棕色 / 黄色）	驾驶员侧车门锁开关锁止信号	

四、汽车中控门锁系统控制电路的常见故障

1．分析故障原因

查阅资料，在表 9-4-2 中写出汽车中控门锁系统控制电路常见故障可能的故障原因。

表 9-4-2 汽车中控门锁系统控制电路常见故障原因分析

故障现象	可能的故障原因
汽车中控门锁系统不工作	供电电路故障
	控制电路故障
	线束或元器件本体故障

续表

故障现象	可能的故障原因
车门锁止开关无法控制车门解锁或闭锁	根据实际情况填写

2．制定检修方案

根据任务要求，制定故障检修方案。

（1）根据具体工作内容，明确小组成员分工，填写在表 9–4–3 中。

表 9–4–3　小组成员分工

姓名	分工
	根据实际情况填写

（2）根据要求列出检修所需主要工具及材料清单，填写在表 9–4–4 中。

表 9–4–4　检修所需主要工具及材料清单

序号	工具及材料名称	单位	数量	备注
	根据实际情况填写			

（3）根据小组分工情况及客户要求，制定具体的检修工序，填写在表 9–4–5 中。

表 9–4–5　检修工序安排

序号	检修工序内容	备注
	根据实际情况填写	

五、汽车中控门锁系统控制电路简单故障检修

1．电源电路的检查

（1）车身控制模块 K9 电源电路的检查

1）断开__点火开关__和蓄电池，拔下车身控制模块 K9 的__X2__连接器，如图 9–4–3 所示。

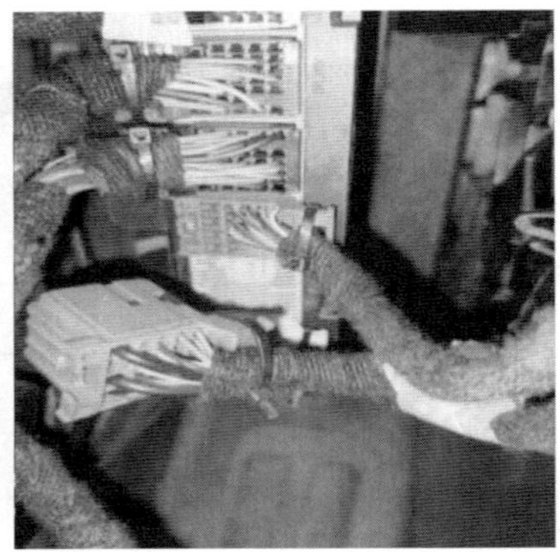

图 9–4–3　拔下 K9 的 X2 连接器

2）接通点火开关，使用万用表电压挡测量车身控制模块 K9 的 X2 端子 4 的对地电压，应约为 12 V，如图 9–4–4 所示。

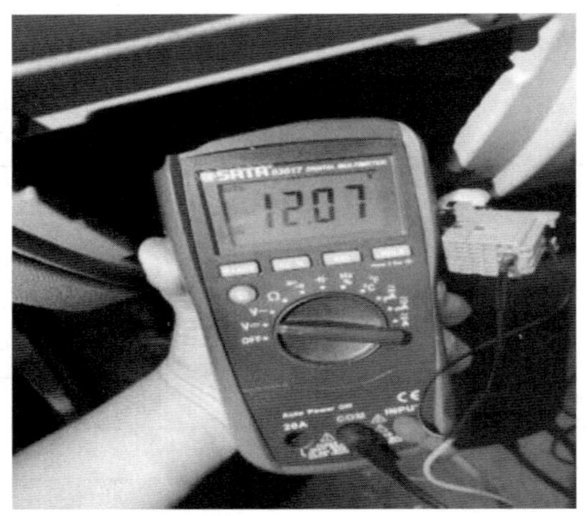

图 9–4–4　测量 K9 的电源电路电压

如果测得电压为 0，说明车身控制模块 K9 的电源电路出现故障，需拆卸 前地板控制台 X51A 熔丝盒附件 进一步检查，如图 9–4–5 所示。

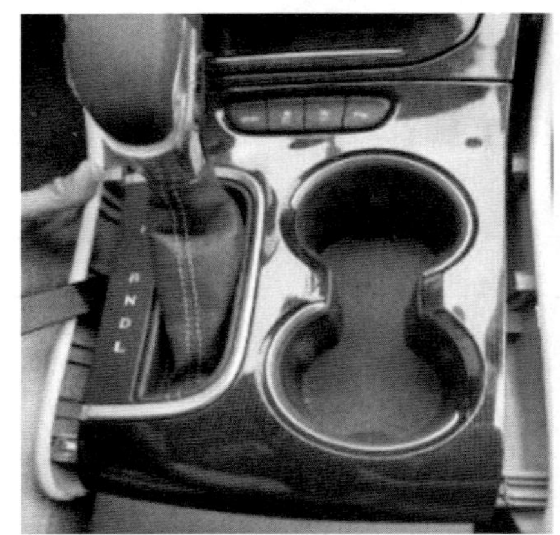
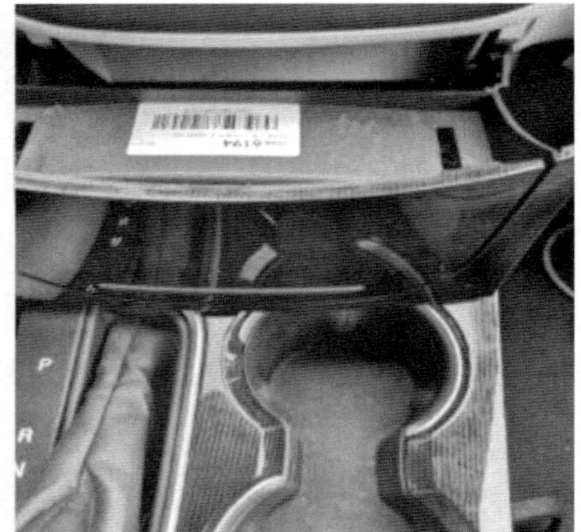

图 9–4–5　拆卸熔丝盒附件

①关闭点火开关，拔下 F11DA 熔丝，目测检查熔丝 是否熔断 和使用万用表电阻挡检查 熔丝电阻 ，以判断熔丝是否正常，如图 9-4-6 所示。

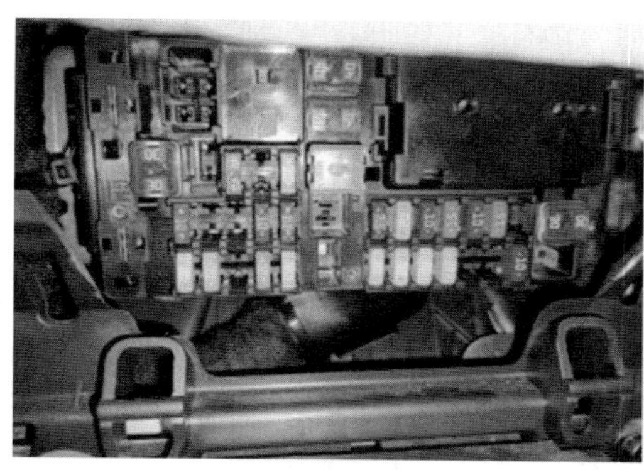

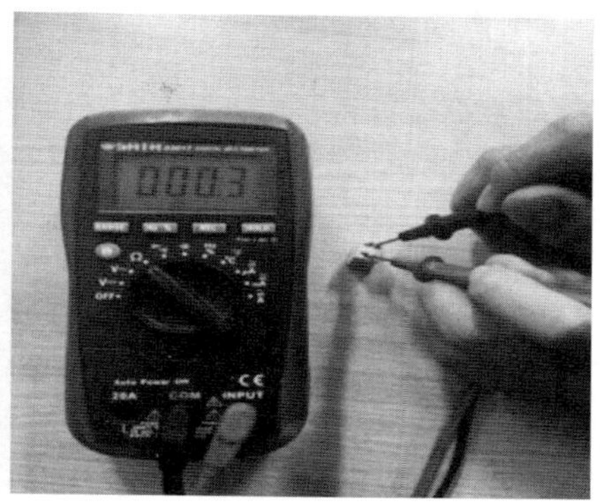

图 9-4-6　检查熔丝电阻

②如果 F11DA 熔丝所在电路断路，应予以 更换 ，同时需确认熔丝损坏是否是由于 熔丝下游线路短路或过载 造成的。因此，还需使用万用表电阻挡检查 F11DA 到 K9 的 X2 端子 4 与车身搭铁之间的电阻 。如果测得电阻为 0 或线阻，说明 F11DA 到 K9 的 X2 端子 4 或本体与车身搭铁之间短路 ；如果测得电阻为无穷大，说明 K9 电源电路正常，如图 9-4-7 所示。

图 9-4-7　检查电源电路对地电阻

③若在上述检查中发现 F11DA 熔丝未损坏，则使用万用表电压挡测量 F11DA 熔丝的电压，如果测得电压为 0 ，说明上游供电端出现故障，应立即排除该故障；如果测得电压约为 12 V，如图 9-4-8 所示，说明上游供电正常。需使用万用表电阻挡检查 熔丝下游到 K9 的 X2 端子 4 之间的电阻 。如果测得电阻为 线阻 ，说明 熔丝下游到 K9 的 X2 端子 4 之间线路正常 正常；如果测得电阻为无穷大，则需排除 线路断路 故障。

（2）驾驶员侧车门锁止开关 S13D 电路的检查

1）信号电路的检查

①拆卸车门装饰板。

②拔下 S13D 连接器 ，如图 9-4-9 所示。

图 9-4-8　检查 F11DA 熔丝的上游电路电压

图 9-4-9　拔下 S13D 连接器

③使用万用表电压挡检查 S13D 的端子 2 与搭铁之间的电压，应为__11（可根据实际车型填写）__V 左右，如图 9-4-10 所示。如果没有测得 11V 电压，则检查 S13D 的端子 2 与__K9 的 X6 端子 13__之间的电阻为__线阻__，如图 9-4-11 所示。如果测得电阻过大或为无穷大，说明 S13D 的端子 2 所在电路存在断路故障，应排除该故障；如果测得电阻正常，测量 S13D 的端子 2 与搭铁之间的电阻应为__∞__，如图 9-4-12 所示。如果测得电阻不正常，则检查__S13D__的端子 2 与__搭铁__是否短路。

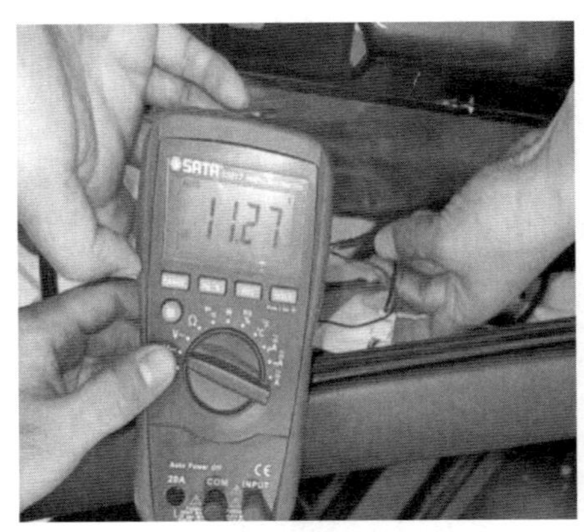

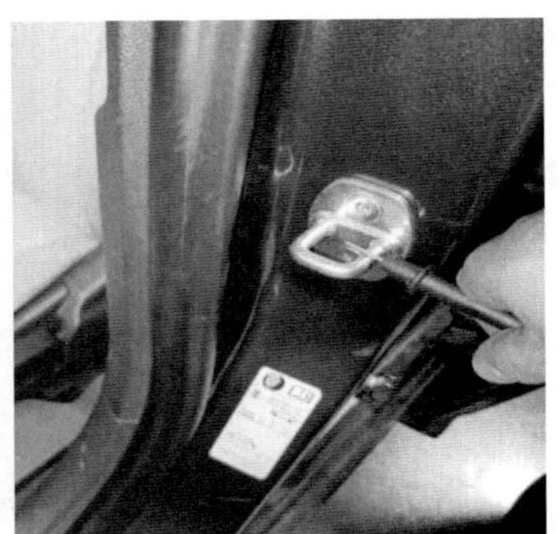

图 9-4-10　检查 S13D 的端子 2 与搭铁之间的电压

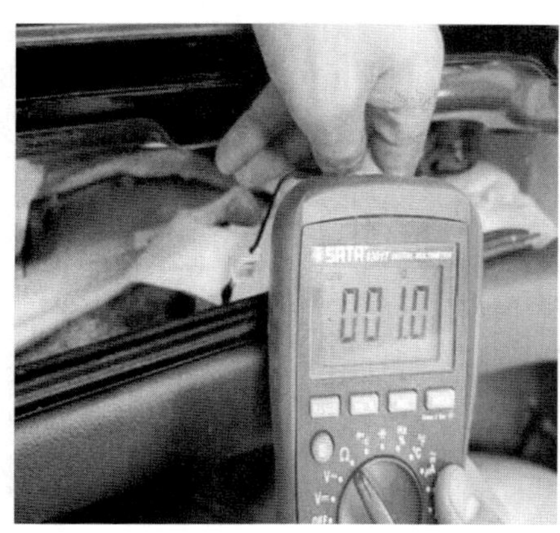
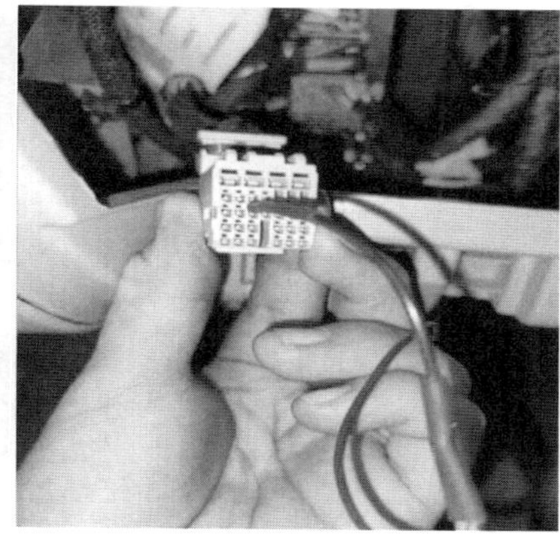

图 9-4-11　检查 S13D 的端子 2 与 K9 的 X6 端子 13 之间的电阻

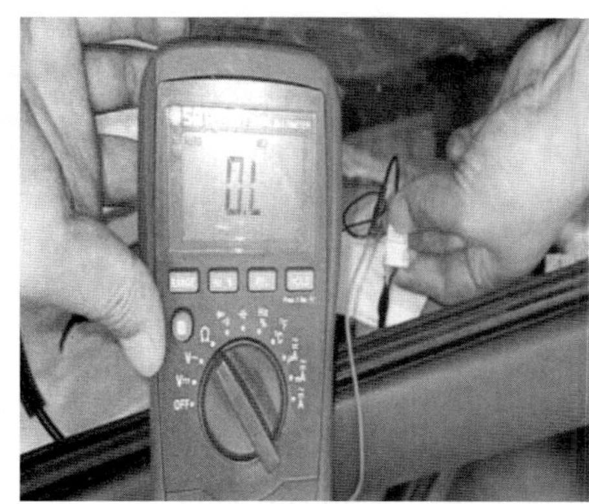
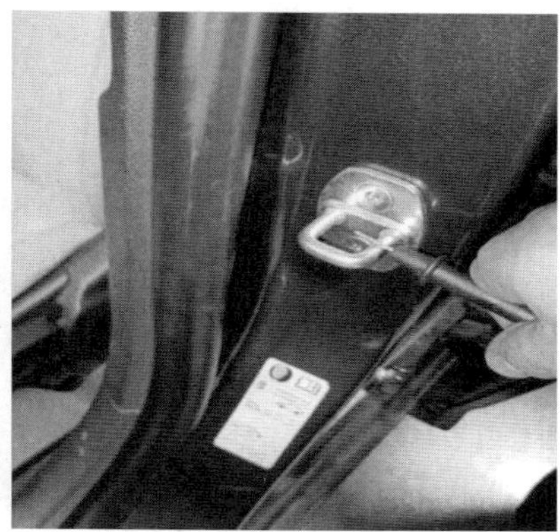

图 9-4-12　检查 S13D 端子 2 与搭铁之间的电阻

④使用万用表电压挡检查 S13D 的端子 3 的搭铁电压，应为＿11（可根据实际车型填写）＿V 左右，如图 9-4-13 所示。如果没有测得 11 V 电压，则使用万用表电阻挡检查 S13D 的端子 3 与＿K9 的 X6 端子 6＿之间的电阻为＿线阻＿，如图 9-4-14 所示。如果测得电阻过大或为无穷大，说明电路断路，应进行维修处理；如果测得电阻正常，检查 S13D 的端子 3 与搭铁之间的电阻应为＿∞＿，如图 9-4-15 所示。如果测得电阻不正常，则检查＿S13D＿的端子 3 与＿搭铁＿是否短路。

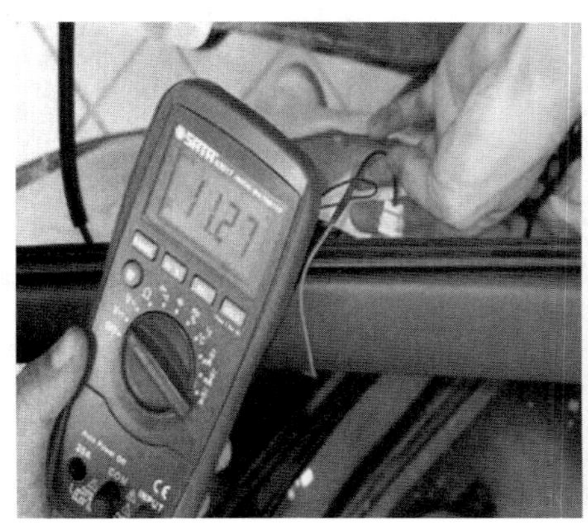
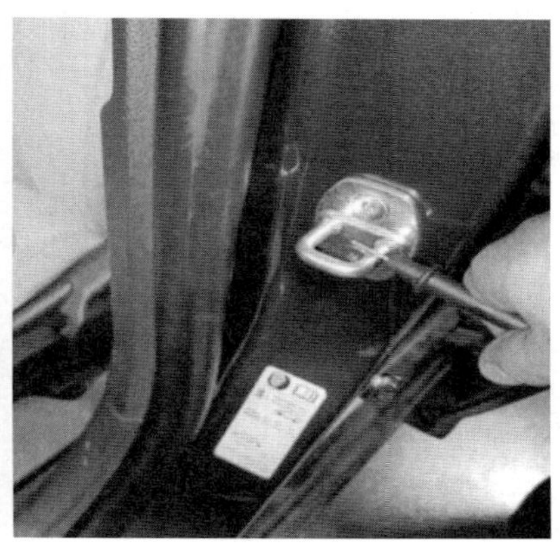

图 9-4-13　检查 S13D 的端子 2 的搭铁电压

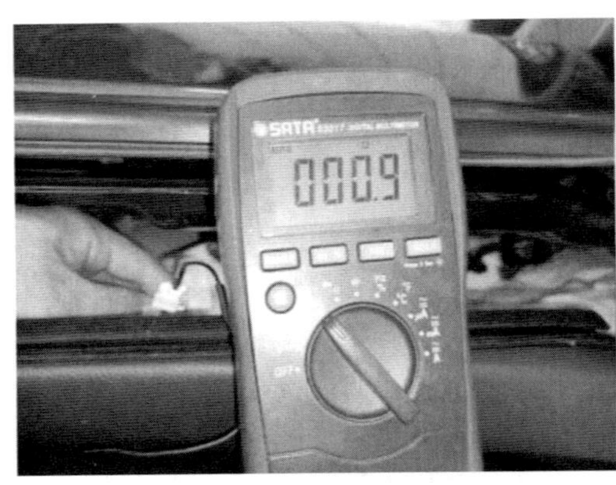

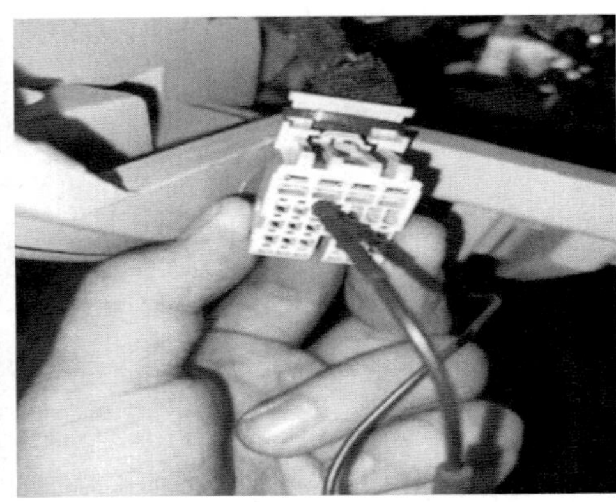

图 9-4-14　检查 S13D 的端子 2 与 K9 的 X6 端子 6 之间的电阻

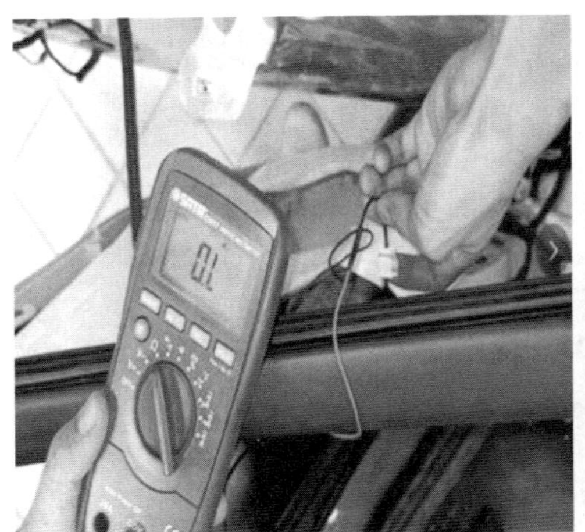

图 9-4-15　检查 S13D 的端子 3 与搭铁之间的电阻

2）搭铁电路的检查。使用万用表电阻挡测量 S13D 的端子 4 的搭铁电阻，如果测得电阻为<u>　线阻　</u>，说明 S13D 搭铁电路正常，如图 9-4-16 所示；如果测得电阻过大或为无穷大，说明<u>　线路断路　</u>，应进行维修处理。

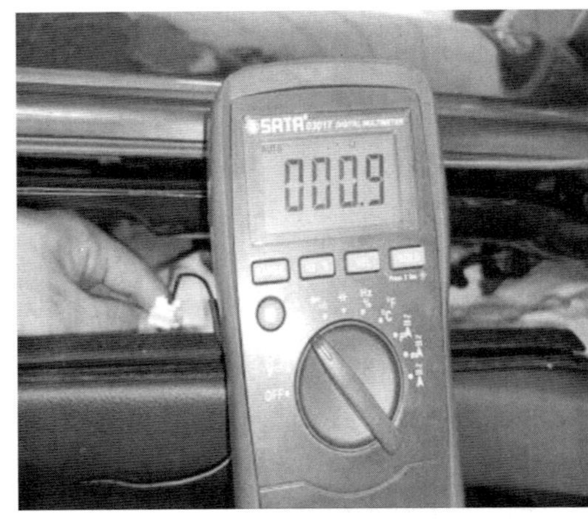

图 9-4-16　检查 S13D 的端子 4 与车身搭铁之间的电阻

3）驾驶员侧车门锁止开关 S13D 的检查

①接通驾驶员侧车门锁止开关 S13D，使用万用表电阻挡测量 S13D 的端子 2 与端子 4 之间的电阻为＿线阻＿，如图 9-4-17 所示。如果测得电阻为＿∞＿，说明 S13D 损坏，应更换。

②接通驾驶员侧车门锁止开关 S13D，使用万用表电阻挡测量 S13D 的端子 3 与端子 4 之间的电阻为＿线阻＿，如图 9-4-18 所示。如果测得电阻为＿∞＿，说明 S13D 损坏，应更换。

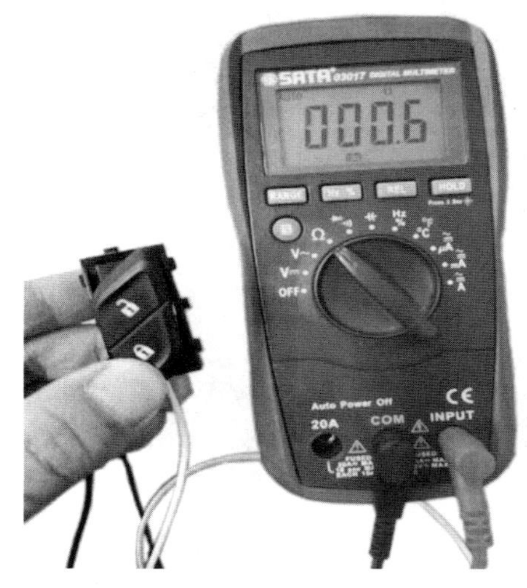

图 9-4-17　测量 S13D 的端子 2 与端子 4 之间的电阻

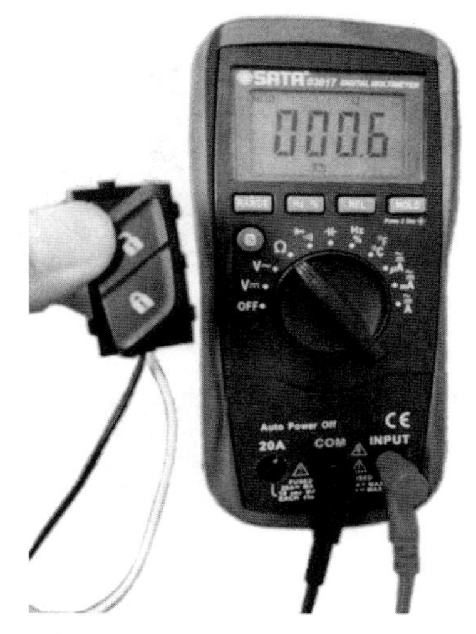

图 9-4-18　测量 S13D 的端子 3 与端子 4 之间的电阻

2．工作电路的检查

（1）断开点火开关，使用驾驶员侧车门锁止开关 S13D 锁止和解锁车门，用万用表电阻挡检查 A23D 的端子 7 与端子 8 之间的瞬时电压，应为＿6（可根据实际车型填写）＿V 左右，如图 9-4-19 所示。

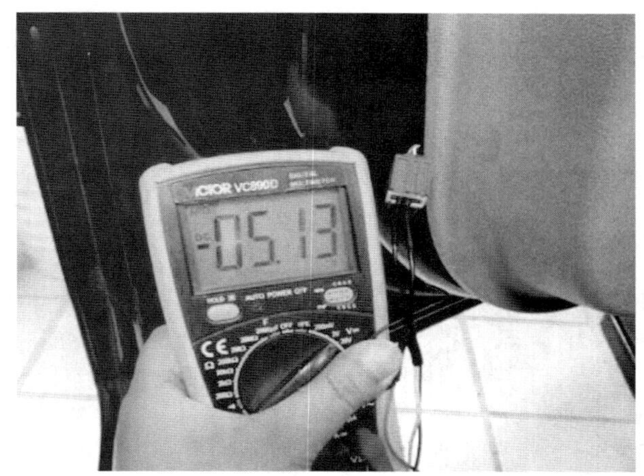

图 9-4-19　检查 A23D 的端子 7 与端子 8 之间的电压

（2）如果测得 A23D 的端子 7 与端子 8 之间无瞬时工作电压，则进行如下检查。

1）断开蓄电池，取下车身控制模块 K9 的 X6，用万用表电阻挡检查 A23D 的端子 7 与搭铁之间的电阻，应为＿∞＿，如图 9-4-20 所示。如果测得电阻不正常，应检查＿A23D 的端子 7 与搭铁之间是否短路＿，若有＿短路故障＿，应予以排除。检测 A23D 的端子 7 与＿K9 的 X6 端子 1＿之间的电阻，应为＿线阻＿，如图 9-4-21 所示。如果测得电阻不正常，则需排除＿A23D 的端子 7 与 K9 的 X6 端子 1 之间的＿断路故障。

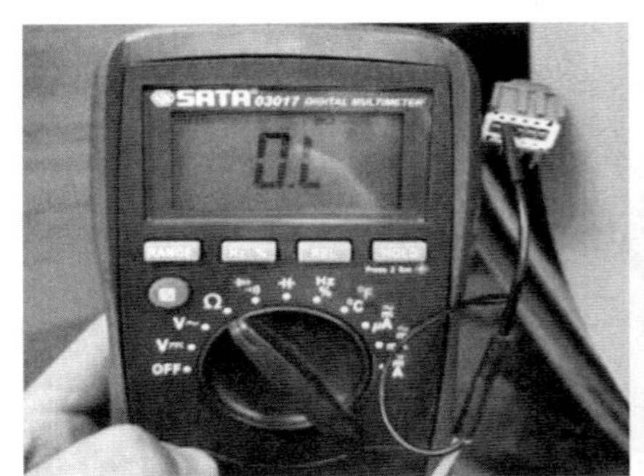

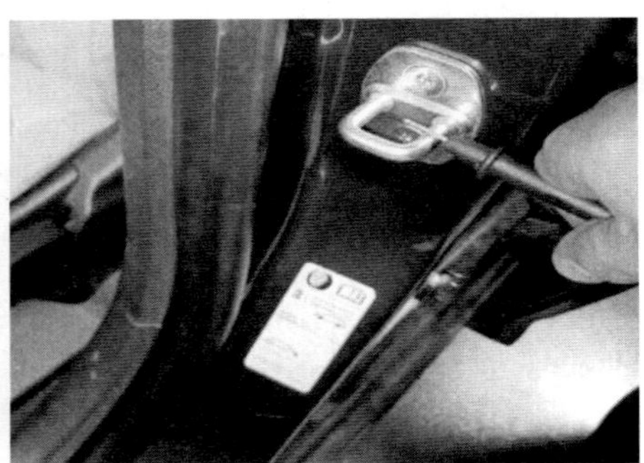

图 9-4-20　检查 A23D 的端子 7 与搭铁之间的电阻

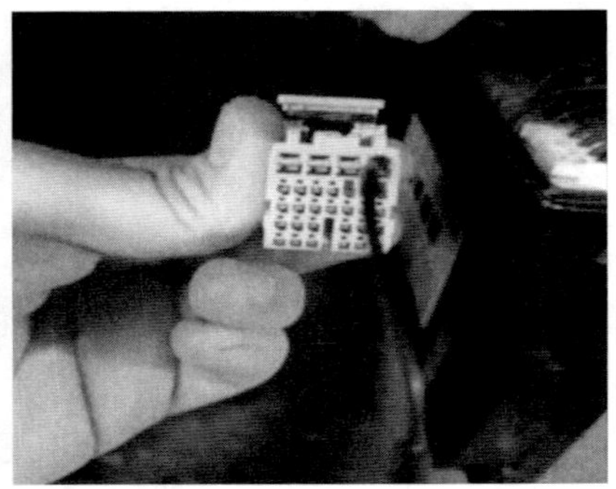

图 9-4-21　检查 A23D 的端子 7 与＿K9 的 X6 端子 1＿之间的电阻

2）断开蓄电池，取下车身控制模块 K9 的 X6，用万用表电阻挡检查 A23D 的端子 8 与搭铁之间的电阻，应为＿∞＿，如图 9-4-22 所示。如果测得电阻不正常，应检查＿A23D 的端子 8 与搭铁之间是否短路＿，若有＿短路故障＿，应予以排除。测量 A23D 的端子 8 与＿K9 的 X6 端子 4＿之间的电阻，应为＿线阻＿，如图 9-4-23 所示。如果测得电阻不正常，则需排除＿A23D 的端子 8 与 K9 的 X6 端子 4 之间的＿断路故障。

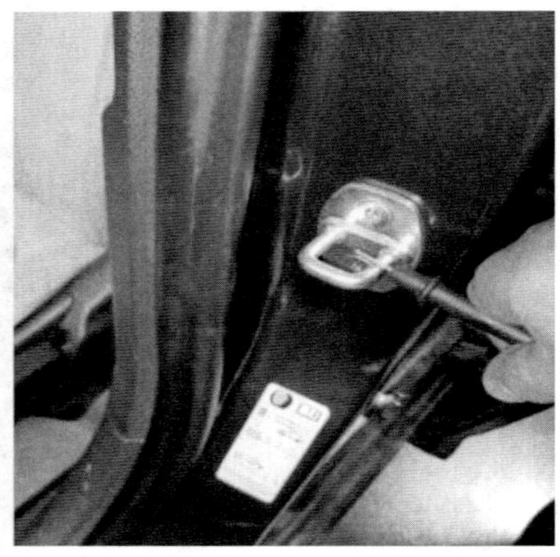

图 9-4-22　检查 A23D 的端子 8 与搭铁之间的电阻

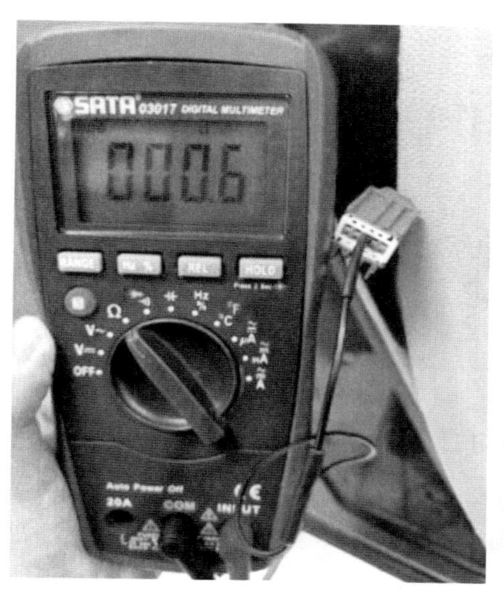

图 9-4-23　检查 A23D 的端子 8 与 K9 的 X6 端子 4 之间的电阻

六、学习活动评价

学习活动评价见表 9-4-6。

表 9-4-6　学习活动评价表

<table>
<tr><td>班级</td><td></td><td>姓名</td><td></td><td>学号</td><td></td><td>日期</td><td>年　月　日</td></tr>
<tr><td>序号</td><td colspan="5">评价要点</td><td>配分</td><td>得分</td><td>总评</td></tr>
<tr><td>1</td><td colspan="5">能正确识读和填写工作页，明确学习活动要求</td><td>5</td><td></td><td rowspan="10">A □（86～100 分）
B □（76～85 分）
C □（60～75 分）
D □（60 分以下）</td></tr>
<tr><td>2</td><td colspan="5">能查阅资料，写出汽车中控门锁系统控制电路的组成</td><td>5</td><td></td></tr>
<tr><td>3</td><td colspan="5">能查阅资料，完成汽车中控门锁系统控制电路的识读</td><td>15</td><td></td></tr>
<tr><td>4</td><td colspan="5">能查阅资料，完成汽车中控门锁系统控制电路相关信息的收集</td><td>10</td><td></td></tr>
<tr><td>5</td><td colspan="5">能查阅资料，写出汽车中控门锁系统控制电路常见故障的原因，制定检修方案</td><td>15</td><td></td></tr>
<tr><td>6</td><td colspan="5">能按规范流程完成汽车中控门锁系统控制电路简单故障检修</td><td>20</td><td></td></tr>
<tr><td>7</td><td colspan="5">能遵守劳动纪律，以积极的态度接受工作任务</td><td>10</td><td></td></tr>
<tr><td>8</td><td colspan="5">能积极参与小组讨论，发挥团队合作精神</td><td>10</td><td></td></tr>
<tr><td>9</td><td colspan="5">能及时完成教师布置的任务</td><td>10</td><td></td></tr>
<tr><td colspan="6">总　分</td><td>100</td><td></td></tr>
<tr><td>小结
建议</td><td colspan="8"></td></tr>
</table>

学习活动 5　工作总结与评价

学习目标

1. 能以小组形式，对学习过程和成果进行总结。
2. 能完成对学习过程的综合评价。

建议学时：2 学时。

学习过程

一、工作总结

在世界技能大赛中，选手应具有一定的组织规划、沟通、创新等能力，这在实际的生产工作中是十分必要的。以小组为单位，选择演示文稿、展板、海报、视频等形式中的一种或几种，向全班展示、汇报学习成果。

二、综合评价

针对本任务的学习情况，根据表 9–5–1 所列综合评价标准进行评分。

表 9–5–1　综合评价标准

评价项目	评价内容及标准	配分	评分		
			自我评价	小组评价	教师评价
工作组织和管理	团队合作，合理计划，高效管理时间	3			
	定期检查工作进展和效果	3			
	保证高质量完成工作	4			
沟通能力	深度咨询客户，完全理解其要求	10			
	提供明确说明，准确回答客户的疑问	10			
计划创新能力	及时处理工作中遇到的问题	10			
	提出创新性、可行性建议，提高客户满意度	10			

续表

评价项目	评价内容及标准	配分	评分		
			自我评价	小组评价	教师评价
专业知识	具备汽车中控门锁系统的组成、作用和原理等知识	10			
	具备汽车中控门锁系统不工作故障检修知识	10			
实践能力	具备汽车中控门锁控制器的检查与更换技能	10			
	具备汽车中控门锁电动机的检查与更换技能	10			
	具备汽车中控门锁系统控制电路的检修技能	10			
学生姓名		综合评价得分			
指导教师		日期			

三、学习任务九整体评价

学习任务九整体评价见表 9–5–2。

表 9–5–2　学习任务九整体评价表

项目	自我评价			小组评价			教师评价		
	10 ~ 9 分	8 ~ 6 分	5 ~ 1 分	10 ~ 9 分	8 ~ 6 分	5 ~ 1 分	10 ~ 9 分	8 ~ 6 分	5 ~ 1 分
	占总评 10%			占总评 30%			占总评 60%		
学习活动 1									
学习活动 2									
学习活动 3									
学习活动 4									
学习活动 5									
协作精神									
纪律观念									
表达与分析能力									
工作态度									
任务总体表现									
小计分									
总评分									

世赛知识

电气构建在世赛汽车技术项目中的应用

汽车技术项目是世界技能大赛中参赛国家最多的项目之一，也是竞争最激烈的项目之一。该项目考核汽车维修企业汽车维修技师岗位的职业能力。

汽车维修技师的主要工作为检测、诊断、维护、修理及更换零部件。在汽车维修企业里，汽车维修技师的工作要求是快速、准确地诊断故障并完成维修工作。汽车维修技师应掌握汽车机械、电气、电子、控制以及各系统集成的知识，具有熟练操作各种车型的技能，并具备良好的体能。汽车技术项目竞赛将全面展现年轻汽车维修技师的职业技能和职业素养，引领汽车维修职业教育和汽车维修行业的发展。

第 46 届世界技能大赛汽车技术项目参照世界技能大赛的技术要求，考核 9 个模块，包括 A 发动机管理，B 发动机诊断，C 车身电气，D 电气构建，E 制动系统，F 定位、转向与悬架，G 发动机测试，H 发动机测量以及 I 新能源汽车。考试时间和配分比例详见表 9–5–3。比赛在三天内完成，比赛时间总计 12 小时。

表 9–5–3　　竞赛项目考核模块及配分比例

第 46 届世界技能大赛汽车技术项目			第 45 届世界技能大赛汽车技术项目		
考核模块	考试时间	配分比例	考核模块	考试时间	配分比例
A 发动机管理	1.5 小时	15%	A 发动机管理	2 小时	15%
B 发动机诊断	1.5 小时	15%	B 发动机诊断	2 小时	15%
C 车身电气	1.5 小时	15%	C 车身电气	2 小时	15%
D 电气构建	1.5 小时	12%	D 电气构建	2 小时	15%
E 制动系统	1 小时	10%	E 制动系统	2 小时	10%
F 定位、转向与悬架	1.5 小时	10%	F 定位、转向与悬架	1.5 小时	7%
G 发动机测试	1.5 小时	10%	G 发动机测试	2 小时	10%
H 发动机测量	1.5 小时	10%	H 发动机测量	2 小时	10%
I 新能源汽车	0.5 小时	3%	I 新能源汽车	0.5 小时	3%
合计	12 小时	100%	合计	16 小时	100%

电气构建属于汽车技术项目中的 D 模块，竞赛时间 1.5 小时。参赛选手应具备的能力包括能检查、测试和修理汽车电气系统及电子电路，包括所有主体电路；能利用给定的各种汽车电气部件，根据任务书要求构建（绘制）基本电路，在台架上连线构建实现电路功能，并完成相关故障排除。

下面为第 45 届世界技能大赛汽车技术项目中国集训队训练试卷和评分表。

模块 D：电气构建

使用设备：2017 款别克威朗电气台架。

竞赛时间：1.5 小时。

作业说明：

1. 完成专业英语翻译。
2. 根据报告单检查、诊断并维修各电气系统。
3. 检修顺序可自由切换，开始检修每个系统前需告知裁判。
4. 选手发现故障后应向裁判展示、在电路图上指出故障位置，并在报告单上记录。
5. 只有展示故障、记录故障都正确，选手才能根据裁判的指示修复故障。

注意：实际任务根据台架功能可能会有较大变动。

作业内容和报告单见表 9–5–4。

表 9–5–4 作业内容和报告单

序号	项目	评分点	说明	配分	得分
1	工作组织和安全（6 分）	检查准备	准备工具，检查并查看电路图	1	
		车辆防护	车内四件套、车外三件套、拉手制动、车轮挡块	1	
		插废气抽排管	应在发动机第一次起动前插好	1	
		检查发动机机油和冷却液	起动发动机前进行检查	1	
		测量蓄电池电压	发现异常应汇报	2	
2	供电及充电（18 分）	故障 1：展示故障	命题时补充故障点，如：SC25 断路，下同	3	
		指出故障在电路图中位置并记录	命题时补充位置，如：P250，下同	2	
		修复故障，验证功能	命题时补充修复方式，如：更换，下同	1	
		故障 2：展示故障		3	
		指出故障在电路图中位置并记录		2	
		修复故障，验证功能		1	
		故障 3：展示故障		3	
		指出故障在电路图中位置并记录		2	
		修复故障，验证功能		1	
3	外部灯光及内部灯光（18 分）	故障 4：展示故障		3	
		指出故障在电路图中位置并记录		2	
		修复故障，验证功能		1	
		故障 5：展示故障		3	
		指出故障在电路图中位置并记录		2	
		修复故障，验证功能		1	

续表

序号	项目	评分点	说明	配分	得分
3	外部灯光及内部灯光（18 分）	故障 6：展示故障		3	
		指出故障在电路图中位置并记录		2	
		修复故障，验证功能		1	
4	电动车窗中控门锁后视镜（24 分）	故障 7：展示故障		3	
		指出故障在电路图中位置并记录		2	
		修复故障，验证功能		1	
		故障 8：展示故障		3	
		指出故障在电路图中位置并记录		2	
		修复故障，验证功能		1	
		故障 9：展示故障		3	
		指出故障在电路图中位置并记录		2	
		修复故障，验证功能		1	
		故障 10：展示故障		3	
		指出故障在电路图中位置并记录		2	
		修复故障，验证功能		1	
5	信号、喇叭及刮水器（18 分）	故障 11：展示故障		3	
		指出故障在电路图中位置并记录		2	
		修复故障，验证功能		1	
		故障 12：展示故障		3	
		指出故障在电路图中位置并记录		2	
		修复故障，验证功能		1	
		故障 13：展示故障		3	
		指出故障在电路图中位置并记录		2	
		修复故障，验证功能		1	
6	空调系统（6 分）	故障 14：展示故障		3	
		指出故障在电路图中位置并记录		2	
		修复故障，验证功能		1	
7	任务完成（5 分）	拆装件安装到位		1	
		无车辆、零件损坏，身体无受伤		2	
		清理所有工具并复位		2	
8	英语翻译（5 分）	完成专业英语翻译	比赛前 5 分钟完成英语试卷	5	
合　计				100	

附　　录

附录 1　汽车辅助约束系统（SRS）故障警告灯亮故障检修学习任务设计方案

<table>
<tr><td>专业名称</td><td>汽车维修</td><td>一体化课程名称</td><td>汽车电气简单故障检修</td></tr>
<tr><td>学习任务</td><td>汽车辅助约束系统（SRS）故障警告灯亮故障检修</td><td>学时</td><td>20</td></tr>
<tr><td>工作情境描述</td><td colspan="3">一辆别克威朗汽车处于正常行驶状态下，客户发现汽车辅助约束系统故障警告灯点亮。经班组长检查，初步判断为汽车辅助约束系统故障。汽车修理工需要根据维修手册相关要求，在规定时间内，参照维修资料完成对汽车辅助约束系统的检查与零部件的更换工作，自检合格后交付班组长验收</td></tr>
<tr><td>学习任务描述</td><td colspan="3">汽车修理工接受汽车维修任务，阅读维修工单，明确任务要求，确认故障现象。通过查阅维修手册，确定作业流程与技术标准，制定故障检修方案；在规定工期内完成汽车辅助约束系统零部件拆装与检修作业，自检合格后，填写维修工单，交付班组长进行质量检验
作业过程中，汽车修理工应严格遵守汽车生产厂家制定的操作规程，遵守企业内部检验规范、安全生产制度、环保管理制度以及 6S 管理规定</td></tr>
<tr><td>与其他学习任务的关系</td><td colspan="3">该任务是汽车电气简单故障检修（二）的第一个任务，汽车辅助约束系统为汽车车身电气系统的组成部分之一，与其他学习任务为并列关系。本任务的学习有助于锻炼学生的汽车故障检测与维修能力</td></tr>
<tr><td>学生基础</td><td colspan="3">具有基本的电路图识图能力和资料查阅能力，能够独立对汽车故障进行检修，能够正确使用万用表、解码器等工具，具备一定的汽车维修基础知识、安全文明生产意识和团队合作能力</td></tr>
<tr><td>学习目标</td><td colspan="3">1. 能描述汽车辅助约束系统的组成及各部件的安装位置
2. 能描述汽车辅助约束系统各部件的作用
3. 能进行汽车辅助约束系统的基本检查
4. 能描述安全气囊的作用和类型
5. 能描述安全气囊系统的组成和安装位置
6. 能描述安全气囊系统各组成部件的作用
7. 能进行安全气囊的拆卸、检查与更换
8. 能描述安全带的作用和安装位置
9. 能描述安全带的组成、类型和工作原理
10. 能进行安全带的拆卸、检查和更换</td></tr>
</table>

续表

学习目标	11．能描述汽车辅助约束系统控制电路的作用和组成 12．能进行汽车辅助约束系统控制电路的识读 13．能进行汽车辅助约束系统相关信息的收集 14．能分析并确定汽车辅助约束系统控制电路常见故障的原因，制定检修方案 15．能进行汽车辅助约束系统控制电路简单故障检修 16．能对维修场地设备进行日常维护保养，按 6S 管理规定要求清理现场 17．能对相关资料进行检索，完成检修工单和工作页的填写 18．能展示工作成果，进行任务评价，总结工作经验，优化检修方案 19．能在作业过程中严格执行企业操作规范、安全生产制度、环保管理制度，严格遵守从业人员的职业道德，具有吃苦耐劳、爱岗敬业的工作态度和职业责任感
学习内容	1．实习车间管理规章制度及汽车电气检修安全操作规程 2．维修工单填写方法 3．专业学习内容 （1）汽车辅助约束系统的组成与作用 （2）汽车辅助约束系统的基本检查 （3）安全气囊的拆卸、检查与更换 （4）安全带的拆卸、检查与更换 （5）汽车辅助约束系统控制电路简单故障检修 （6）检测仪器及相关工具的正确使用 4．现场管理、环保知识及 6S 管理知识 5．学生团队协作分工，展示、交流技巧
教学条件	环境类资源：一体化学习工作站，包括学习区、实训区、成果展示区、资料查询区，学习区与实训区可容纳 30 人 设备工具类资源：整车 6 辆、充电机 2 台、故障检测设备 6 套、汽车电气维修专用工具 6 套 耗材资源：电工胶布、防护用品、修理包和零配件等若干 文本类资源：安全操作规程 1 套、汽车维修手册 6 套、维修工单 6 套、学生工作页每人 1 本 数字化资源：计算机 6 台、多媒体 1 套、数字化资源库 1 套
教学组织形式	1．教师组织学生穿好工作服，在指定地点集合，对学生进行必要的安全教育后，开展下一步的教学工作 2．教师引导学生学习本学习任务涉及的安全操作规程及各项规章制度，发放工作页、别克威朗汽车维修手册等资料

续表

教学组织形式	3. 各小组熟悉汽车实习场地和别克威朗实训车，完成资料查阅等工作的组内分工 4. 教师带领学生从工具室领取万用表、解码器及常规工具等 5. 教师提供学习演示资料，采用现场示范操作、实物展示等形式，引导学生学习 6. 教师指导学生识读别克威朗汽车辅助约束系统控制电路图，启发学生学习并分析 7. 学生按维修要求独立完成故障检测，教师巡回指导并评价学习效果 8. 教师组织学生以小组或个人形式，通过自我评价、小组评价、教师评价，向全班展示、汇报学习成果 9. 学生按车间管理规定，规范整理工作场地，归还解码器、万用表及常规工具等
教学流程与活动	1. 汽车辅助约束系统的认知（4 学时） 2. 安全气囊的检查与更换（4 学时） 3. 安全带的检查与更换（4 学时） 4. 汽车辅助约束系统控制电路简单故障检修（6 学时） 5. 工作总结与评价（2 学时）
评价内容与标准	1. 团队合作，合理计划，高效管理时间 2. 定期检查工作进展和效果 3. 保证高质量完成工作 4. 深度咨询客户，完全理解其要求 5. 提供明确说明，准确回答客户的疑问 6. 及时处理工作中遇到的问题 7. 提出创新性、可行性建议，提高客户满意度 8. 具备汽车辅助约束系统的组成、作用和原理等知识 9. 具备汽车辅助约束系统故障检修知识 10. 具备汽车辅助约束系统安全气囊的检查与更换技能 11. 具备汽车辅助约束系统安全带的检查与更换技能 12. 具备汽车辅助约束系统控制电路故障的检修技能

附录 2　汽车辅助约束系统（SRS）故障警告灯亮故障检修教学活动策划表

教学活动	关键能力	学生学习活动	教师活动	学习内容	资源	评价点	学时	地点
学习活动1：汽车辅助约束系统的认知	资料查阅能力、故障分析能力、安全操作能力	1. 模拟企业晨会组织教学：各小组清点人数、检查工装、进行上次任务总结、将学生分为每5～6人一组，使不同学习态度的学生相互搭配 2. 各小组进行学习准备，包括人员分工、资源准备和安全检查 3. 以小组形式查阅资料进行讨论和学习，完成工作页填写 4. 按要求分工实施汽车辅助约束系统各部件识别及基本检查作业 5. 各小组总结评价本学习活动完成情况，点评每位成员的亮点与不足，注意从专业能力及社会能力两方面做好总结交流，填写学习活动评价表	1. 安全教育。教师组织学生通过案例分析学习安全操作规程和安全制度 2. 创设情境：在汽车上设置汽车辅助约束系统（SRS）故障警告灯亮的故障情境，发放任务书 3. 指导学生完成信息收集，解决各小组共性问题 4. 指导各小组实施基本检查作业，检查6S执行能力 5. 总结评价。评价本阶段学习情况，其中既要包括专业知识与实践操作等专业方面的情况，又要包括学生课堂参与情况、学习态度等	1. 实习车间管理规章制度及汽车电气检修安全操作规程 2. 专业知识与技能 （1）汽车辅助约束系统的组成和各部件的安装位置 （2）汽车辅助约束系统各部件的作用 （3）汽车辅助约束系统常见故障的原因 （4）汽车辅助约束系统的基本检查	1. 车间生产管理规章制度 2. 安全操作规程 3. 教学视频、多媒体课件 4. 教材、工作页、任务书及维修手册 5. 整车及电源系统台架 6. 专用工具和通用工量具	1. 能正确识读和填写工作页，明确学习活动要求 2. 能查阅资料，写出汽车辅助约束系统的组成及各部件的安装位置 3. 能查阅资料，写出汽车辅助约束系统各部件的作用 4. 能查阅资料，分析并确定汽车辅助约束系统常见故障的原因 5. 能按规范流程完成汽车辅助约束系统的基本检查 6. 能遵守劳动纪律，以积极的态度接受工作任务 7. 能积极参与小组讨论，发挥团队合作精神，及时完成教师布置的任务	4	一体化学习工作站

续表

教学活动	关键能力	学生学习活动	教师活动	学习内容	资源	评价点	学时	地点
学习活动2：安全气囊的检查与更换	资料查阅能力、故障分析能力、安全操作能力	1. 各小组做好资源准备，进行人员分工和安全检查 2. 每组学生对照工作页学习安全气囊的相关知识以及检查与更换的步骤、注意事项 3. 各小组按照要求实施安全气囊的检查与更换作业 4. 各小组总结评价本学习活动完成情况，点评每位成员的亮点与不足，填写学习活动评价表	1. 提出收集资料阶段的基本要求 2. 组织学生学习安全气囊的检查与更换的课件及观看拆装视频，并重点讲解拆装注意事项 3 巡回指导，做好操作示范、技术纠错、进度与质量控制、学生表现记录等，指导学生执行6S管理规范 4. 总结评价本学习活动情况 （1）总结点评各组学生活动参与情况 （2）点评学生资料查阅和信息处理的效果	1. 资料查阅方法 2. 信息归纳处理方法 3. 专业知识与技能 （1）安全气囊的作用和类型 （2）安全气囊的组成和安装位置 （3）安全气囊各组成部件的作用 （4）安全气囊常见故障的原因 （5）安全气囊的拆卸、检查与更换	1. 互联网资源和资源库 2. 教学视频和多媒体课件 3. 整车 4. 汽车维修手册及电路图 5. 专用工具和通用工量具 6. 教材及学生工作页	1. 能正确识读和填写工作页，明确学习活动要求 2. 能查阅资料，写出安全气囊的作用和类型 3. 能查阅资料，写出安全气囊的组成和安装位置 4. 能查阅资料，写出安全气囊各组成部件的作用 5. 能查阅资料，写出安全气囊常见故障的原因 6. 能按规范流程进行安全气囊的拆卸、检查与更换 7. 能遵守劳动纪律，以积极的态度接受工作任务 8. 能积极参与小组讨论，发挥团队合作精神，及时完成教师布置的任务	4	一体化学习工作站

续表

教学活动	关键能力	学生学习活动	教师活动	学习内容	资源	评价点	学时	地点
学习活动3：安全带的检查与更换	资料查阅能力、故障分析能力、安全操作能力	1. 各小组做好资源准备，进行人员分工和安全检查 2. 每组学生对照工作页学习安全带的相关知识以及检查与更换的步骤、注意事项 3. 各小组按照要求实施安全带的检查与更换作业 4. 各小组总结评价本学习活动完成情况，点评每位成员的亮点与不足，填写学习活动评价表	1. 提出收集资料阶段的基本要求 2. 组织学生学习安全带的检查与更换的课件及观看拆装视频，并重点讲解拆装注意事项 3. 巡回指导，做好操作示范、技术纠错、进度与质量控制、学生表现记录等，指导学生执行6S管理规范 4. 总结评价本学习活动情况 （1）总结点评各组学生活动参与情况 （2）点评学生资料查阅和信息处理的效果	1. 资料查阅方法 2. 信息归纳处理方法 3. 专业知识与技能 （1）安全带的作用和安装位置 （2）安全带的组成、类型和工作原理 （3）安全带常见故障的原因 （4）安全带的拆卸、检查与更换	1. 互联网资源和资源库 2. 教学视频和多媒体课件 3. 整车 4. 汽车维修手册及电路图 5. 专用工具和通用工量具 6. 教材及学生工作页	1. 能正确识读和填写工作页，明确学习活动要求 2. 能查阅资料，写出安全带的作用和安装位置 3. 能查阅资料，写出安全带的组成、类型和工作原理 4. 能查阅资料，写出安全带常见故障的原因 5. 能按规范流程进行安全带的拆卸、检查与更换 6. 能遵守劳动纪律，以积极的态度接受工作任务 7. 能积极参与小组讨论，发挥团队合作精神，及时完成教师布置的任务	4	一体化学习工作站

续表

教学活动	关键能力	学生学习活动	教师活动	学习内容	资源	评价点	学时	地点
学习活动4：汽车辅助约束系统控制电路简单故障检修	资料查阅能力、故障分析能力、方案制定能力、安全操作能力	1. 各小组参照企业维修班组进行人员分工，分头做好资源准备和安全检查 2. 每组学生查阅资料，进行信息收集及讨论，完成工作页填写、故障原因分析及汽车辅助约束系统控制电路简单故障检修方案制定 3. 每组学生借鉴其他各组优点，根据其他小组及教师的意见优化本组故障检修方案 4. 各小组按照优化后的方案实施汽车辅助约束系统控制电路简单故障检修作业，并执行6S现场管理规范 5. 各小组总结评价本组活动完成情况，点评每位成员的亮点与不足，注意从专业能力及社会能力两方面做好总结交流，填写学习活动评价表	1. 提出查阅资料和制定方案的基本要求及编制要领 2. 巡回指导，结合实际情况讲解学生遇到的共性问题，解决学生制定汽车辅助约束系统控制电路故障检修方案中遇到的相关问题 3. 组织各组交流方案，并根据评价标准优化各组检修方案 4. 巡回指导，做好操作示范、技术纠错、进度与质量控制、学生表现记录等，并指导学生执行6S管理规范 5. 总结评价本学习活动情况 （1）总结点评各组的学习和工作态度，表扬学生的闪光点 （2）点评学生实践操作情况，突出规范操作及质量效率	1. 资料查阅方法 2. 信息归纳处理方法 3. 方案制定及交流展示技巧 4. 专业知识与技能 （1）汽车辅助约束系统控制电路的作用和组成 （2）汽车辅助约束系统控制电路的识读 （3）汽车辅助约束系统相关信息的收集 （4）汽车辅助约束系统常见故障的原因，制定检修方案 （5）汽车辅助约束系统控制电路简单故障检修	1. 互联网资源和资源库 2. 教学视频和多媒体课件 3. 整车 4. 汽车维修手册及电路图 5. 专用工具和通用工量具 6. 教材及学生工作页	1. 能正确识读和填写工作页，明确学习活动要求 2. 能查阅资料，写出汽车辅助约束系统控制电路的作用和组成 3. 能查阅资料，进行汽车辅助约束系统控制电路的识读 4. 能查阅资料，进行汽车辅助约束系统相关信息的收集 5. 能查阅资料，写出汽车辅助约束系统常见故障的原因，制定检修方案 6. 能按规范流程完成汽车辅助约束系统控制电路简单故障检修 7. 能遵守劳动纪律，以积极的态度接受工作任务 8. 能积极参与小组讨论，发挥团队合作精神，及时完成教师布置的任务	6	一体化学习工作站

续表

教学活动	关键能力	学生学习活动	教师活动	学习内容	资源	评价点	学时	地点
学习活动5：工作总结与评价	语言表达能力、信息查询能力、沟通展示能力	1. 小组汇报：各组派代表汇报小组学习任务的实施情况，队内其他队员要发挥团队作用进行相关补充 2. 个人自评：每个人分析总结自己在完成学习任务中的表现，包括专业方面及非专业方面的表现，形成自我评价 3. 小组评价：组长代表小组，根据评价表对学习过程中的每个环节小组成员的表现进行互评并填写评价表 4. 在总结反思基础上完成拓展任务，从而实现触类旁通能力的提高	1. 组织学生分组派代表进行小组的汇报及互评 2. 对各组进行综合点评，包括专业能力及非专业能力 3. 总结评价各组本学习任务的完成情况，形成教师评价 （1）收集信息，制定方案，强调查阅信息、讨论及自学能力 （2）交流展示及优化方案，强调团队合作及交流沟通 （3）检查实施方案质量，强调操作规范、质量效率及安全环保等情况 4. 拓展学习任务，实现知识迁移	1. 现场管理及环保知识 2. 汽车电气维修安全操作规范 3. 工具、设备的使用规范 4. 方案的执行情况 5. 操作项目的完成情况 6. 工作页的完成情况 7. 总结评价的方法 8. 学习任务评价表	1. 整车、维修手册 2. 通用工量具和专用工具 3. 教材、学生工作页 4. 小组检修方案 5. 网络及资源库、多媒体设备 6. 展示板、磁力贴	1. 工作组织和管理 2. 沟通能力 3. 计划创新能力 4. 专业知识：具备汽车辅助约束系统的组成、作用和原理等知识，具备汽车辅助约束系统故障检修知识 5. 实践能力：具备汽车辅助约束系统安全气囊和安全带的检查与更换技能，具备汽车辅助约束系统控制电路故障的检修技能	2	一体化学习工作站

附录 3 汽车刮水器不工作故障检修学习任务设计方案

专业名称	汽车维修	一体化课程名称	汽车电气简单故障检修
学习任务	汽车刮水器不工作故障检修	学时	20
工作情境描述	一辆别克威朗汽车在接通点火开关正常供电的情况下，客户发现汽车刮水器各挡位都不工作。经班组长检查，初步诊断为汽车刮水器系统故障。汽车修理工需要根据维修手册相关要求，在规定时间内，参照维修资料完成汽车刮水器系统的检查与零部件的更换工作，自检合格后交付班组长验收		
学习任务描述	汽车修理工接受汽车维修任务，阅读维修工单，明确任务要求，确认故障现象。通过查阅维修手册，确定作业流程与技术标准，制定故障检修方案；在规定工期内完成汽车刮水器系统零部件拆装与检修作业，自检合格后，填写维修工单，交付班组长进行质量检验 作业过程中，汽车修理工应严格遵守汽车生产厂家制定的操作规程，遵守企业内部检验规范、安全生产制度、环保管理制度以及 6S 管理规定		
与其他学习任务的关系	该任务是汽车电气简单故障检修（二）的第二个任务，汽车刮水器系统为汽车车身电气系统的组成部分之一，与其他学习任务为并列关系。本任务的学习有助于锻炼学生的汽车故障检测与维修能力		
学生基础	具有基本的电路图识图能力和资料查阅能力，能够独立对汽车故障进行检修，能够正确使用万用表、解码器等工具，具备一定的汽车维修基础知识、安全文明生产意识和团队合作能力		
学习目标	1. 能描述刮水器系统的作用 2. 能描述刮水器系统的组成 3. 能描述刮水器系统各挡位的作用 4. 能进行刮水器系统的基本检查 5. 能描述刮水器开关的作用及安装位置 6. 能进行刮水器开关控制电路的识读 7. 能进行刮水器开关相关信息的收集 8. 能进行刮水器开关的拆卸、检查与更换 9. 能描述刮水器电动机的分类、组成及工作原理 10. 能描述连杆机构的组成、作用及类型 11. 能进行刮水器电动机相关信息的收集 12. 能进行刮水器电动机及连杆机构的拆卸、检查与更换 13. 能描述刮水器控制电路的分类、组成和作用 14. 能进行刮水器控制电路的识读 15. 能进行刮水器控制电路相关信息的收集 16. 能分析并确定刮水器控制电路常见故障的原因，制定检修方案 17. 能进行刮水器控制电路简单故障检修 18. 能对维修场地设备进行日常维护保养，按 6S 管理规定要求清理现场 19. 能对相关资料进行检索，完成检修工单和工作页的填写 20. 能展示工作成果，进行任务评价，总结工作经验，优化检修方案 21. 能在作业过程中严格执行企业操作规范、安全生产制度、环保管理制度，严格遵守从业人员的职业道德，具有吃苦耐劳、爱岗敬业的工作态度和职业责任感		

续表

学习内容	1．实习车间管理规章制度及汽车电气检修安全操作规程 2．维修工单填写方法 3．专业学习内容 （1）汽车刮水器系统的作用 （2）汽车刮水器系统的组成 （3）汽车刮水器系统的常见故障 （4）汽车刮水器系统相关部件的组成、作用及工作原理 （5）汽车刮水器系统相关部件的检查与更换 （6）汽车刮水器电动机及连杆机构的常见故障 （7）汽车刮水器控制电路的识读 （8）检测仪器及相关工具的正确使用 4．现场管理、环保知识及 6S 管理知识 5．学生团队协作分工，展示、交流技巧
教学条件	环境类资源：一体化学习工作站，包括学习区、实训区、成果展示区、资料查询区，学习区与实训区可容纳 30 人 设备工具类资源：整车 6 辆、充电机 2 台、故障检测设备 6 套、汽车电气维修专用工具 6 套 耗材资源：电工胶布、防护用品、修理包和零配件等若干 文本类资源：安全操作规程 1 套、汽车维修手册 6 套、维修工单 6 套、学生工作页每人 1 本 数字化资源：计算机 6 台、多媒体 1 套、数字化资源库 1 套
教学组织形式	1．教师组织学生穿好工作服，在指定地点集合，对学生进行必要的安全教育后，开展下一步的教学工作 2．教师引导学生学习本学习任务涉及的安全操作规程及各项规章制度，发放工作页、别克威朗维修手册等资料 3．各小组熟悉汽车实习场地和别克威朗实训车，完成资料查阅等工作的组内分工 4．教师带领学生从工具室领取万用表、解码器及常规工具等 5．教师提供学习演示资料，采用现场示范操作、实物展示等形式，引导学生学习 6．教师指导学生识读别克威朗汽车刮水器控制电路图，启发学生学习并分析 7．学生按维修要求独立完成故障检测，教师巡回指导并评价学习效果 8．教师组织学生以小组或个人形式，通过自我评价、小组评价、教师评价，向全班展示、汇报学习成果 9．学生按车间管理规定，规范整理工作场地，归还解码器、万用表及常规工具等
教学流程与活动	1．刮水器系统的认知（4 学时） 2．刮水器开关的检查与更换（4 学时） 3．刮水器电动机及连杆机构的检查与更换（4 学时） 4．刮水器控制电路简单故障检修（6 学时） 5．工作总结与评价（2 学时）
评价内容与标准	1．团队合作，合理计划，高效管理时间 2．定期检查工作进展和效果 3．保证高质量完成工作 4．深度咨询客户，完全理解其要求 5．提供明确说明，准确回答客户的疑问 6．及时处理工作中遇到的问题 7．提出创新性、可行性建议，提高客户满意度 8．具备汽车刮水器系统的组成、作用和原理等知识 9．具备汽车刮水器不工作故障检修知识 10．具备汽车刮水器开关的检查与更换技能 11．具备汽车刮水器电动机及连杆机构的检查与更换技能 12．具备汽车刮水器控制电路的检修技能

附录 4 汽车刮水器不工作故障检修教学活动策划表

教学活动	关键能力	学生学习活动	教师活动	学习内容	资源	评价点	学时	地点
学习活动1：刮水器系统的认知	资料查阅能力、故障分析能力、安全操作能力	1. 模拟企业晨会组织教学：各小组清点人数、检查工装、进行上次任务总结、将学生分为每 5 ~ 6 人一组，使不同学习态度的学生相互搭配 2. 各小组进行学习准备，包括人员分工、资源准备和安全检查 3. 以小组形式查阅资料进行讨论和学习，完成工作页填写 4. 按要求分工实施刮水器系统各部件识别及基本检查作业 5. 各小组总结评价本学习活动完成情况，点评每位成员的亮点与不足，注意从专业能力及社会能力两方面做好总结交流，填写学习活动评价表	1. 安全教育。教师组织学生通过案例分析学习安全操作规程和安全制度 2. 创设情境：在汽车上设置刮水器系统的故障情境，发放任务书 3. 指导学生完成信息收集，解决各小组共性问题 4. 指导各小组实施基本检查作业，检查 6S 执行能力 5. 总结评价。评价本阶段学习情况，其中既要包括专业知识与实践操作等专业方面的情况，又要包括学生课堂参与情况、学习态度等	1. 实习车间管理规章制度及汽车电气检修安全操作规程 2. 专业知识与技能 （1）刮水器系统的作用 （2）刮水器系统的组成 （3）刮水器系统各挡位的作用 （4）刮水器系统常见故障的原因 （5）刮水器系统的基本检查	1. 车间生产管理规章制度 2. 安全操作规程 3. 教学视频、多媒体课件 4. 教材、工作页、任务书及维修手册 5. 整车及电源系统台架 6. 专用工具和通用工量具	1. 能正确识读和填写工作页，明确学习活动要求 2. 能查阅资料，写出刮水器系统的作用 3. 能查阅资料，写出刮水器系统的组成 4. 能查阅资料，写出刮水器系统各挡位的作用 5. 能查阅资料，写出刮水器系统常见故障的原因 6. 能按规范流程完成刮水系统的基本检查 7. 能遵守劳动纪律，以积极的态度接受工作任务 8. 能积极参与小组讨论，发挥团队合作精神，及时完成教师布置的任务	4	一体化学习工作站

续表

教学活动	关键能力	学生学习活动	教师活动	学习内容	资源	评价点	学时	地点
学习活动2：刮水器开关的检查与更换	资料查阅能力、故障分析能力、安全操作能力	1．各小组做好资源准备，进行人员分工和安全检查 2．每组学生对照工作页学习刮水器开关的相关知识以及检查与更换的步骤、注意事项 3．各小组按照要求实施刮水器开关的检查与更换作业 4．各小组总结评价本学习活动完成情况，点评每位成员的亮点与不足，填写学习活动评价表	1．提出收集资料阶段的基本要求 2．组织学生学习刮水器开关的检查与更换的课件及观看拆装视频，并重点讲解拆装注意事项 3．巡回指导，做好操作示范、技术纠错、进度与质量控制、学生表现记录等，指导学生执行6S管理规范 4．总结评价本学习活动情况 （1）总结点评各组学生活动参与情况 （2）点评学生资料查阅和信息处理的效果	1．资料查阅方法 2．信息归纳处理方法 3．专业知识与技能 （1）刮水器开关的作用及安装位置 （2）刮水器开关控制电路的识读 （3）刮水器开关相关信息的收集 （4）刮水器开关常见故障的原因 （5）刮水器开关的拆卸、检查与更换	1．互联网资源和资源库 2．教学视频和多媒体课件 3．整车 4．汽车维修手册及电路图 5．专用工具和通用工量具 6．教材及学生工作页	1．能正确识读和填写工作页，明确学习活动要求 2．能查阅资料，写出刮水器开关的作用及安装位置 3．能查阅资料，完成刮水器开关控制电路的识读 4．能查阅资料，写出刮水器开关常见故障的原因 5．能按规范流程完成刮水器开关的检查与更换 6．能遵守劳动纪律，以积极的态度接受工作任务 7．能积极参与小组讨论，发挥团队合作精神，及时完成教师布置的任务	4	一体化学习工作站

续表

教学活动	关键能力	学生学习活动	教师活动	学习内容	资源	评价点	学时	地点
学习活动3：刮水器电动机及连杆机构检查与更换	资料查阅能力、故障分析能力、安全操作能力	1. 各小组做好资源准备，进行人员分工和安全检查 2. 每组学生对照工作页学习刮水器电动机及连杆机构的相关知识以及检查与更换的步骤、注意事项 3. 各小组按照要求实施刮水器电动机及连杆机构的检查与更换作业 4. 各小组总结评价本学习活动完成情况，点评每位成员的亮点与不足，填写学习活动评价表	1. 提出收集资料阶段的基本要求 2. 组织学生学习刮水器电动机及连杆机构检查与更换的课件及观看拆装视频，并重点讲解拆装注意事项 3. 巡回指导，做好操作示范、技术纠错、进度与质量控制、学生表现记录等，指导学生执行6S管理规范 4. 总结评价本学习活动情况 （1）总结点评各组学生活动参与情况 （2）点评学生资料查阅和信息处理的效果	1. 资料查阅方法 2. 信息归纳处理方法 3. 专业知识与技能 （1）刮水器电动机的分类、组成及工作原理 （2）连杆机构的组成、作用及类型 （3）刮水器电动机相关信息的收集 （4）刮水器电动机常见故障的原因 （5）刮水器电动机及连杆机构的拆卸、检查与更换	1. 互联网资源和资源库 2. 教学视频和多媒体课件 3. 整车 4. 汽车维修手册及电路图 5. 专用工具和通用工量具 6. 教材及学生工作页	1. 能正确识读和填写工作页，明确学习活动要求 2. 能查阅资料，写出刮水器电动机的分类、组成及工作原理 3. 能查阅资料，完成刮水器电动机相关信息的收集 4. 能查阅资料，写出刮水器电动机及连杆机构常见故障的原因 5. 能按规范流程完成刮水器电动机及连杆机构的拆卸、检查与更换 6. 能遵守劳动纪律，以积极的态度接受工作任务 7. 能积极参与小组讨论，发挥团队合作精神，及时完成教师布置的任务	4	一体化学习工作站

续表

教学活动	关键能力	学生学习活动	教师活动	学习内容	资源	评价点	学时	地点
学习活动4：刮水器控制电路简单故障检修	资料查阅能力、故障分析能力、方案制定能力、安全操作能力	1. 各小组参照企业维修班组进行人员分工，分头做好资源准备和安全检查 2. 每组学生查阅资料，进行信息收集及讨论，完成工作页填写、故障原因分析及刮水器控制电路简单故障检修方案制定 3. 每组学生借鉴其他各组优点，并根据其他小组及教师的意见优化本组故障检修方案 4. 各小组按照优化后的方案实施刮水器控制电路简单故障检修作业，并执行6S现场管理规范 5. 各小组总结评价本组活动完成情况，点评每位成员的亮点与不足，注意从专业能力及社会能力两方面做好总结交流，填写学习活动评价表	1. 提出查阅资料和制定方案的基本要求及编制要领 2. 巡回指导，结合实际情况讲解学生遇到的共性问题，解决学生制定汽车刮水器控制电路故障检修方案中遇到的相关问题 3. 组织各组交流方案，并根据评价标准优化各组检修方案 4. 巡回指导，做好操作示范、技术纠错、进度与质量控制、学生表现记录等，并指导学生执行6S管理规范 5. 总结评价本学习活动情况 （1）总结点评各组学习和工作态度，表扬学生的闪光点 （2）点评学生实践操作情况，突出规范操作及质量效率	1. 资料查阅方法 2. 信息归纳处理方法 3. 制定方案及交流展示技巧 4. 专业知识与技能 （1）刮水器控制电路的分类、组成和作用 （2）刮水器控制电路的识读 （3）刮水器控制电路相关信息的收集 （4）刮水器控制电路常见故障的原因 （5）刮水器控制电路简单故障检修	1. 互联网资源和资源库 2. 教学视频和多媒体课件 3. 整车 4. 汽车维修手册及电路图 5. 专用工具和通用工量具 6. 教材及学生工作页	1. 能正确识读和填写工作页，明确学习活动要求 2. 能查阅资料，写出刮水器控制电路的分类、组成和作用 3. 能查阅资料，完成刮水器控制电路的识读 4. 能查阅资料，完成刮水器控制电路相关信息的收集 5. 能查阅资料，写出刮水器控制电路常见故障的原因，并制定检修方案 6. 能按规范流程完成刮水器控制电路简单故障检修 7. 能遵守劳动纪律，以积极的态度接受工作任务 8. 能积极参与小组讨论，发挥团队合作精神，及时完成教师布置的任务	6	一体化学习工作站

续表

教学活动	关键能力	学生学习活动	教师活动	学习内容	资源	评价点	学时	地点
学习活动5：工作总结与评价	语言表达能力、信息查询能力、沟通展示能力	1. 小组汇报：各组派代表汇报小组学习任务的实施情况，队内其他队员要发挥团队作用进行相关补充 2. 个人自评：每个人分析总结自己在完成学习任务中的表现，包括专业方面及非专业方面的表现，形成自我评价 3. 小组评价：组长代表小组，根据评价表对学习过程中的每个环节小组成员的表现进行互评并填写评价表 4. 在总结反思基础上完成拓展任务，从而实现触类旁通能力的提高	1. 组织学生分组派代表进行小组的汇报及互评 2. 对各组进行综合点评，包括专业能力及非专业能力 3. 总结评价各组本学习任务的完成情况，形成教师评价 （1）收集信息，制定方案，强调查阅信息、讨论及自学能力 （2）交流展示及优化方案，强调团队合作及交流沟通 （3）检查实施方案质量，强调操作规范、质量效率及安全环保等情况 4. 拓展学习任务，实现知识迁移	1. 现场管理及环保知识 2. 汽车电气维修安全操作规范 3. 工具、设备的使用规范 4. 方案的执行情况 5. 操作项目的完成情况 6. 工作页的完成情况 7. 总结评价的方法 8. 学习任务评价表	1. 整车、维修手册 2. 通用工量具和专用工具 3. 教材、学生工作页 4. 小组检修方案 5. 网络及资源库、多媒体设备 6. 展示板、磁力贴	1. 工作组织和管理 2. 沟通能力 3. 计划创新能力 4. 专业知识：具备汽车刮水器系统的组成、作用和原理等知识，具备汽车刮水器不工作检修知识 5. 实践能力：具备汽车刮水器开关、刮水器电动机及连杆机构的检查与更换技能，具备汽车刮水器控制电路的检修技能	2	一体化学习工作站

附录 5　汽车电动车窗不升降故障检修学习任务设计方案

专业名称	汽车维修	一体化课程名称	汽车电气简单故障检修
学习任务	汽车电动车窗不升降故障检修	学时	20
工作情境描述	一辆别克威朗汽车处于正常行驶状态下，客户发现汽车驾驶员侧电动车窗升降器开关无法控制车窗正常升降。经班组长检查，初步判断为汽车电动车窗不升降故障。汽车修理工需要根据维修手册相关要求，在规定时间内，参照维修资料完成汽车电动车窗升降系统的检查与零部件的更换工作，自检合格后交付班组长验收		
学习任务描述	汽车修理工接受汽车维修任务，阅读维修工单，明确任务要求，确认故障现象。通过查阅维修手册，确定作业流程与技术标准，制定故障检修方案；在规定工期内完成汽车电动车窗升降系统零部件拆装与检修作业，自检合格后，填写维修工单，交付班组长进行质量检验 作业过程中，汽车修理工应严格遵守汽车生产厂家制定的操作规程，遵守企业内部检验规范、安全生产制度、环保管理制度以及 6S 管理规定		
与其他学习任务的关系	该任务是汽车电气简单故障检修（二）的第三个任务，汽车电动车窗系统为汽车车身电气系统的组成部分之一，与其他学习任务为并列关系。本任务的学习有助于锻炼学生的汽车故障检测与维修能力		
学生基础	具有基本的电路图识图能力和资料查阅能力，能够独立对汽车故障进行检修，能够正确使用万用表、解码器等工具，具备一定的汽车维修基础知识、安全文明生产意识和团队合作能力		
学习目标	1. 能描述电动车窗升降系统的定义与作用 2. 能描述电动车窗升降系统的组成与功能 3. 能进行电动车窗升降系统的基本检查 4. 能描述电动车窗升降器开关的作用及安装位置 5. 能进行电动车窗升降器开关电路的识读 6. 能进行电动车窗升降器开关相关信息的收集 7. 能进行电动车窗升降器开关的检查与更换 8. 能描述电动车窗升降器的作用及安装位置 9. 能描述电动车窗升降器的组成、类型及工作原理 10. 能进行电动车窗升降器相关信息的收集 11. 能进行电动车窗升降器的检查与更换 12. 能描述电动车窗升降系统控制电路的分类、组成和工作原理 13. 能进行电动车窗升降系统控制电路的识读 14. 能进行电动车窗升降系统相关信息的收集 15. 能分析并确定电动车窗升降系统控制电路常见故障的原因，制定检修方案 16. 能进行电动车窗升降系统控制电路简单故障检修 17. 能对维修场地设备进行日常维护保养，按 6S 管理规定要求清理现场 18. 能对相关资料进行检索，完成检修工单和工作页的填写 19. 能展示工作成果，进行任务评价，总结工作经验，优化检修方案 20. 能在作业过程中严格执行企业操作规范、安全生产制度、环保管理制度，严格遵守从业人员的职业道德，具有吃苦耐劳、爱岗敬业的工作态度和职业责任感		

续表

学习内容	1. 实习车间管理规章制度及汽车电气检修安全操作规程 2. 维修工单填写方法 3. 专业学习内容 （1）电动车窗升降系统的定义与作用 （2）电动车窗升降系统的组成与功能 （3）电动车窗升降系统的基本检查、零部件更换 （4）电动车窗升降系统电路图的识读 （5）电动车窗升降系统相关部件的组成、类型及工作原理 （6）电动车窗不升降常见故障 （7）电动车窗电动机相关信息的收集 （8）检测仪器及相关工具的正确使用 4. 现场管理、环保知识及6S管理知识 5. 学生团队协作分工，展示、交流技巧
教学条件	环境类资源：一体化学习工作站，包括学习区、实训区、成果展示区、资料查询区，学习区与实训区可容纳30人 设备工具类资源：整车6辆、充电机2台、故障检测设备6套、汽车电气维修专用工具6套 耗材资源：电工胶布、防护用品、修理包和零配件等若干 文本类资源：安全操作规程1套、汽车维修手册6套、维修工单6套、学生工作页每人1本 数字化资源：计算机6台、多媒体1套、数字化资源库1套
教学组织形式	1. 教师组织学生穿好工作服，在指定地点集合，对学生进行必要的安全教育后，开展下一步的教学工作 2. 教师引导学生学习本学习任务涉及的安全操作规程及各项规章制度，发放工作页、别克威朗汽车维修手册等资料 3. 各小组熟悉汽车实习场地和别克威朗实训车，完成资料查阅等工作的组内分工 4. 教师带领学生从工具室领取万用表、解码器及常规工具等 5. 教师提供学习演示资料，采用现场示范操作、实物展示等形式，引导学生学习 6. 教师指导学生识读别克威朗汽车电动车窗升降系统控制电路图，启发学生学习并分析 7. 学生按维修要求独立完成故障检测，教师巡回指导并评价学习效果 8. 教师组织学生以小组或个人形式，通过自我评价、小组评价、教师评价，向全班展示、汇报学习成果 9. 学生按车间管理规定，规范整理工作场地，归还解码器、万用表及常规工具等
教学流程与活动	1. 电动车窗升降系统的认知（4学时） 2. 电动车窗升降器开关的检查与更换（4学时） 3. 电动车窗升降器的检查与更换（4学时） 4. 电动车窗升降系统控制电路简单故障检修（6学时） 5. 工作总结与评价（2学时）
评价内容与标准	1. 团队合作，合理计划，高效管理时间 2. 定期检查工作进展和效果 3. 保证高质量完成工作 4. 深度咨询客户，完全理解其要求 5. 提供明确说明，准确回答客户的疑问 6. 及时处理工作中遇到的问题 7. 提出创新性、可行性建议，提高客户满意度 8. 具备电动车窗升降系统的组成、作用和原理等知识 9. 具备电动车窗不升降故障检修知识 10. 具备电动车窗升降器开关的检查与更换技能 11. 具备电动车窗升降器的检查与更换技能 12. 具备电动车窗升降系统控制电路的检修技能

附录 6　汽车电动车窗不升降故障检修教学活动策划表

教学活动	关键能力	学生学习活动	教师活动	学习内容	资源	评价点	学时	地点
学习活动1：电动车窗升降系统的认知	资料查阅能力、故障分析能力、安全操作能力	1. 模拟企业晨会组织教学：各小组清点人数、检查工装、进行上次任务总结、将学生分为每 5 ~ 6 人一组，使不同学习态度的学生相互搭配 2. 各小组进行学习准备，包括人员分工、资源准备和安全检查 3. 以小组形式查阅资料进行讨论和学习，完成工作页填写 4. 按要求分工实施电动车窗升降系统各部件识别及基本检查作业 5. 各小组总结评价本学习活动完成情况，点评每位成员的亮点与不足，注意从专业能力及社会能力两方面做好总结交流，填写学习活动评价表	1. 安全教育。教师组织学生通过案例分析学习安全操作规程和安全制度 2. 创设情境：在汽车上设置电动车窗升降系统的故障情境，发放任务书 3. 指导学生完成信息收集，解决各小组共性问题 4. 指导各小组实施基本检查作业，检查 6S 执行能力 5. 总结评价。评价本阶段学习情况，其中既要包括专业知识与实践操作等专业方面的情况，又要包括学生课堂参与情况、学习态度等	1. 实习车间管理规章制度及汽车电气检修安全操作规程 2. 专业知识与技能 （1）电动车窗升降系统的定义与作用 （2）电动车窗升降系统的组成与功能 （3）电动车窗升降系统常见故障的原因 （4）电动车窗升降系统的基本检查	1. 车间生产管理规章制度 2. 安全操作规程 3. 教学视频、多媒体课件 4. 教材、工作页、任务书及维修手册 5. 整车及电源系统台架 6. 专用工具和通用工量具	1. 能正确识读和填写工作页，明确学习活动要求 2. 能查阅资料，写出电动车窗升降系统的定义与作用 3. 能查阅资料，写出电动车窗升降系统的组成与功能 4. 能查阅资料，写出电动车窗升降系统常见故障的原因 5. 能按规范流程完成电动车窗升降系统的基本检查 6. 能遵守劳动纪律，以积极的态度接受工作任务 7. 能积极参与小组讨论，发挥团队合作精神，及时完成教师布置的任务	4	一体化学习工作站

续表

教学活动	关键能力	学生学习活动	教师活动	学习内容	资源	评价点	学时	地点
学习活动2：电动车窗升降器开关的检查与更换	资料查阅能力、故障分析能力、安全操作能力	1．各小组做好资源准备，进行人员分工和安全检查 2．每组学生对照工作页学习电动车窗升降器开关的相关知识以及检查与更换的步骤、注意事项 3．各小组按照要求实施电动车窗升降器开关的检查与更换作业 4．各小组总结评价本学习活动完成情况，点评每位成员的亮点与不足，填写学习活动评价表	1．提出收集资料阶段的基本要求 2．组织学生学习电动车窗升降器开关的检查与更换的课件及观看拆装视频，并重点讲解拆装注意事项 3．巡回指导，做好操作示范、技术纠错、进度与质量控制、学生表现记录等，指导学生执行6S管理规范 4．总结评价本学习活动情况 （1）总结点评各组学生活动参与情况 （2）点评学生资料查阅和信息处理的效果	1．资料查阅方法 2．信息归纳处理方法 3．专业知识与技能 （1）电动车窗升降器开关的作用及安装位置 （2）电动车窗升降器开关电路的识读 （3）电动车窗升降器开关相关信息的收集 （4）电动车窗升降器开关常见故障的原因 （5）电动车窗升降器开关的检查与更换	1．互联网资源和资源库 2．教学视频和多媒体课件 3．整车 4．汽车维修手册及电路图 5．专用工具和通用工量具 6．教材及学生工作页	1．能正确识读和填写工作页，明确学习活动要求 2．能查阅资料，写出电动车窗升降器开关的作用及安装位置 3．能查阅资料，完成电动车窗升降器开关电路的识读 4．能查阅资料，完成电动车窗升降器开关相关信息的收集 5．能查阅资料，写出电动车窗升降器开关常见故障的原因 6．能按规范流程完成电动车窗升降器开关的检查与更换 7．能遵守劳动纪律，以积极的态度接受工作任务 8．能积极参与小组讨论，发挥团队合作精神，及时完成教师布置的任务	4	一体化学习工作站

续表

教学活动	关键能力	学生学习活动	教师活动	学习内容	资源	评价点	学时	地点
学习活动3：电动车窗升降器的检查与更换	资料查阅能力、故障分析能力、安全操作能力	1. 各小组做好资源准备，进行人员分工和安全检查 2. 每组学生对照工作页学习电动车窗升降器的相关知识以及检查与更换的步骤、注意事项 3. 各小组按照要求实施电动车窗升降器的检查与更换作业 4. 各小组总结评价本学习活动完成情况，点评每位成员的亮点与不足，填写学习活动评价表	1. 提出收集资料阶段的基本要求 2. 组织学生学习电动车窗升降器的检查与更换的课件及观看拆装视频，并重点讲解拆装注意事项 3. 巡回指导，做好操作示范、技术纠错、进度与质量控制、学生表现记录等，指导学生执行6S管理规范 4. 总结评价本学习活动情况 （1）总结点评各组学生活动参与情况 （2）点评学生资料查阅和信息处理的效果	1. 资料查阅方法 2. 信息归纳处理方法 3. 专业知识与技能 （1）电动车窗升降器的作用和安装位置 （2）电动车窗升降器的组成、类型及工作原理 （3）电动车窗升降器相关信息的收集 （4）电动车窗升降器常见故障的原因 （5）驾驶员侧电动车窗升降器的检查与更换	1. 互联网资源和资源库 2. 教学视频和多媒体课件 3. 整车 4. 汽车维修手册及电路图 5. 专用工具和通用工量具 6. 教材及学生工作页	1. 能正确识读和填写工作页，明确学习活动要求 2. 能查阅资料，写出电动车窗升降器的作用及安装位置 3. 能查阅资料，写出电动车窗升降器的组成、类型及工作原理 4. 能查阅资料，完成电动车窗升降器相关信息的收集 5. 能查阅资料，写出电动车窗升降器常见故障的原因 6. 能按规范流程完成电动车窗升降器的检查与更换 7. 能遵守劳动纪律，以积极的态度接受工作任务 8. 能积极参与小组讨论，发挥团队合作精神，及时完成教师布置的任务	4	一体化学习工作站

续表

教学活动	关键能力	学生学习活动	教师活动	学习内容	资源	评价点	学时	地点
学习活动4：电动车窗升降系统控制电路简单故障检修	资料查阅能力、故障分析能力、方案制定能力、安全操作能力	1. 各小组参照企业维修班组进行人员分工，分头做好资源准备和安全检查 2. 每组学生查阅资料，进行信息收集及讨论，完成工作页填写、故障原因分析及电动车窗升降系统控制电路简单故障检修方案制定 3. 每组学生借鉴其他各组优点，并根据其他小组及教师的意见优化本组故障检修方案 4. 各小组按照优化后的方案实施电动车窗升降系统控制电路简单故障检修作业，并执行6S现场管理规范 5. 各小组总结评价本组活动完成情况，点评每位成员的亮点与不足，注意从专业能力及社会能力两方面做好总结交流，填写学习活动评价表	1. 提出查阅资料和制定方案的基本要求及编制要领 2. 巡回指导，结合实际情况讲解学生遇到的共性问题，解决学生制定汽车电动车窗升降系统控制电路故障检修方案中遇到的相关问题 3. 组织各组交流方案，并根据评价标准优化各组的检修方案 4. 巡回指导，做好操作示范、技术纠错、进度与质量控制、学生表现记录等，并指导学生执行6S管理规范 5. 总结评价本学习活动情况 （1）总结点评各组的学习和工作态度，表扬学生的闪光点 （2）点评学生实践操作情况，突出规范操作及质量效率	1. 资料查阅方法 2. 信息归纳处理方法 3. 制定方案及交流展示技巧 4. 专业知识与技能 （1）电动车窗升降系统控制电路的分类、组成和工作原理 （2）电动车窗升降系统控制电路的识读 （3）电动车窗升降系统相关信息的收集 （4）电动车窗升降系统控制电路常见故障的原因，制定检修方案 （5）电动车窗升降系统控制电路简单故障检修	1. 互联网资源和资源库 2. 教学视频和多媒体课件 3. 整车 4. 汽车维修手册及电路图 5. 专用工具和通用工量具 6. 教材及学生工作页	1. 能正确识读和填写工作页，明确学习活动要求 2. 能查阅资料，写出电动车窗升降系统控制电路的分类、组成和工作原理 3. 能查阅资料，完成电动车窗升降系统控制电路的识读 4. 能查阅资料，完成电动车窗升降系统相关信息的收集 5. 能查阅资料，写出电动车窗升降系统控制电路常见故障的原因，并制定检修方案 6. 能按规范流程完成电动车窗升降系统控制电路简单故障检修 7. 能遵守劳动纪律，以积极的态度接受工作任务 8. 能积极参与小组讨论，发挥团队合作精神，及时完成教师布置的任务	6	一体化学习工作站

续表

教学活动	关键能力	学生学习活动	教师活动	学习内容	资源	评价点	学时	地点
学习活动5：工作总结与评价	语言表达能力、信息查询能力、沟通展示能力	1. 小组汇报：各组派代表汇报小组学习任务的实施情况，队内其他队员要发挥团队作用进行相关补充 2. 个人自评：每个人分析总结自己在完成学习任务中的表现，包括专业方面及非专业方面的表现，形成自我评价 3. 小组评价：组长代表小组，根据评价表对学习过程中的每个环节小组成员的表现进行互评并填写评价表 4. 在总结反思基础上完成拓展任务，从而实现触类旁通能力的提高	1. 组织学生分组派代表进行小组的汇报及互评 2. 对各组进行综合点评，包括专业能力及非专业能力 3. 总结评价各组本学习任务的完成情况，形成教师评价 （1）收集信息，制定方案，强调查阅信息、讨论及自学能力 （2）交流展示及优化方案，强调团队合作及交流沟通 （3）检查实施方案质量，强调操作规范、质量效率及安全环保等情况 4. 拓展学习任务，实现知识迁移	1. 现场管理及环保知识 2. 汽车电气维修安全操作规范 3. 工具、设备的使用规范 4. 方案的执行情况 5. 操作项目的完成情况 6. 工作页的完成情况 7. 总结评价的方法 8. 学习任务评价表	1. 整车、维修手册 2. 通用工量具和专用工具 3. 教材、学生工作页 4. 小组检修方案 5. 网络及资源库、多媒体设备 6. 展示板、磁力贴	1. 工作组织和管理 2. 沟通能力 3. 计划创新能力 4. 专业知识：具备电动车窗升降系统的组成、作用和原理等知识，具备电动车窗不升降故障检修知识 5. 实践能力：具备电动车窗升降器开关和电动车窗升降器的检查与更换技能，具备电动车窗升降系统控制电路的检修技能	2	一体化学习工作站

附录 7　汽车中控门锁失效故障检修学习任务设计方案

专业名称	汽车维修	一体化课程名称	汽车电气简单故障检修
学习任务	汽车中控门锁失效故障检修	学时	20
工作情境描述	一辆别克威朗汽车在关闭车门的状态下，客户发现汽车中控门锁无法正常闭锁。经班组长检查，初步判断为汽车中控门锁不工作故障。汽车维修工需要根据维修手册相关要求，在规定时间内，参照维修资料完成汽车电动门锁系统的检查与零部件的更换工作，自检合格后交付班组长验收		
学习任务描述	汽车修理工接受汽车维修任务，阅读维修工单，明确任务要求，确认故障现象。通过查阅维修手册，确定作业流程与技术标准，制定故障检修方案；在规定工期内完成汽车中控门锁系统零部件拆装与检修作业，自检合格后，填写维修工单，交付班组长进行质量检验 作业过程中，汽车修理工应严格遵守汽车生产厂家制定的操作规程，遵守企业内部检验规范、安全生产制度、环保管理制度以及“6S”管理规定		
与其他学习任务的关系	该任务是汽车电气简单故障检修（二）的第四个任务，汽车中控门锁系统为汽车车身电气系统的组成部分之一，与其他学习任务为并列关系。本任务的学习有助于锻炼学生的汽车故障检测与维修能力		
学生基础	具有基本的电路图识图能力和资料查阅能力，能够独立对汽车故障进行检修，能够正确使用万用表、解码器等工具，具备一定的汽车维修基础知识、安全文明生产意识和团队合作能力		
学习目标	1. 能描述汽车中控门锁系统的作用 2. 能描述汽车中控门锁系统的组成和各部件的安装位置 3. 能描述汽车中控门锁系统的分类和工作原理 4. 能进行汽车中控门锁系统的基本检查 5. 能描述汽车中控门锁控制器的作用和安装位置 6. 能描述汽车中控门锁控制器的类型和工作原理 7. 能进行汽车中控门锁控制器相关信息的收集 8. 能进行汽车中控门锁控制器的检查与更换 9. 能描述汽车中控门锁电动机的作用和安装位置 10. 能描述汽车中控门锁电动机的分类和组成 11. 能描述汽车中控门锁电动机的工作原理 12. 能进行汽车中控门锁电动机相关信息的收集 13. 能进行汽车中控门锁电动机的检查与更换 14. 能描述汽车中控门锁系统控制电路的组成 15. 能进行汽车中控门锁系统控制电路的识读 16. 能进行汽车中控门锁系统控制电路相关信息的收集 17. 能分析并确定汽车中控门锁系统控制电路常见故障的原因，制定检修方案 18. 能进行汽车中控门锁系统控制电路简单故障检修 19. 能对维修场地设备进行日常维护保养，按 6S 管理规定要求清理现场 20. 能对相关资料进行检索，完成检修工单和工作页的填写 21. 能展示工作成果，进行任务评价，总结工作经验，优化检修方案 22. 能在作业过程中严格执行企业操作规范、安全生产制度、环保管理制度，严格遵守从业人员的职业道德，具有吃苦耐劳、爱岗敬业的工作态度和职业责任感		

续表

学习内容	1. 实习车间管理规章制度及汽车电气检修安全操作规程 2. 维修工单填写方法 3. 专业学习内容 （1）汽车中控门锁系统的作用 （2）汽车中控门锁系统的组成 （3）汽车中控门锁系统的分类和工作原理 （4）汽车中控门锁控制器的类型和工作原理 （5）汽车中控门锁电动机的工作原理 （6）汽车中控门锁系统控制电路的组成 （7）汽车中控门锁系统控制电路的识读 （8）汽车中控门锁系统的常见故障 4. 现场管理、环保知识及 6S 管理知识 5. 学生团队协作分工，展示、交流技巧
教学条件	环境类资源：一体化学习工作站，包括学习区、实训区、成果展示区、资料查询区，学习区与实训区可容纳 30 人 设备工具类资源：整车 6 辆、充电机 2 台、故障检测设备 6 套、汽车电气维修专用工具 6 套 耗材资源：电工胶布、防护用品、修理包和零配件等若干 文本类资源：安全操作规程 1 套、汽车维修手册 6 套、维修工单 6 套、学生工作页每人 1 本 数字化资源：计算机 6 台、多媒体 1 套、数字化资源库 1 套
教学组织形式	1. 教师组织学生穿好工作服，在指定地点集合，对学生进行必要的安全教育后，开展下一步的教学工作 2. 教师引导学生学习本学习任务涉及的安全操作规程及各项规章制度，发放工作页、别克威朗汽车维修手册等资料 3. 各小组熟悉汽车实习场地和别克威朗实训车，完成资料查阅等工作的组内分工 4. 教师带领学生从工具室领取万用表、解码器及常用工具等 5. 教师提供学习演示资料，采用现场示范操作、实物展示等形式，引导学生学习 6. 教师指导学生识读别克威朗汽车中控门锁系统控制电路，启发学生学习并分析 7. 学生按维修要求独立完成故障检测，教师巡回指导并评价学习效果 8. 教师组织学生以小组或个人形式，通过自我评价、小组评价、教师评价，向全班展示、汇报学习成果 9. 学生按车间管理规定，规范整理工作场地，归还解码器、万用表及常用工具等
教学流程与活动	1. 汽车中控门锁系统的认知（4 学时） 2. 汽车中控门锁控制器的检查与更换（4 学时） 3. 汽车中控门锁电动机的检查与更换（4 学时） 4. 汽车中控门锁系统控制电路简单故障检修（6 学时） 5. 工作总结与评价（2 学时）
评价内容与标准	1. 团队合作，合理计划，高效管理时间 2. 定期检查工作进展和效果 3. 保证高质量完成工作 4. 深度咨询客户，完全理解其要求 5. 提供明确说明，准确回答客户的疑问 6. 及时处理工作中遇到的问题 7. 提出创新性、可行性建议，提高客户满意度 8. 具备汽车中控门锁系统的组成、作用和原理等知识 9. 具备汽车中控门锁系统不工作故障检修知识 10. 具备汽车中控门锁控制器的检查与更换技能 11. 具备汽车中控门锁电动机的检查与更换技能 12. 具备汽车中控门锁系统控制电路的检修技能

附录 8　汽车中控门锁失效故障检修教学活动策划表

教学活动	关键能力	学生学习活动	教师活动	学习内容	资源	评价点	学时	地点
学习活动1：汽车中控门锁系统的认知	资料查阅能力、故障分析能力、安全操作能力	1. 模拟企业晨会组织教学：各小组清点人数、检查工装、进行上次任务总结、将学生分为每 5 ~ 6 人一组，使不同学习态度的学生相互搭配 2. 各小组进行学习准备，包括人员分工、资源准备和安全检查 3. 以小组形式查阅资料进行讨论和学习，完成工作页填写 4. 按要求分工实施汽车中控门锁系统各部件识别及基本检查作业 5. 各小组总结评价本学习活动完成情况，点评每位成员的亮点与不足，注意从专业能力及社会能力两方面做好总结交流，填写学习活动评价表	1. 安全教育。教师组织学生通过案例分析学习安全操作规程和安全制度 2. 创设情境：在汽车上设置汽车中控门锁系统的故障情境，发放任务书 3. 指导学生完成信息收集，解决各小组共性问题 4. 指导各组实施基本检查作业，检查 6S 执行能力 5. 总结评价。评价本阶段学习情况，其中既要包括专业知识与实践操作等专业方面的情况，又要包括学生课堂参与情况、学习态度等	1. 实习车间管理规章制度及汽车电气检修安全操作规程 2. 专业知识与技能 （1）汽车中控门锁系统的作用 （2）汽车中控门锁系统的组成和各部件的安装位置 （3）汽车中控门锁系统的分类和工作原理 （4）汽车中控门锁系统常见故障的原因 （5）汽车中控门锁系统的基本检查	1. 车间生产管理规章制度 2. 安全操作规程 3. 教学视频、多媒体课件 4. 教材、工作页、任务书及维修手册 5. 整车及电源系统台架 6. 专用工具和通用工量具	1. 能正确识读和填写工作页，明确学习活动要求 2. 能查阅资料，写出汽车中控门锁系统的作用 3. 能查阅资料，写出汽车中控门锁系统的组成和各部件的安装位置 4. 能查阅资料，写出汽车中控门锁系统的分类和工作原理 5. 能查阅资料，写出汽车中控门锁系统常见故障的原因 6. 能按规范流程完成汽车中控门锁系统的基本检查 7. 能遵守劳动纪律，以积极的态度接受工作任务 8. 能积极参与小组讨论，发挥团队合作精神，能及时完成教师布置的任务	4	一体化学习工作站

续表

教学活动	关键能力	学生学习活动	教师活动	学习内容	资源	评价点	学时	地点
学习活动2：汽车中控门锁控制器的检查与更换	资料查阅能力、故障分析能力、安全操作能力	1. 各小组做好资源准备，进行人员分工和安全检查 2. 每组学生对照工作页学习汽车中控门锁控制器的相关知识以及检查与更换的步骤、注意事项 3. 各小组按照要求实施汽车中控门锁控制器的检查与更换作业 4. 各小组总结评价本学习活动完成情况，点评每位成员的亮点与不足，填写学习活动评价表	1. 提出收集资料阶段的基本要求 2. 组织学生学习汽车中控门锁控制器的检查与更换的课件及观看拆装视频，并重点讲解拆装注意事项 3. 巡回指导，做好操作示范、技术纠错、进度与质量控制、学生表现记录等，指导学生执行6S管理规范 4. 总结评价本学习活动情况 （1）总结点评各组学生活动参与情况 （2）点评学生资料查阅和信息处理的效果	1. 资料查阅方法 2. 信息归纳处理方法 3. 专业知识与技能 （1）汽车中控门锁控制器的作用和安装位置 （2）汽车中控门锁控制器的类型和工作原理 （3）汽车中控门锁控制器相关信息的收集 （4）汽车中控门锁控制器常见故障的原因 （5）汽车中控门锁控制器的拆卸、检查与更换	1. 互联网资源和资源库 2. 教学视频和多媒体课件 3. 整车 4. 汽车维修手册及电路图 5. 专用工具和通用工量具 6. 教材及学生工作页	1. 能正确识读和填写工作页，明确学习活动要求 2. 能查阅资料，写出汽车中控门锁控制器的作用和安装位置 3. 能查阅资料，写出汽车中控门锁控制器的类型和工作原理 4. 能查阅资料，完成汽车中控门锁控制器相关信息的收集 5. 能查阅资料，写出汽车中控门锁控制器常见故障的原因 6. 能按规范流程完成汽车中控门锁控制器的检查与更换 7. 能遵守劳动纪律，以积极的态度接受工作任务 8. 能积极参与小组讨论，发挥团队合作精神，及时完成教师布置的任务	4	一体化学习工作站

续表

教学活动	关键能力	学生学习活动	教师活动	学习内容	资源	评价点	学时	地点
学习活动3：汽车中控门锁电动机的检查与更换	资料查阅能力、故障分析能力、安全操作能力	1. 各小组做好资源准备，进行人员分工和安全检查 2. 每组学生对照工作页学习汽车中控门锁电动机的相关知识以及检查与更换的步骤、注意事项 3. 各小组按照要求实施汽车中控门锁电动机的检查与更换作业 4. 各小组总结评价本学习活动完成情况，点评每位成员的亮点与不足，填写学习活动评价表	1. 提出收集资料阶段的基本要求 2. 组织学生学习汽车中控门锁电动机的检查与更换的课件及观看拆装视频，并重点讲解拆装注意事项 3. 巡回指导，做好操作示范、技术纠错、进度与质量控制、学生表现记录等，指导学生执行6S管理规范 4. 总结评价本学习活动情况 （1）总结点评各组学生活动参与情况 （2）点评学生资料查阅和信息处理的效果	1. 资料查阅方法 2. 信息归纳处理方法 3. 专业知识与技能 （1）汽车中控门锁电动机的作用和安装位置 （2）汽车中控门锁电动机的分类和组成 （3）汽车中控门锁电动机的工作原理 （4）汽车中控门锁电动机常见故障的原因 （5）汽车中控门锁电动机的拆卸、检查与更换	1. 互联网资源和资源库 2. 教学视频和多媒体课件 3. 整车 4. 汽车维修手册及电路图 5. 专用工具和通用工量具 6. 教材和学生工作页	1. 能正确识读和填写工作页，明确学习活动要求 2. 能查阅资料，写出汽车中控门锁电动机的作用和安装位置 3. 能查阅资料，写出汽车中控门锁电动机的分类和组成 4. 能查阅资料，写出汽车中控门锁电动机的工作原理 5. 能查阅资料，写出汽车中控门锁电动机常见故障的原因 6. 能按规范流程完成汽车中控门锁电动机的检查与更换 7. 能遵守劳动纪律，以积极的态度接受工作任务 8. 能积极参与小组讨论，发挥团队合作精神，及时完成教师布置的任务	4	一体化学习工作站

续表

教学活动	关键能力	学生学习活动	教师活动	学习内容	资源	评价点	学时	地点
学习活动4：汽车中控门锁系统控制电路简单故障检修	资料查阅能力、故障分析能力、方案制定能力、安全操作能力	1．各小组参照企业维修班组进行人员分工，分头做好资源准备和安全检查 2．每组学生查阅资料，进行信息收集及讨论，完成工作页填写、故障原因分析及汽车中控门锁系统控制电路简单故障检修方案制定 3．每组学生借鉴其他各组优点，并根据其他小组及教师的意见优化本组故障检修方案 4．各小组按照优化后的方案实施汽车中控门锁系统控制电路简单故障检修作业，并执行6S现场管理规范 5．各小组总结评价本组活动完成情况，点评每位成员的亮点与不足，注意从专业能力及社会能力两方面做好总结交流，填写学习活动评价表	1．提出查阅资料和制定方案的基本要求及编制要领 2．巡回指导，结合实际情况讲解学生遇到的共性问题，解决学生制定汽车中控门锁系统控制电路故障检修方案中遇到的相关问题 3．组织各组交流方案，并根据评价标准优化各组检修方案 4．巡回指导，做好操作示范、技术纠错、进度与质量控制、学生表现记录等，并指导学生执行6S管理规范 5．总结评价本学习活动情况 （1）总结点评各组的学习和工作态度，表扬学生的闪光点 （2）点评学生实践操作情况，突出规范操作及质量效率	1．资料查阅方法 2．信息归纳处理方法 3．制定方案及交流展示技巧 4．专业知识与技能 （1）汽车中控门锁系统控制电路的组成 （2）汽车中控门锁系统控制电路的识读 （3）汽车中控门锁系统控制电路相关信息的收集 （4）汽车中控门锁系统控制电路常见故障的原因 （5）汽车中控门锁系统控制电路简单故障检修	1．互联网资源和资源库 2．教学视频和多媒体课件 3．整车 4．汽车维修手册及电路图 5．专用工具和通用工量具 6．教材及学生工作页	1．能正确识读和填写工作页，明确学习活动要求 2．能查阅资料，写出汽车中控门锁系统控制电路的组成 3．能查阅资料，完成汽车中控门锁系统控制电路的识读 4．能查阅资料，完成汽车中控门锁系统控制电路相关信息的收集 5．能查阅资料，写出汽车中控门锁系统控制电路常见故障的原因，制定检修方案 6．能按规范流程完成汽车中控门锁系统控制电路简单故障检修 7．能遵守劳动纪律，以积极的态度接受工作任务 8．能积极参与小组讨论，发挥团队合作精神，及时完成教师布置的任务	6	一体化学习工作站

续表

教学活动	关键能力	学生学习活动	教师活动	学习内容	资源	评价点	学时	地点
学习活动5：工作总结与评价	语言表达能力、信息查询能力、沟通展示能力	1. 小组汇报：各组派代表汇报小组学习任务的实施情况，队内其他队员要发挥团队作用进行相关补充 2. 个人自评：每个人分析总结自己在完成学习任务中的表现，包括专业方面及非专业方面的表现，形成自我评价 3. 小组评价：组长代表小组，根据评价表对学习过程中的每个环节小组成员的表现进行互评并填写评价表 4. 在总结反思基础上完成拓展任务，从而实现触类旁通能力的提高	1. 组织学生分组派代表进行小组的汇报及互评 2. 对各组进行综合点评，包括专业能力及非专业能力 3. 总结评价各组本学习任务的完成情况，形成教师评价 （1）收集信息，制定方案，强调查阅信息、讨论及自学能力 （2）交流展示及优化方案，强调团队合作及交流沟通 （3）检查实施方案质量，强调操作规范、质量效率及安全环保等情况 4. 拓展学习任务，实现知识迁移	1. 现场管理及环保知识 2. 汽车电气维修安全操作规范 3. 工具、设备的使用规范 4. 方案的执行情况 5. 操作项目的完成情况 6. 工作页的完成情况 7. 总结评价的方法 8. 学习任务评价表	1. 整车、维修手册 2. 通用工量具和专用工具 3. 教材、学生工作页 4. 小组检修方案 5. 网络及资源库、多媒体设备 6. 展示板、磁力贴	1. 工作组织和管理 2. 沟通能力 3. 计划创新能力 4. 专业知识：具备汽车中控门锁系统各部件的组成、作用和原理等知识，具备汽车中控门锁系统不工作故障检修知识 5. 实践能力：具备汽车中控门锁控制器和汽车中控门锁电动机的检查与更换技能，具备汽车中控门锁系统控制电路的检修技能	2	一体化学习工作站